I0842475

EL PAISAJE FLUVIAL EN EL AMBA

Daniela Rotger

El paisaje fluvial en el AMBA

prometeo libros

Rotger, Daniela

El paisaje fluvial en el AMBA / Daniela Rotger. - 1a ed -
Ciudad Autónoma de Buenos Aires : Prometeo Libros, 2021.

232 p. ; 23 x 16 cm.

1. Cuencas Fluviales. 2. Sistemas Fluviales. 3. Áreas
Suburbanas. I. Título.

CDD 551

Diseño: R&S
Armado: María Victoria Ramírez
Corrección: Julieta Rimoldi García
Diseño de tapa: Nina Turdo

© De esta edición, Prometeo Libros, 2021
Pringles 521 (C11183AEJ), Buenos Aires, Argentina
Tel.: (54-11)4862-6794 / Fax: (54-11)4864-3297
editorial@treintadiez.com
www.prometeoeditorial.com

Índice

Prólogo

La topografía del terreno determina el camino del agua, o viceversa, el recorrido del agua determina la topografía del terreno.
Los caminos del agua (Carme Pinos, 2005, p. 113)

El sistema hídrico donde se asienta el Área Metropolitana de Buenos Aires pertenece a la cuenca del Plata (3.200.000 km2) y está drenado por el Río de la Plata. Esta magnitud convierte a la cuenca en la quinta del mundo y abarca cinco países latinoamericanos: Brasil, Bolivia, Paraguay, Argentina y Uruguay. Ha sido objeto de tratados internacionales, como el firmado en abril de 1969 en Brasilia, con el objeto principal de "que las partes contratantes convienen en mancomunar esfuerzos para promover el desarrollo armónico y la integración física de la cuenca del Plata y de sus áreas de influencia directa y ponderable".

El Río de la Plata es un gran estuario formado por los ríos Paraná y Uruguay que desemboca en el océano Atlántico, con una longitud de 290 km y un ancho variable de 40 km entre orilla y orilla. Su situación de excepcionalidad absoluta hace que fuera denominado "mar dulce", con un horizonte tan amplio como el mar, aunque no lo sea. A su vez, en su margen derecha y desde el Delta que forma el Paraná, tiene un total de cinco cuencas de ríos y arroyos que definen bandas perpendiculares a la costa platense, y pertenecen al mismo sistema hídrico y natural donde se ubica el AMBA.

Esta área es una urbanización de llanura que se fue consolidando desde el río hacia el interior. A partir de los puertos, se iban sumando pueblos y ciudades, fundadas con anterioridad: primero desde los pueblos creados sobre las vías de ferrocarril, y que unían el puerto y la ciudad con el territorio rural productivo, luego desde caminos y tejidos que se extendían a partir de nuevas urbanizaciones. Desde la década del 70, a partir de la construcción de las autopistas y abandono de algunas líneas ferroviarias, surgen otros paisajes cotidianos y más cuencas visuales, que moviéndonos en auto dejaron ver los más heterogéneos paisajes. Desde los 80 y especialmente desde los 90, se sumaron otros paisajes en zonas rurales y periurbanas donde se fueron desarrollando islas de riqueza y pobreza.

En los espacios intermedios de alta urbanización, se borró todo vestigio del cauce de los arroyos, que fueron desapareciendo por obras de entubamiento. La desindustrialización de los últimos treinta y cinco años expulsó del sistema productivo a miembros de muchos hogares que vieron coartado el acceso al hábitat, y la problemática se transformó en intergeneracional. En 2006, se había triplicado la pobreza de los 80 y existían 1.000 villas de emergencia y asentamientos informales, con un total de casi 1.200.000 de personas en solo 24 partidos, sin contar la Ciudad de Buenos Aires.

El AMBA presenta muchas y variadas problemáticas ambientales, muy dinámicas y complejas, como el sistema hídrico, los residuos sólidos urbanos y las transformaciones del periurbano, entre otras, que en la actualidad se ampliaron como resultado del cambio climático. Estas problemáticas se manifiestan en diversas escalas, y necesitan del análisis, la valoración y las intervenciones y actuaciones específicas, como el fenómeno de las inundaciones en áreas urbanas, periurbanas y rurales. Históricamente, han sido tratadas bajo diferentes paradigmas, como el higienismo y las técnicas ingenieriles, la ambiental, la teoría social de riesgo u otras, pero siempre sin encontrar el equilibrio entre ecología y urbanización.

El principal problema del AMBA deviene de su magnitud. La escala de cualquier problema y su solución muchas veces desborda los presupuestos y las voluntades de un territorio jurídicamente tan fragmentado. De hecho, lo que en este libro se denomina como AMBA, y se ha convertido en un término común a partir de la Covid-19, se conoce en el ámbito académico y profesional como RMBA (Región Metropolitana de Buenos Aires), y en el último Censo Nacional de Hogares, Población y Vivienda 2010 totalizaba el 37% de la población argentina. Ocupa un área total de 13 mil km2 con una urbanización de 2.500 km2. Es un área que reproduce 22,5 veces la superficie de la Ciudad de Buenos Aires. Posee un frente fluvial de ciento diez kilómetros (110 km) de longitud desde la desembocadura del río Luján hasta Berisso, veinticuatro (24 km) entre Luján y la desembocadura del río Matanza-Riachuelo, y ochenta y seis kilómetros (86 km) entre este último y Berisso. Así se creó un frente con muchos y diferentes paisajes.

Estos paisajes de agua, que en general duplican su imagen en las orillas a través del reflejo, son zonas de interacción entre el agua y la tierra, y por tanto se consideran un hábitat especial de reserva de vida; en épocas de lluvias, reclaman sus territorios de pertenencia a través anegamientos e inundaciones. Estos bordes, denominados planicies de inundación, la mayoría de las veces son zonas bajas de gran riqueza biológica y, por eso mismo, incluyen una tipología diversa de ecosistemas acuáticos, entre ellos, ríos, arroyos, humedales y lagunas temporarias y permanentes. En estos días, se está discutiendo desde la Cámara de Diputados de la Nación una ley para su conservación, o Ley de Conservación de Humedales, que el Senado aprobó en 2016 y perdió estado parlamentario.

Pero todo este fenómeno observado desde el espacio geográfico tiene un límite contundente, la ribera del Río de la Plata, un paisaje de agua desde donde emerge la ciudad. Dice Le Corbusier, en su viaje a América del Sur en 1929, tras días de navegación y descubriendo el Buenos Aires nocturno: "El mar liso, llano, sin límites ni a derecha ni a izquierda; encima vuestro cielo argentino tan lleno de estrellas; y Buenos Aires, esta fenomenal línea de luz, empezando a la derecha hasta el infinito y huyendo hacia la izquierda hasta el infinito, a ras del agua. Nada más, salvo en el centro de la línea de las luces, la crepitación de una luz eléctrica que expresa el corazón de la ciudad... Simple encuentro de la pampa y el océano, en una línea iluminada por la noche de extremo a extremo... He pensado: no existe nada en Buenos Aires. Pero ¡qué línea tan fuerte y majestuosa!" (en Arrese, 2002 p. 166).

Se pueden citar otras muchas apreciaciones de los paisajes de este conglomerado, que mirados desde o hacia el Río de la Plata parecieran ser para muchos paisajes sublimes por su grandiosidad. Una amplitud donde el infinito parece verse, tocarse, percibirse...

Sin embargo, y a partir de la gran superficie que tiene esta área urbana, su horizontalidad apabullante –solo tiene algunas mínimas ondulaciones y barrancas donde predominan los humedales litorales– y los pocos kilómetros de franco, público y libre acceso al borde ribereño, los paisajes del agua, están mayormente en el imaginario, no así en las percepciones visuales concretas.

Para la mayoría de la población que vive en el AMBA, los paisajes emergen como "paisajes híbridos", como porciones de paisajes urbanos cotidianos, degradados o no; difusos, sin o con identidad; otros obsoletos o de valor positivo que pueden establecer y otorgar nuevas relaciones mestizas, conformando espacios de complejidad, que a través de alguna intervención pueden generar cambios que revaloricen y mejoren su situación. Son paisajes de mixtura, pero siempre reconociéndose como autónomos y con caracteres marcados, auténticos, donde sus límites reconocibles son los puntos de encuentro y fricción. Con cuencas visuales que se abren desde los edificios altos si están sobre avenidas, desde las plazas y parques y/o desde las autopistas, donde muchas veces se distinguen los perfiles de la urbanización.

Sin embargo, los paisajes del agua están prácticamente negados. De hecho, en los últimos 20 o 25 años el tema del acceso a la ribera en la ribera norte, en Buenos Aires, y Berazategui al sur, ha sido un tema de estrategia de la gestión pública y de asociaciones profesionales organizando programas para su acceso, pero aún existen muchas barreras de equipamiento de transporte –como puertos de todo tipo–, espacios naturales no accesibles, otros protegidos y algunas urbanizaciones que están alerta frente a las inundaciones por las periódicas sudestadas .

¿Cuántos kilómetros de esta ribera y de la de otros ríos y arroyos están liberadas para el uso público y desde cuándo?, ¿qué actividades compiten por el uso de las riberas en el AMBA?, ¿cuántos tipos de riberas existen hoy?, ¿cuántos tipos de paisajes?, ¿cuáles son los que parecen más importantes a la hora de hablar de paisaje?, ¿cuántas cuencas visuales permiten percibir estos paisajes?... El paisaje, para existir, necesita la presencia y percepción del hecho material. No es solo imaginación, es percepción a través de la visualización. Es presencia de una materialidad.

Otros paisajes del AMBA son los del periurbano. Son de contraste entre paisajes de pobreza y riqueza, y un tercero, que aunque ocupe menor superficie que los dos primeros es importante desde lo ecológico: estos últimos surgen a partir de los enterramientos de residuos sólidos urbanos realizados por la Coordinación Ecológica Área Metropolitana Sociedad del Estado (CEAMSE).

Son múltiples también las villas y asentamientos informales, barrios privados o ciudades náuticas. Las primeras muchas veces ocupan riberas de arroyos contaminados, que en circunstancias de precipitaciones se inundan; también se ubican donde las corrientes de agua han sido encauzadas a partir de murallas de cemento, negando cualquier relación entre naturaleza y espacio público. Las urbanizaciones cerradas se apropian y utilizan las aguas de arroyos y/o ríos para diseñar sus paisajes de agua privados –siendo de propiedad pública–, conformando nuevas estructuras biofísicas por rellenamiento de humedales. Jorge Morello (1996) denomina a este sistema, junto con los rellenamientos del CEAMSE, como "neo formas" del paisaje y "neo ecosistemas", porque son generados por un rediseño ecogeográfico del paisaje que genera profundas mutaciones. Ellas incluyen neo relieves que afectan las micro topografías y una neo red de desagües superficiales que deben gestionarse como una nueva estructura biofísica.

Por todo esto, los paisajes de ríos y arroyos menores en el periurbano no están tratados apropiadamente, y muchas veces degradados y/u ocultos. Otras veces, sus huellas están borradas. En las zonas urbanizadas, han sido entubados y solo emergen sus cauces en situación de inundaciones. La mayoría continúan abiertos solo en el periurbano, contaminados no solo por los asentamientos informales cercanos, también en los intersticios rurales se derraman sustancias químicas o agroquímicos utilizados en la horticultura.

Los ríos y arroyos solo tienen prensa a partir de las grandes inundaciones o para actividades como los deportes náuticos. A partir de su contaminación, están negados prácticamente a toda actividad. En definitiva, no son considerados paisajes. Sin embargo, deberían ser aceptados desde lo social, lo ecológico y lo económico. Para ello, debería trabajarse en la gestión. Deben ser estudiados como sistemas de drenaje complejo necesarios de mantener para el desarrollo de la gran urbanización a la que deben servir, y tratando en cada cuenca los tramos y trayectos como espacios abiertos y públicos capaces de darnos paisajes de calidad.

Como dice Gordon Cullen, el paisaje es el "arte de las relaciones", por lo tanto, todos los elementos que constituyen el conjunto se deben ensamblar y entretejer de forma que se desencadene el drama (Cullen, 1959, p. 8). Debemos preocuparnos de la facultad de "ver", porque es precisamente por medio de la vista por la que podemos formarnos una idea del conjunto, que puede mostrar la gran envergadura del sistema. Tener una mirada paisajista significa establecer una relación que prolongue o abra el paso del río o arroyo. Deben abrirse cuencas visuales y accesos más directos, realizar un paseo que otorgue la posibilidad de recorrer el borde fluvial y crear espacios estancos, que permitan el disfrute y una parte de *slow city* entre tanto ruido.

Por todo lo anterior, analizar, valorar e intervenir para recuperar la dimensión ecológica y ambiental de los ríos y arroyos que conforman las cuencas del AMBA a partir del paisaje, es una estrategia necesaria para recuperar territorios absorbentes y ampliar la superficie de espacios verdes necesarios para equilibrar la gran masa construida, además para educar a la ciudadanía en la cultura ambiental.

La antropización fue progresiva y extensiva, y modificó sustancialmente el sistema natural sin respetar ni la red hidrográfica ni su dinámica. Con una limitación muy grande para su gestión, porque el territorio está dividido en 41 jurisdicciones que no responden a las dinámicas "naturales" de ríos y arroyos, y que necesitan gestionarse como unidad ambiental. Cada partido en esta región es un territorio que necesita trabajar en cuestiones ambientales de forma interjurisdiccional y reconocer como ambiente de interfase las riberas acuático-terrestres. El Código de Aguas reconoce las cuencas como unidades de gestión ambiental de cualquier río y arroyo, y adopta el concepto de paisaje para la gestión sostenible del territorio. Sin embargo, aún faltan normas y estrategias más claras e instrumentales para proceder a mejorar la red hídrica.

Para empezar, es fundamental dar visibilidad a la dinámica hidrológica en este ámbito intensamente urbanizado, de allí la validez del concepto de análisis que propone Daniela, el de *paisaje fluvial*, que permite estudiar ríos y arroyos del AMBA como territorios de interfase entre el medio terrestre y acuático, desde las *dimensiones físico-natural, histórico-territorial y simbólico-cultural*, y lograr un tratamiento que recupere los paisajes fluviales junto con los recursos patrimoniales, además de intentar –con la participación de los vecinos– construir e identificar un relato con la historia de cada cuenca.

En este sentido, se puede decir que desde los contenidos del libro se colabora tanto desde lo teórico como desde lo metodológico con quienes deseen y tengan la voluntad de facilitar, analizar, valorar y crear y/o recrear en cada río o arroyo un paisaje fluvial que mejore la vida de la población.

Hacer posible estrategias de valor ambiental de las cuencas a partir de este trabajo permite hacer emerger los paisajes fluviales, política que ayudará a mejorar el hábitat en las situaciones de ocupación de las riberas con viviendas precarias, adaptarse al cambio climático y renaturalizar un gran conglomerado urbano.

Como comenta Daniela, puede hablarse de la incorporación de la dimensión ambiental dentro del ordenamiento territorial, y del paisaje como expresión de la recuperación ecológica y patrimonial del territorio. El aumento de la conciencia ambiental junto a la necesidad de valorar el patrimonio local hacen que el paisaje forme parte del interés general, en palabras de Mata, "como un elemento significativo del marco de vida cotidiano y del bienestar de la población" (Mata, 2006, p. 17, citado por Daniela Rotger en el primer capítulo).

Para analizar y proyectar el paisaje fluvial en el AMBA Daniela plantea que es necesario abordar los componentes y dinámicas del *espacio fluvial*, para luego ahondar en los aspectos que hacen de este espacio un paisaje percibido y valorado en relación con lo *físico-natural*, lo *histórico-territorial* y lo *perceptivo-cultural*.

Este libro significa un gran aporte en el camino por transformar los paisajes cotidianos, incorporando el paisaje fluvial en su verdadero rol: esponjar los tejidos urbanos y periurbanos, y con ello ampliar los espacios abiertos y públicos para la gente.

"Los cauces se desplazan, se secan, se ensanchan, el agua transcurre lenta y rápida, aparece y desaparece. Esta variabilidad espacial y temporal es la gran riqueza de este sistema complejo. El hombre consciente o inconscientemente modifica el sistema de forma inevitable mediante sus intervenciones en el territorio. En cada una de ellas, el sistema se reestructura hasta encontrar un nuevo equilibrio para lograr la convivencia en un medio que compartimos" (Teresa Galí-Izard, 2005, p. 196).

Isabel López, agosto 2020

Bibliografía

Arrese, A. (2002). Buenos Aires y la Ribera del Plata. En J. M. Borthagaray (Comp.), *El Río de la Plata como Territorio* (pp. 150-176). Buenos Aires: Ediciones Infinito, FURBAN, FADU, UBA.

Cullen, G. (1974). *El paisaje urbano. Tratado de estética urbanística.* Barcelona: Blume.

Galí-Izard, T. (2005). *Los mismos paisajes. Ideas e interpretaciones.* Barcelona: Gustavo Gili.

Morello, J. (1997). *Funciones del sistema periurbano: el caso de Buenos Aires.* Texto para la materia M10 de la maestría en Gestión Ambiental del Desarrollo Urbano (GADU), Facultad de Arquitectura, Urbanismo y Diseño de la Universidad Nacional de Mar del Plata, Mar del Plata, Argentina.

Introducción

El presente libro es una versión adaptada de la tesis doctoral *Paisaje fluvial en la Región Metropolitana de Buenos Aires. Valoración e intervención en la cuenca del arroyo del Gato, Gran La Plata*, defendida en el año 2017 en el marco del doctorado en Arquitectura y Urbanismo de la Universidad Nacional de La Plata, y dirigida por la Arq. Isabel López.

La idea de la tesis nace del vínculo entre paisaje y territorio que surge a fines de la década de 1990. Junto con las transformaciones urbanas relativas al proceso de globalización, la reivindicación del paisaje comienza a asumirse como un derecho inherente a todo territorio. Es entonces que la necesidad de valorar las culturas locales, junto al aumento de la conciencia ambiental, propician la inclusión del paisaje en la discusión territorial a nivel internacional.

El hecho de que el paisaje se haya instalado en los últimos veinte años en la discusión académica, revisado desde diferentes disciplinas, desde lo conceptual y metodológico, y que comience a ocupar un lugar dentro del ordenamiento territorial como un aspecto inherente a cualquier sitio, invita entonces a pensar en la inserción de esta dimensión en la gestión de cuencas hidrográficas con un alto grado de transformación.

Vale aclarar en este punto que en el libro se habla de paisaje fluvial en el AMBA (Área Metropolitana de Buenos Aires), pues este término se instaló con fuerza con la pandemia por Covid-19 en 2020 pero, en realidad, el territorio que en el contexto de pandemia se denomina como AMBA es el que en círculos académicos y profesionales se conoce como Región Metropolitana de Buenos Aires (RMBA), un conglomerado formado por la Ciudad de Buenos Aires, el Gran Buenos Aires y un conjunto de partidos aledaños que, incluyendo al Gran La Plata, totalizan cuarenta jurisdicciones. Aunque el término AMBA desde hace unos años se asimilaba a la delimitación de la RMBA, por ejemplo para en la red SUBE,[1]

[1] Sistema que integra todos los modos de transporte público del Área Metropolitana de Buenos Aires (AMBA).

en los últimos meses ha ganado una popularidad inusitada a partir de la pandemia. Porque es la intención de este libro llevar a la mayor cantidad de personas el conocimiento sobre el paisaje fluvial metropolitano, hablamos de paisaje fluvial en el AMBA.

El AMBA se implanta sobre cinco grandes cuencas hidrográficas perpendiculares al Río de la Plata: las de los ríos Lujan, Reconquista y Matanza-Riachuelo; las cuencas de la Ciudad de Buenos Aires y, por último, la cuenca de la zona sur de afluencia al Río de la Plata. Todas estas cuencas comparten como característica común un alto nivel de degradación de los cursos en los tramos medios y bajos –coincidentes con las zonas más urbanizadas–, y tramos mejor conservados en las zonas altas, en coincidencia con actividades agropecuarias.

Definitivamente, en el imaginario metropolitano, los ríos y arroyos afluentes a la ribera del Plata no se asocian a la idea clásica de paisaje, como una vista con cualidades destacadas merecedora de ser plasmada en una fotografía o un cuadro, pero sí pueden asociarse a esta nueva idea de paisaje que surge desde el contexto europeo hacia fines del siglo XX, definido como un área cuyo carácter resulta de la interacción de factores naturales y/o humanos (Convención Europea del Paisaje, 2000).

En este sentido, el objetivo principal de este libro es aportar herramientas para la valoración e intervención de las cuencas del AMBA desde el paisaje, vinculando las estrategias surgidas en el marco de la reivindicación de este concepto como atributo presente en todo el territorio –que surge en la discusión urbana desde fines del siglo pasado– y la situación ambiental crítica que atraviesan dichas cuencas, tanto por su degradación como por estar asociadas a inundaciones de gran magnitud.

El libro está estructurado en cinco capítulos. En el *primero* se realiza un recorrido histórico y a través de distintas disciplinas del concepto paisaje, con el fin de dilucidar, ¿de qué hablamos cuando hablamos de paisaje? Este recorrido nace en la mirada estética del paisaje y culmina en la asociación paisaje-territorio, para dar lugar en el *segundo capítulo* a la caracterización y problematización del contexto territorial en el que se desarrolla el caso de estudio: el AMBA y sus cuencas, aspectos ambientales, históricos y culturales.

En el *tercer capítulo*, se propone un análisis y ponderación de herramientas de valoración e intervención del paisaje, basadas en un entendimiento territorial del concepto, de cara a la construcción de una propuesta metodológica para el caso de estudio. Mientras que el *cuarto* tiene como objetivo construir una propuesta metodológica para valorar el paisaje de las cuencas del AMBA en base a los referentes analizados en el capítulo tercero, así como en las características propias del territorio que derivan de su condición de paisaje fluvial dentro de un área metropolitana.

Para culminar, en el *último capítulo* se aplica la propuesta metodológica detallada en el capítulo anterior, con la finalidad de valorar e intervenir el paisaje fluvial en la cuenca del arroyo del Gato, situada en el Gran La Plata, como cuenca representativa del AMBA.

Este libro, que resume mi tesis doctoral, no hubiera sido posible sin el apoyo incondicional de Isabel López, quien amorosamente me guió en su construcción y aún me guía en mi carrera de investigación. No hay palabras de agradecimiento que compensen su apoyo desinteresado, sus correcciones en sábados, domingos y feriados, y el contagio de su pasión por los estudios urbanos.

Entre las numerosas personas que han acompañado este camino, merecen una mención especial la Arq. Teresita Núñez, codirectora de mi tesis de maestría, y el profesor Joaquín Sabaté, quien me ha dirigido en dos estadías de investigación en la Universidad Politécnica de Cataluña, que han sido fundamentales para el estudio del paisaje desde el punto de vista proyectual, específicamente desde el estudio de distintos parques patrimoniales.

Como referentes internacionales en materia de paisaje, no puedo dejar de agradecer las entrevistas que me han concedido muy gentilmente Pere Sala –director del Observatorio de Paisaje de Cataluña– y Rafael Mata Olmo, un referente indiscutido en materia de paisaje y gestión del territorio.

Agradezco al CIUT (Centro de Investigaciones Urbanas y Territoriales) como institución en la que he desarrollado toda mi tarea de investigación desde 2007 hasta la actualidad, y en ello un especial agradecimiento a Juan Carlos Etulain por su aliento, como codirector y director de numerosos proyectos en los que participo, además de ser el director del doctorado en Arquitectura y Urbanismo (FAU-UNLP). Gracias también a María Julia Rocca, directora actual del centro, quien siempre ha tenido palabras de apoyo para mi trabajo.

Gracias a mis compañeros del CIUT y de la cátedra de Planificación Territorial (López-Rocca-Etulain) por las conversaciones, las sugerencias y el apoyo moral en los momentos de crisis que implica la escritura de una tesis.

Sin el acceso a la educación pública en mis estudios de grado y posgrado, hoy no podría estar escribiendo estas páginas, por ello mi entero agradecimiento y apoyo a la educación pública y gratuita, y especialmente a la Universidad Nacional de La Plata, por la oportunidad que me dio a mí como a tantos de cumplir el sueño de llevar el título profesional a casa y luego tomar el camino de la investigación. Del mismo modo, gracias a CONICET, organismo en el que desarrollé la mayor parte de mi carrera investigativa y al que hoy sigo perteneciendo.

Un agradecimiento especial a Noelia Vallejo, mi amiga y compañera en el camino del paisaje, facilitadora de bibliografía clave y siempre dispuesta al debate teórico. También a Cecilia Giusso por su constante apoyo a mi trabajo. Mención especial merece mi amigo incondicional Augusto Avalos, quien ha sido el impulsor de cada decisión importante en mi carrera.

No puedo dejar de agradecer a mis padres y a mi hermano, quienes han sido un gran sostén en este proceso, como también a Raúl, optimista incurable y proveedor de nueva bibliografía.

Y, finalmente, gracias a Kuanip, por ser el mejor compañero desde lo afectivo y desde lo intelectual. Casualmente –o no–, mientras escribía el libro en mi vientre estaba Aynie, fruto de nuestro amor.

Capítulo I:

¿De qué hablamos cuando hablamos de paisaje?

Si se inducía a los niños a chillar a la vista de una rosa, ello obedecía a una alta política económica. No mucho tiempo atrás (aproximadamente un siglo), los Gammas, los Deltas y hasta los Epsilones habían sido condicionados de modo que les gustaran las flores; las flores en particular, y la naturaleza salvaje en general. El propósito, entonces, estribaba en inducirles a salir al campo en toda oportunidad, con el fin de que consumieran transporte. ¿Y no consumían transporte? –preguntó el estudiante. Mucho –contestó el DIC–. Pero solo transporte. Las flores y los paisajes –explicó– tienen un grave defecto: son gratuitos.
Aldous Huxley (2014, p. 23)

1.1. Introducción

Si a lo largo de la historia de la humanidad ha dominado la asociación del concepto paisaje a sitios de belleza singular, a vistas merecedoras de ser inmortalizadas en un cuadro, o bien a sitios que aunque no destaquen por su calidad visual –inclusive puedan ser paisajes del horror– tengan un carácter escenográfico, junto con el inicio del siglo xxi se instala una nueva forma de entender al paisaje, más inclusiva, más dinámica, más cercana a la noción de territorio.

El paisaje va dejando su carácter objetual: ya no es una vista, un cuadro, una escenografía, para ponerse en movimiento y acercarse al sujeto como componente fundamental que le da existencia. El hombre es el que carga de sentido al paisaje, por lo cual este no existe sin la intervención humana. Esta idea se materializa en como el Convenio Europeo del Paisaje lo define como un "área, tal como la percibe la población, el carácter de la cual es resultado de la interacción de factores naturales y/o humanos" (Convención Europea del Paisaje, 2000, p. 2).

Para llegar a este punto de la historia donde no quepan dudas sobre la condición inherentemente humana del paisaje, su carácter dinámico y su naturaleza inclusiva, que no solo refiere a paisajes con valores destacados, sino que es atributo de cualquier parte del territorio, el concepto ha transitado un largo camino desde distintas disciplinas, que van desde la mirada estética, pasando por la concepción científica y también por la perspectiva proyectual.

El paisaje se ha integrado dentro del ordenamiento territorial como concepto capaz de contribuir a una mirada más integradora del territorio, incorporando lo ambiental, lo patrimonial y la percepción de la población. En este sentido, el paisaje se reivindica como un derecho, que se expresa en la revalorización de las identidades locales junto a la ponderación del patrimonio cultural como elemento de cohesión social.

Desde esta concepción emergen distintas líneas de intervención que van desde lo normativo, pasando por lo valorativo, hasta lo proyectual, líneas que han tenido un amplio desarrollo en Europa pero que se han difundido a nivel global. El hecho de que el paisaje se haya instalado en los últimos veinte años en la discusión territorial, abordado desde diferentes enfoques y que comience a ocupar un lugar dentro del ordenamiento territorial como un aspecto inherente a cualquier sitio, legislado, valorado e intervenido, invita a pensar en la inserción de esta dimensión en la gestión de cuencas hidrográficas degradadas, como las cuencas del AMBA, entendiéndolas –fuera de todo prejuicio– como paisaje fluvial.

1.2. Desde la parte al todo. El paisaje y el arte, la ciencia y el territorio

El paisaje es un concepto que se caracteriza por ser polisémico y flexible, lo cual hace que muchas disciplinas lo tengan como campo de estudio, entre ellas los estudios urbanos y territoriales. En los últimos años, varias de ellas han intentado renovar, complejizar y operacionalizar el concepto, mientras que otras iniciaron su análisis. Según Jean Marc Besse (2006, p. 146), existen cinco perspectivas para aproximarse a la noción de paisaje en la actualidad, "cinco problemáticas paisajeras que coexisten en el pensamiento contemporáneo y que no se solapan totalmente, incluso aunque, a veces, puedan estar articuladas entre sí". Según esta afirmación, el paisaje puede definirse como una representación cultural –principalmente encarnada por las artes pictóricas–, como un territorio producido por las sociedades a lo largo del tiempo, como un complejo sistémico que articula elementos naturales y culturales objetivamente, como un espacio de experiencias sensibles y, por último, como sitio de proyecto.

Teorizar sobre el paisaje contemporáneo implica aceptar la coexistencia y el solapamiento de estas perspectivas, entendiendo que el paisaje es a la vez realidad material y percibida; en palabras de Joan Nogué (2007, p. 378), "la fisonomía externa y visible de una determinada porción de la superficie terrestre y la percepción individual y social que genera; un tangible geográfico y su interpretación intangible. Es, a la vez, el significante y el significado, el continente y el contenido, la realidad y la ficción". Pero ¿es posible ordenar cronológicamente estas perspectivas?, ¿en qué contexto ha surgido cada una?, ¿cómo ha sido el devenir histórico del paisaje hasta su introducción dentro del ordenamiento territorial?, ¿cómo las distintas perspectivas se integran dentro de esta disciplina?... Más allá de la complejidad inherente a la noción paisaje, se intentará establecer un breve panorama en perspectiva histórica que, sin ánimo de ser exhaustivo, indague en los distintos significados y disciplinas que se han ocupado de su estudio, desde el origen del concepto vinculado a la estética hasta llegar al tema que ocupa a este libro: la relación paisaje-territorio, de cara a la gestión de todo tipo de paisajes, no solo los destacados, sino los cotidianos y degradados.

Para empezar, el paisaje no existe si no es a través de la mirada, dado que es una lectura, una interpretación de la realidad (Corbin, 1988), y el registro artístico de esa mirada del entorno es lo que da origen a una conciencia de paisaje en occidente. Su nacimiento se produce, según Raffaele Milani (2006), en el relato que realiza el poeta italiano Petrarca sobre su ascenso al Mont Ventoux (1336), destacando el placer estético del paseo y la vista que puede disfrutarse desde las alturas; asimismo, el mural *Efectos del buen gobierno en el campo* de Ambrosio Lorenzetti (1338-1340), el cual está enfocado en el entorno cotidiano de las labores campestres en Siena, inicia una nueva forma de ver la naturaleza, mostrando al territorio como entorno de la vida humana (Figura 1).

Figura 1: Efectos del buen gobierno en el campo. Autor: Ambrosio Lorenzetti. Fuente: https://commons.wikimedia.org/wiki/File:Ambrogio_Lorenzetti_-_Effects_of_Good_Government_in_the_countryside_-_Google_Art_Project.jpg

La noción de "Paesaggio" (Roger, 2007), que definía una porción del territorio con una belleza particular, se vincula con esta idea. Esta cualidad era exclusiva de ciertos sectores del territorio distinguidos por una belleza que mereciera ser plasmada en un cuadro, y marca el origen del paisaje en Occidente vinculado directamente al arte pictórico.

La pintura de paisajes se convierte en un género independiente. La aparición de la ventana en el arte flamenco sella la invención del paisaje en Occidente, pero es más tarde, en el período Barroco, cuando, debido al aumento de la demanda de obras para coleccionismo, la pintura de paisaje se establece como un género en sí mismo.

Ya consolidada como género, durante el período Romántico[2] se abren dos líneas en la pintura de paisajes: lo pintoresco y lo sublime. En la primera línea, son célebres las representaciones del pintor inglés John Constable, que reflejan los paisajes ingleses que no fueron afectados por la Revolución Industrial, esencialmente escenarios de la vida cotidiana

---

[2] El clasicismo Romano-Boloñés, seguido por dos grandes paisajistas franceses formados en Italia, Nicolás Poussin y Claudio de Lorena, tuvo una gran influencia en la pintura romántica del siglo XIX.

campestre (Figura 2). Lo sublime[3] se vincula al placer estético de lo infinito, de lo inconmensurable, según Kant, "el aparente poder total de la naturaleza" (citado por Roger, 2007, p. 113), y sus exponentes centrales están en Alemania y el Reino Unido, en los siglos XVIII y XIX. Caspar David Friedrich plasma en su obra una naturaleza prístina y grandiosa, donde la figura humana juega un papel secundario, contemplativo. En la misma línea trabajó Joseph Malord William Turner, mostrando una visión idílica de la naturaleza, mezclada con el dramatismo de los fenómenos climáticos: tormentas, lluvias, niebla, etc. (Figura 3).

Figura 2: The Cornfield. Autor: John Constable.
Fuente: https://commons.wikimedia.org/wiki/File:Constable_-_The_Cornfield.jpg

[3] El surgimiento de lo sublime como categoría estética data de 1674, fecha de la traducción de Bailean del *Tratado sobre lo sublime* de Pseudo longino (Roger, 2007, p. 109).

Figura 3: Flüelen, from the Lake of Lucerne. Autor: Joseph Mallord William Turner. Fuente: https://commons.wikimedia.org/wiki/File:Joseph_Mallord_William_Turner_-_Fl%C3%BCelen,_from_the_Lake_of_Lucerne_-_1954.129_-_Cleveland_Museum_of_Art.tif

En contraposición, durante el período impresionista comienza una nueva forma de representar al paisaje, que intenta ser lo más fiel posible a la realidad, despojada totalmente del idealismo que caracterizó a la pintura romántica.

Ya en el siglo xx, aunque la pintura disolvió los géneros, dentro de cada uno de los "ismos"[4] de las vanguardias se dieron representaciones paisajísticas, algunas de las más reconocidas pueden hallarse entre los expresionistas, cubistas y futuristas. Las diferentes formas que fue adquiriendo la representación del paisaje a lo largo de la historia son inescindibles de los sucesos sociales y culturales de la época en que se enmarcan. Según Besse, "las decisiones sobre la construcción paisajera son también económicas, religiosas, filosóficas, científicas, políticas, psicoanalíticas, etc." (2006, p. 149). Así es como puede vincularse el desarrollo de la pintura de paisaje en los Países Bajos, con los avances científicos del Renacimiento, el desarrollo del estilo pintoresco en Inglaterra con la valoración de los paisajes no afectados por la Revolución Industrial o la pintura romántica con la evolución de la geografía en Alemania.

[4] Se hace referencia a las diversas tendencias pictóricas surgidas a partir de principios del siglo XX, como por ejemplo, expresionismo, cubismo, futurismo, dadaísmo, surrealismo, entre otras.

En Argentina, y con relación al paisaje del AMBA, las obras más destacadas desde principios hasta mediados del siglo xx tienen como temas la inmigración, la actividad portuaria y las duras condiciones de vida en los conventillos y en las primeras villas miserias. Como los exponentes más importantes, pueden ser mencionados Benito Quinquela Martín –pintor portuario argentino por excelencia, quien tuvo como escenario casi exclusivo de su obra el puerto de La Boca– y sobre todo Antonio Berni, quien plasmó en su pintura el paisaje cotidiano de las periferias metropolitanas a mediados del siglo xx: el trabajo en las fábricas y la vida diaria en las villas y barrios populares, donde ya se evidenciaban el hacinamiento, los basurales y las inundaciones.

Entre los artistas contemporáneos, están quienes exponen en su obra las problemáticas sociales del AMBA, siguiendo la línea de Berni. Específicamente, en la obra de Mariano Sapia pueden encontrarse referencias a la situación actual de los arroyos metropolitanos: la contaminación, su tratamiento como basurales, las viviendas precarias. Sin embargo, a pesar del estado de degradación, Sapia recupera la idea del arroyo como paisaje natural, que se visualiza tanto en el reflejo del agua como en la representación de la vegetación del entorno (Figura 4).

Figura 4: La Vuelta a casa, Mariano Sapia, año 1991.
Fuente: gentileza de Mariano Sapia.

El paisaje habita desde su origen en las representaciones culturales, y ha tenido sin dudas un lugar privilegiado en la pintura, pero ha encontrado lugar en todo tipo de representaciones culturales: en la música, en la poesía y también en otras formas de operación artística que trabajan con la tierra misma, creando o recreando paisajes, una modalidad *in situ* (Roger, 2007), lo que significa construir un objeto artístico con la naturaleza. Dentro de esta última modalidad, encontramos al paisajismo como forma de creación artística mediante la manipulación de elementos naturales; o conjugando la creación –con y desde la naturaleza– y la manifestación artística, la corriente de arte contemporáneo Land Art.

Pero el paisaje es ante todo el entorno material del hombre, y como tal, desde mediados del siglo XIX, en el marco del desarrollo científico ocurrido en Europa Central, emerge una concepción del paisaje como realidad concreta, que se independiza de la percepción y las representaciones sociales y culturales. Según María de Bolós Capdevila y Antonio Gómez Ortiz, "la gran aportación que se operó durante esta época fue la visión coherente y funcional con que se explica la superficie terrestre, presentada y defendida por Alexander von Humboldt" (2009, p. 165). Este científico convierte el conocimiento sobre la geografía en ciencia, aislándolo de toda subjetividad, es esta escisión la que da origen a una concepción científica del paisaje.

Desde esta concepción, se entiende que el paisaje es un sistema abierto,[5] característico de la organización natural. El geosistema, definido por Sochava como "un sistema natural, de nivel local o global, en el que el sustrato mineral, el suelo, las comunidades de seres vivos, el agua y las masas de aire están" (en Bolós Capdevila y Gómez Ortiz, 2009, p.167), es el modelo teórico sobre el que se desarrolla la ciencia del paisaje. Todo estudio sobre el paisaje desde este enfoque aborda el conocimiento de la litósfera, como la conformación de rocas que conforma la corteza terrestre, la atmósfera, donde se producen los fenómenos climáticos, la hidrósfera, como el conjunto de las aguas superficiales e internas de la tierra, y la biósfera, que sintetiza la mayor parte de los procesos bióticos que ocurren sobre la superficie terrestre: fauna, flora y suelo, considerando, además, las transformaciones inducidas por la especie humana.

[5] Von Bertalanffy define en su *Teoría general de sistemas* (1950) al sistema abierto como aquel que "intercambia materia con el medio circundante, que exhibe importación y exportación, constitución y degradación de sus componentes materiales" (1989, p. 146).

Sin embargo, según el concepto de *medianza* de Augustín Berque (2006), el paisaje es una entidad medial. El paisaje es a la vez, y esencialmente, totalmente natural y totalmente cultural. Es el elemento en el que la humanidad se naturaliza y la naturaleza se humaniza (y se simboliza); una realidad concreta que puede ser abordada científica e independientemente de la representación, formada tanto por elementos naturales como por elementos antrópicos en continua interacción: el paisaje es el geosistema, dentro del cual la biósfera expresa más claramente la interacción hombre-naturaleza, a partir de las transformaciones que se dan en la superficie terrestre; pero también son los soportes más transformados que son objeto de intervención social, los asentamientos humanos. Paisaje son también los edificios, las actividades urbanas a las que están sujetos, las infraestructuras viales, las actividades productivas; es decir, los patrones de uso y ocupación territorial.

Desde una perspectiva que se sitúa en la intersección de las dos anteriores: el paisaje es un territorio producido por las sociedades a lo largo del tiempo. La diferencia sustancial de esta perspectiva con la teoría estética es que el valor paisajístico de un sitio no se funda en su exotismo, singularidad y/o belleza, sino que el valor del paisaje está en la apreciación por parte de la sociedad:

> La territorialización del paisaje, es decir el reconocimiento de que cada territorio se manifiesta paisajísticamente en una fisonomía singular y dinámica y en plurales imágenes sociales, hace del paisaje un aspecto importante de la calidad de vida de la población, porque el paisaje es ante todo resultado de la relación sensible de la gente con su entorno percibido, cotidiano o visitado. Por eso mismo, el paisaje es también elemento de afinidad y de identidad territorial, y manifestación de la diversidad del espacio geográfico que se hace explícita en la materialidad de cada paisaje y en sus representaciones sociales. (Mata, 2006, p. 18)

El entendimiento del territorio a través del paisaje implica la articulación de los aspectos culturales y naturales, asumiendo la interacción continua entre ambos. Desde esta perspectiva, el paisaje se define como un territorio producido por las sociedades humanas con motivos políticos y culturales.

Los antecedentes de esta concepción pueden encontrarse en el geógrafo Carl Sauer, quien a principios del siglo xx acuñó y desarrolló el término paisaje cultural para referirse a la incidencia de los procesos de poblamiento y las formas de producción y movilidad sobre el medio natural en la determinación del carácter del paisaje. Según Sauer: "La cultura es el agente, lo natural, el medio; el paisaje cultural, el resultado" (en Sabaté, 2004, p. 42).

El principal referente de esta línea es John Brinckerhoff Jackson (1909-1996), geógrafo cultural que basó sus estudios en la observación del territorio norteamericano, definiendo al paisaje como "una composición de espacios hechos o modificados por el hombre para que sirvan de infraestructura o bagaje para nuestra experiencia colectiva" (Brinckerhoff Jackson, 2010, p. 39). Este autor propone una diferenciación entre "paisajes políticos", es decir aquellos que evolucionan para satisfacer algunas de las necesidades del hombre en su aspecto político (fronteras, plazas, caminos, etc.), y "paisajes autóctonos", aquellos que evolucionan a lo largo del intento humano de vivir en armonía con el medio natural, identificados con los hábitos locales, la adaptación al cambio y la movilidad.

El hecho de cualificar al paisaje como un atributo perteneciente a la totalidad del territorio amplía los límites de la intervención paisajista; y aquí se abre la última perspectiva: el paisaje es sitio o contexto de proyecto. La necesidad de enfrentar problemáticas de escala regional, como la degradación ambiental y la expansión urbana, comienzan a superponer las competencias del urbanismo y el paisajismo al comenzar el siglo XXI. Algunos arquitectos trascienden las fronteras de la profesión para vincularse con la ecología, las infraestructuras, el urbanismo. Surge el *Landscape Urbanism*, disciplina que integra en el paisaje el interés por un proyecto global que asuma la dimensión ecológica, urbana e infraestructural.

La perspectiva proyectual comienza a concebirse como una práctica cultural fundamental para generar formas sustentables de ocupación territorial, contraponiéndose al mero diseño de parques y jardines. Proyectar el paisaje implica pensar la ciudad en relación con el territorio circundante, regenerando su vinculación con el medio natural. Es un tipo de proyecto diferente al arquitectónico, basado en el sitio y sus preexistencias, tanto en lo tangible como en lo intangible, tanto en lo presente como en lo ausente; es decir, aquello que la historia urbana ha ido borrando en su devenir.

Observar e interpretar el territorio desde el paisaje provee una mayor cantidad de recursos para poder proyectarlo. Según Llop Torné: "Todo se proyecta en el paisaje, pero no todos los paisajes son proyectados. Justamente, en esta reflexión se fundamenta el sentido y la razón por los cuales nos interesamos por aquellas ideas de paisajes que inventaron y forjaron un nuevo territorio, y también por aquellos territorios que en su estado de banalización requieren ser repensados, proyectados y gestionados" (2009, p. 276).

Según Besse, los proyectos de paisaje actuales siguen tres direcciones principales: el suelo, el territorio y el medio natural (2006, p. 166). Al referirse al suelo, el autor señala la conciencia adquirida sobre el espesor material y simbólico del sitio de implantación del proyecto. El sitio no es solo lo que está ahí, sino una superposición de capas históricas que han dejado trazas y huellas que el proyecto debe revelar. Según Batlle, esta comprensión del suelo significa ejercer la "ética geográfica" (en Colafranceschi, 2007, p. 83), tanto para reconstruir los hechos geográficos casi borrados como para inventar nuevas geografías para la ciudad.

La reconsideración de la noción de territorio refiere a la ampliación de la escala de intervención, pero también a la articulación de escalas y temporalidades. Proyectar el paisaje significa operar en la escala de sucesos naturales y culturales que se sitúan muchas veces en ámbitos metropolitanos, lo que implica la articulación del sitio con redes de transporte, infraestructuras, circunscripciones administrativas, etc.

Por último, el proyecto de paisaje se posiciona como el instrumento idóneo para idear soluciones que permitan mejorar la relación entre la ciudad y la naturaleza, no solo de aquella que forma parte de la ciudad central, como plazas, parques, avenidas, sino también del entorno no construido que la rodea. La naturaleza se convierte en parte de la ciudad, y la ciudad en parte de la naturaleza. Según Besse, la urbanización se ha convertido en un "medio natural híbrido particular" (2006, p. 167).

1.3. Abordaje territorial del paisaje

Las transformaciones urbanas de la sociedad postindustrial y la emergencia del paradigma sostenible obligan a repensar el ordenamiento del territorio en términos de sostenibilidad. En este marco, las intervenciones urbanas actuales, según Monclús (2011), parecen responder a las dinámicas propias del proceso de globalización; sin embargo, mirado en perspectiva histórica y comparada, pueden inscribirse, según el autor, en tres paradigmas urbanísticos que se han dado en el transcurso de la historia y permanecen en la actualidad: *el paradigma morfológico, el paradigma tecnológico y el paradigma ambientalista.*

Mientras los paradigmas morfológico y tecnológico están centrados en la intervención urbana, el paradigma ambientalista aborda múltiples escalas y disciplinas. Desemboca en un nuevo modelo de la relación ciudad-naturaleza, que trabaja en la escala regional y encuentra sus orígenes en una mirada ecológica y ambiental que se visualiza en las propuestas de ciudad jardín, en las *New Towns* inglesas, en el regionalismo ecológico de Lewis Mumford, y encuentra un hito importante en el "paisajismo ecológico" de Ian Mc Harg, que surge ya en el seno de la crisis ambiental de los años sesenta, la cual desemboca en el paradigma del "desarrollo sustentable".[6] El método de Mc Harg, desplegado en su libro *Proyectar con la naturaleza* (Mc Harg, 2000), consiste en comprender los procesos que configuran los paisajes y convertirlos en fundamentos del proyecto. Para la época, el método de Ian Mc Harg representaba un enfoque innovador, que yacía en incorporar el medioambiente a los procesos de planificación territorial. El carácter integrador es el rasgo principal de la metodología, el análisis por capas o "layer cake" es la forma de integrar los distintos aspectos que configuran el territorio.

Esta última metodología es la base de la propuesta denominada como "ecourbanismo", denominación dentro de la cual se agrupan líneas de pensamiento y acción sobre la ciudad contemporánea que integran la dimensión ambiental; una aproximación holística al proyecto de ciudad, multiescalar y multidisciplinar, que concilia ecología y urbanismo (Monclús, 2011). Un caso paradigmático es el de proyectos de regeneración de regiones industriales obsoletas, como por ejemplo la *IBA Emscher Park* (Figura 5), por tratarse de un parque que propone la mejora de la calidad ambiental y la preservación del patrimonio industrial a partir del tratamiento del paisaje como elemento cohesionador, rehabilitando social y económicamente una región habitada por dos millones de habitantes, que dependió históricamente de industrias siderúrgicas y carboníferas, actualmente inactivas.

---

[6] Según di Pace (2004), pese a que la discusión sobre la necesidad de un cambio de paradigma respecto al tratamiento del ambiente se inicia en la década del setenta, el término "desarrollo sustentable" encuentra una conceptualización definida en el informe *Nuestro futuro común* o *Informe Bruntland* (1987), en el cual se enuncia que "la humanidad está en condiciones de realizar un desarrollo sustentable en el tiempo, en forma tal que satisfaga las necesidades del presente sin comprometer la capacidad de las futuras generaciones en atender sus propias necesidades" (Di Pace, 2004, p. 290).

Figura 5: IBA Emscher Park.
Fuente: https://commons.wikimedia.org/wiki/File:Wohnbebauung_K%C
3%BCppersbuschgel%C3%A4nde_IBA_Emscher_Park,_Gelsenkirchen,_
Szyszkowitz-Kowalski.jpg

Hasta aquí puede hablarse de la incorporación de la dimensión ambiental dentro del ordenamiento territorial, y del paisaje como expresión de la recuperación ecológica y patrimonial del territorio; sin embargo, junto con las transformaciones urbanas relativas al proceso de globalización, la reivindicación del paisaje se ha asumido como un derecho inherente a todo el territorio. Más allá de la posición central o periférica que asuman las ciudades dentro de la red global, todos los entornos urbanos comienzan a mostrar transformaciones de su fisonomía, vinculadas a la expansión de la urbanización, la formación de áreas de servicios especializados y la complejización funcional de los centros urbanos. El aumento de la conciencia ambiental junto a la necesidad de valorar el patrimonio local hacen que el paisaje forme parte del interés general, en palabras de Mata, "como un elemento significativo del marco de vida cotidiano y del bienestar de la población" (2006, p. 17).

La vuelta a escena del paisaje, según Perla Zusman (2008), se vincula al proceso de globalización, a la reorganización de la geografía mundial y a la desaparición de ciertos paisajes y construcción de otros. Zusman sitúa en este sentido tres causas principales en la revitalización del paisaje: la nostalgia por el pasado –junto a la proliferación de "paisajes culturales"–,[7] el interés por la preservación de la naturaleza y el aumento de los desplazamientos poblacionales –a través de migraciones, viajes turísticos, laborales, etc.–, que promueven la producción y el reconocimiento de nuevos paisajes. Según James Corner (en Ábalos, 2009, p. 133), comienza a existir además "una profunda inquietud por el alcance conceptual del paisaje, por su capacidad para teorizar sobre emplazamientos, territorios, ecosistemas, redes e infraestructuras, así como para organizar grandes zonas urbanas. En concreto, los temas de organización, interacción dinámica, ecología y técnica apuntan a un urbanismo emergente más flexible, más acorde con la complejidad real de las ciudades, y que ofrece una alternativa a los rígidos mecanismos de la planificación centralista".

Entonces, el paisaje se integra dentro del ordenamiento territorial como un concepto capaz de contribuir a una mirada más integradora del territorio, incorporando las dimensiones ambiental, patrimonial y la percepción de la población. Pero, por otro lado, emerge la reivindicación del paisaje como un derecho, que se expresa en la revalorización de las identidades locales junto a la ponderación del patrimonio cultural como elemento de cohesión social. Según Rafael Mata, se produce en el contexto europeo una ampliación del concepto y de las políticas de patrimonio que abarcan a los paisajes de alto interés patrimonial, y así se produce "un encuentro feliz entre los que llegan al paisaje desde la tarea de conocer y ordenar el territorio, de cualificarlo, de incorporar la percepción, la vivencia; y los que llegan desde el patrimonio. Yo diría que esa es una manera de interpretar el proceso de emersión de la categoría de paisaje, tal y como la entiende el Consejo de Europa, y la confluencia y complicidad de las políticas de ordenamiento del territorio y de patrimonio histórico-cultural en torno al paisaje" (Mata, comunicación personal, 17 de noviembre de 2015).[8]

---

[7] Se define paisaje cultural como el resultado de la acción de un grupo social sobre el paisaje natural: "la cultura es el agente, lo natural, el medio; el paisaje cultural, el resultado" (Sauer en Sabate Bel, 2004, p. 42).

[8] Entrevista realizada por Daniela V. Rotger y Kuanip Sanz Ressel en La Plata, Argentina, en noviembre de 2015.

1.4. El paisaje en movimiento: entenderlo, interpretarlo y proyectarlo

De la mano del entendimiento de la complejidad que encierra la noción de paisaje y el aprovechamiento de su potencial para el ordenamiento territorial a escala metropolitana, emergen planteos que retoman a fines del siglo XX la idea esbozada por autores ya citados, como Sauer, Brinkerhoff Jackson o Mc Harg, quienes entienden al paisaje como atributo inherente al territorio, y específicamente a cualquier parte del territorio. Los aportes de estos autores se convierten en la base de las conceptualizaciones e instrumentaciones que comienzan a darse en Europa a partir del siglo XXI, avanzando en el entendimiento territorial del paisaje, alejándose de los planteos que asocian exclusivamente su defensa a la protección de la naturaleza o el patrimonio cultural. El entendimiento territorial del paisaje implica un compromiso político con todos los paisajes, desde los singulares hasta los cotidianos y degradados.

En este sentido, el Convenio Europeo del Paisaje (CEP) marca un punto de inflexión respecto del concepto paisaje, definiéndolo como "área, tal como la percibe la población, el carácter de la cual es resultado de la interacción de factores naturales y/o humanos" (Convención Europea del Paisaje, 2000, p. 2).

Esta definición pone en relieve tres cuestiones: el paisaje es un hecho tangible –una parte del territorio– (1), que refleja la vinculación entre factores naturales y culturales (2), y esta relación está mediada por la percepción de una población (3). Estos tres temas contenidos en la definición del CEP permean con intensidad en la normativa, en los planes y en los proyectos territoriales que se desarrollarán en Europa desde principios del siglo XXI.

La concepción territorial del paisaje demanda políticas paisajísticas para todo el territorio, por eso las normativas y los planes de ordenamiento territorial se convierten en un marco adecuado para la incorporación de objetivos y criterios paisajísticos (Mata, 2006), así como los proyectos de paisaje toman escala territorial.

El conocimiento sobre el paisaje debe apuntar a la acción, a frenar la pérdida de identidad y calidad paisajística del territorio, y para ello los métodos de diagnóstico se abocan a identificar desde un enfoque interdisciplinar los valores del paisaje, como punto de partida para el planteo de estrategias de intervención –normativas y proyectos–.

En los últimos veinte años, el establecimiento de acuerdos internacionales dirigidos a impulsar la gestión, protección y el ordenamiento del paisaje ha promovido el desarrollo de legislaciones, metodologías y proyectos que sitúan al paisaje como un componente central dentro del ordenamiento territorial y la planificación urbana. Estos instrumentos pueden inscribirse dentro de tres líneas de trabajo: una línea normativa, que da marco jurídico al tratamiento del paisaje; una línea valorativa, formada por herramientas de conocimiento y diagnosis que comienzan a profundizar en el estudio del paisaje a escala territorial desde un enfoque cualitativo, y una línea propositiva, en la que el paisaje es considerado como un patrimonio a cualificar, desarrollar e intervenir. A continuación, se desarrollan cada una de ellas.

Línea normativa

El Convenio Europeo del Paisaje (CEP) marca un punto de inflexión con respecto a los instrumentos jurídicos dedicados al paisaje. Como tratado internacional referido a los paisajes europeos, plantea innovaciones no solo respecto al concepto de paisaje, sino también sobre los mecanismos para articular su tratamiento con las políticas territoriales.

Dentro de la protección del paisaje, el convenio integra dos categorías tradicionalmente disociadas en la normativa: paisajes naturales y culturales. Este carácter integrador se basa en una concepción más flexible del paisaje, considerado como un atributo presente en todo el territorio, y supera de esta manera las normas que protegían exclusivamente los paisajes excepcionales. Bajo este entendimiento, comienzan a gestarse en Europa normativas de protección para paisajes que carecían de una regulación específica, como los agrarios, industriales y sobre todo los cotidianos.

Por otro lado, la ampliación del alcance del paisaje abre nuevos campos de actuación que deben ser normados. El paisaje singular solo era objeto de acciones de protección; sin embargo, los paisajes cotidianos al evolucionar permanentemente requieren de instrumentos dinámicos de gestión. El CEP establece (art. 3. °) que el paisaje no solo es objeto de protección, sino de gestión y ordenamiento.

La gestión del paisaje se entiende como "las acciones encaminadas, desde una perspectiva de desarrollo sostenible, a garantizar el mantenimiento regular de un paisaje, con el fin de guiar y armonizar las transformaciones inducidas por los procesos sociales, económicos y medioambientales";

mientras que la ordenación paisajística trata sobre "las acciones que presenten un carácter prospectivo particularmente acentuado con vistas a mejorar, restaurar o crear paisajes" (art. 1. °). Estos dos conceptos implican una actitud dinámica frente al paisaje, opuesta a la figura estática que caracteriza al paisaje protegido.

A nivel latinoamericano, existe una declaración de principios para la gestión sostenible del paisaje (LALI: *Latin American landscape initiative*),[9] lo cual representa un primer paso hacia la creación de acuerdos multinacionales como el Convenio Europeo. En la legislación Argentina, aún prima una concepción proteccionista del paisaje, con clara distinción entre paisajes de interés cultural y natural, en la que se preservan valores arquitectónicos históricos y áreas de interés natural.

En el caso de la Provincia de Buenos Aires, la ley más relevante de protección del paisaje es la N. ° 12704/01, que establece y regula las condiciones para que un sitio sea declarado "paisaje protegido de interés provincial" o "espacio verde de interés provincial".

Los paisajes protegidos se definen como "ambientes naturales o antropizados con valor escénico, científico, sociocultural, ecológico u otros, conformados por especies nativas y/o exóticas de la flora y fauna, o recursos ambientales a ser protegidos" (art. 2. °); mientras que los espacios verdes de interés provincial son "áreas urbanas o periurbanas que constituyen espacios abiertos, forestados o no, con fines ambientales, educativos, recreativos, urbanísticos y/o ecoturísticos" (art. 3. °).

Para que un sitio sea declarado como paisaje protegido de interés provincial, además de la biodiversidad y los beneficios ambientales que genera, se prioriza que posea rasgos paisajísticos relevantes para la comunidad, y consenso para la implementación de mecanismos de conservación (Decreto 2314/11,[10] art. 2. °). Asimismo, un espacio verde de interés provincial debe cumplir una función ambiental relevante para

---

[9] Es una declaración de principios éticos para promover la gestión sostenible del paisaje latinoamericano, mediante la adopción de convenios (leyes, acuerdos, decretos, ordenanzas) que reconozcan la diversidad y los valores locales, nacionales y regionales, tanto tangibles como intangibles del paisaje, así como los principios y procesos pertinentes para salvaguardarlo (IFLA-UNESCO). http://lali-iniciativa.com/que-es-lali/.

[10] Reglamentación de la Ley 12704 de "Paisaje Protegido De Interés Provincial" y/o "Espacio Verde De Interés Provincial". Cámara de Diputados de la Provincia de Buenos Aires. Año 2012.

una población, y en él deben poder desarrollarse actividades educativas, recreativas o ecoturísticas (Decreto 2314/11 art. 3. °). Actualmente, existe un espacio verde de interés provincial y una decena de paisajes protegidos, de los cuales uno solo corresponde a la cuenca de un arroyo: el paisaje protegido de la cuenca del arroyo El Pescado (Figura 6), localidades de La Plata y Berisso.[11]

Figura 6: Arroyo El Pescado, La Plata.
Fuente: fotografía de la autora.

Por otro lado, la preservación de las áreas de interés natural está entre los objetivos y principios del Decreto-Ley 8912/77,[12] pero también la preservación de áreas con valor paisajístico, histórico o turístico, ligado al mejoramiento de la calidad ambiental. Asimismo, la Ley Nacional General del Ambiente[13] tiene entre sus objetivos fundamentales asegurar la preservación, conservación, recuperación y mejoramiento de la calidad ambiental, tanto de los recursos naturales como culturales. Estos objetivos se llevan parcialmente a la práctica debido a la carencia de instrumentos específicos de regulación y gestión vinculados al paisaje dentro de los

[11] Ley 12.274. Cámara de Diputados de la Provincia de Buenos Aires. Año 1999.

[12] Art. n.° 2. Decreto-Ley 8912: Ley de Ordenamiento Territorial y Uso del Suelo de la Provincia de Buenos Aires. Año 1977.

[13] Ley 25.675. Congreso de la Nación Argentina. Año 2002.

distintos niveles de gobierno, pero especialmente de los municipios que son las instituciones que tienen obligación de regular y ordenar el uso del suelo.

En base a lo expuesto, puede decirse que, en general, la normativa argentina no contempla aún la gestión y el ordenamiento de los paisajes, dado que está orientada a la conservación y preservación de los recursos naturales, enfocada en paisajes de características extraordinarias, aún sin instrumentos abocados a los paisajes cotidianos. La figura de espacio verde de interés provincial es innovadora en materia de ponderación del paisaje cotidiano; sin embargo, se registra un solo reconocimiento a nivel provincial.[14] Por lo tanto, un primer paso para reformular el marco normativo en torno al paisaje sería comenzar a estudiar los paisajes cotidianos, valorando sus virtudes ambientales, sociales y culturales. Esta es la tarea que están realizando los países adheridos al CEP, mediante estudios destinados a valorar el paisaje local, enmarcados en normativas de alcance nacional o regional.

Línea valorativa

La necesidad de gestionar y ordenar todos los paisajes hace que los métodos de análisis y diagnóstico deban ser capaces de impulsar propuestas de intervención, incorporando además las percepciones y aspiraciones de la población, lo que deriva en métodos de estudio cada vez más interesados en conocer el carácter del paisaje y sus dinámicas, y menos interesados por cuantificar su valor (Mata, 2006).

El carácter es lo que diferencia a cada paisaje, "un patrón distintivo, reconocible y coherente de elementos en el paisaje que lo hacen diferente a otro, en vez de mejor o peor"[15] (The Countryside Agency, 2002); y, como tal, debe ser el punto de partida para la toma de decisiones respectivas al paisaje. Las metodologías de diagnóstico de paisajes han evolucionado desde aproximaciones únicamente objetivas, cuantitativas y de carácter científico –las cuales primaron hasta entrada la década de 1980– hasta metodologías cada vez más preocupadas en recoger las percepciones de

[14] Espacio Verde "Monte del Hospital Dr. Raúl Alfonsín", partido de Gral. Rodríguez. Ley N. ° 14.546.

[15] Traducción del inglés. Texto original: "A distinct, recognizable and consistent pattern of elements in the landscape that makes one landscape different from another, rather than better or worse".

la población, y de esta manera dar respuesta a las demandas sociales. Asimismo, el cambio de la concepción del paisaje, que va desde sitios con valores culturales, estéticos u ecológicos destacados hasta ser un atributo perteneciente a cualquier parte del territorio, y en este sentido la proliferación de paisajes "intermedios", que no pertenecen a los cánones paisajísticos establecidos ni a ámbitos territoriales recortados –por ejemplo campo o ciudad–, ha significado un cambio en cuanto a enfoque, escala y sectores sociales involucrados en el proceso de identificación del paisaje.

Por ello, ya no se habla de identificar paisajes exclusivamente, lo cual se asocia a acciones estáticas como protección o conservación, sino que, en el marco del Convenio Europeo del Paisaje, se habla de valorar los paisajes, un concepto más adecuado a la realidad dinámica del paisaje cotidiano.

Aunque no existe un método único para valorar el paisaje, en los últimos veinte años se han desarrollado aproximaciones metodológicas que han evolucionado, desde estudios diagnósticos de paisaje puramente objetivos hasta estudios que cada vez le otorgan un papel más relevante a la percepción social. El análisis de las principales estrategias en este sentido dentro del marco europeo se desarrolla en el tercer capítulo del libro, con el objeto de dilucidar los principios conceptuales y metodológicos de estas aproximaciones, con el objeto de construir una propuesta metodológica para el caso de estudio.

Línea propositiva

El alcance asumido por el paisaje como estrategia de análisis, exploración e intervención en el ordenamiento territorial, y como atributo presente en cualquier parte del territorio, hace necesaria la búsqueda de nuevos instrumentos propositivos.

Desde las disciplinas tradicionalmente abocadas a la intervención del paisaje como el paisajismo y la arquitectura, comienzan a buscarse estrategias que permitan abordar la escala territorial, atentas a las especificidades locales y a las demandas ambientales.

Así como la noción de proyecto urbano[16] se erigía como el paradigma de intervención en la ciudad de fines del siglo xx, al comenzar el nuevo

---

[16] La expresión es utilizada desde mediados del siglo XX, según Portas (2003, p. 1), "para referirse a aquellos proyectos unitarios de arquitectura, de dimensión apreciable, que pretendían representar, a pesar de los propios límites físicos, la forma ejemplar de la ciudad moderna". En la década del noventa, la globalización

siglo los cambios en las dinámicas territoriales a escala global extendieron el alcance de las prácticas proyectuales más allá de los límites urbanos, abarcando periferias, áreas periurbanas y rurales. En este contexto, emerge la noción de "proyecto territorial" (Sabaté, 2010), que refiere a una estrategia proyectual fundamentada en el reconocimiento pormenorizado de los recursos de un sitio. La clave del proyecto territorial no solo está en la lectura minuciosa del territorio, sino en la incorporación de nuevas claves para su interpretación. El proyecto territorial, según Sabaté, se basa en "fundamentar en la identidad del territorio su alternativa, actualizar las claves de lectura y los instrumentos de proyecto, querer hacer al territorio resistente a los procesos de transformación, dotándolo de estructura, de manera que sea capaz de encajar las nuevas y cambiantes solicitaciones a que está sometido" (Sabaté, 2010).

Los principios que caracterizan al proyecto territorial pueden resumirse en:

1) La utilización de nociones y métodos provenientes de la ecología de paisajes.
2) La valoración del patrimonio cultural, en un sentido amplio, y su estructuración mediante una idea de fuerza para la gestión coherente de esos recursos.
3) Una mayor atención de la estructura física del territorio que permita develar las líneas generatrices, aquellas claves en las que la intervención deberá sustentarse. El intento de identificar el "código genético" (Sabaté, 2010) del territorio se realiza a través del dibujo minucioso, del estudio de las trazas territoriales y de la descomposición del territorio en capas.

Estos principios son interpretados por una serie de proyectos territoriales centrados en elementos característicos de las periferias metropolitanas, como conjuntos industriales abandonados, infraestructuras de transporte inactivas, áreas agrícolas en retracción y cursos fluviales degradados.

Estos proyectos pueden inscribirse dentro de la denominación "parque patrimonial", "concepto que lleva implícita la noción de proyecto, y que como tal comporta la construcción de una imagen que contribuye a

---

de la economía reposiciona al proyecto urbano como un instrumento destacado para la competitividad de las ciudades, multiplicándose los grandes emprendimientos como torres de oficinas, *shopping malls*, hoteles de lujo, etc.

realzar la identidad a un territorio y le provee de elementos que ayudan a desarrollarse económicamente" (Pérez y Parra Ponce, 2004, p. 14).

Según Sabaté (en Busquets y Cortina, 2009), el origen de los parques patrimoniales puede encontrarse en EE. UU., con el surgimiento del Parque Cultural del Carbón (1972), a partir del cual comienzan a desarrollase en Europa y América del Norte parques apoyados en vestigios patrimoniales, principalmente en minas abandonadas. Paralelamente, en Inglaterra, Francia y Alemania, tiene lugar el desarrollo de la arqueología industrial,[17] gestándose las primeras estrategias de puesta en valor de instalaciones industriales de todo tipo y escala. Mientras que en los países nórdicos comienzan a crearse museos de las tradiciones pesqueras, en Francia surgen los primeros ecomuseos,[18] museos a cielo abierto, donde ciudades o regiones con valores patrimoniales son preservadas y gestionadas por las comunidades autóctonas. La incorporación de los paisajes culturales como sitios Patrimonio de la Humanidad de la UNESCO en 1992 es el hecho que impulsa definitivamente estas actuaciones que comienzan a posicionarse como estrategias de desarrollo económico local: se recuperan paisajes industriales cada vez más extensos y se diversifican los tipos de recursos a valorar, así la utilización del término parque patrimonial comienza a extenderse.

El parque patrimonial es un instrumento de carácter proyectual, que se separa de nominaciones patrimoniales normativas tales como paisaje protegido, paisaje de interés cultural o paisaje de interés natural, entre otras. Es un lugar donde se privilegian actividades de esparcimiento y educación, basadas en la valoración y preservación de un determinado patrimonio cultural y/o ambiental, valorándose fundamentalmente la expresión material de una cultura, sus formas de producción y sus costumbres. Se trata de una estrategia de desarrollo local y/o regional, que considera a los recursos patrimoniales como elementos clave para el

---

[17] En 1963, Kenneth Hudson (Sabaté, 2009, p. 625) definió por primera vez la arqueología industrial como una disciplina cuya finalidad es "el descubrimiento, la catalogación y el estudio de los restos físicos del pasado industrial, para conocer a través de ellos aspectos significativos de las condiciones de trabajo, de los procesos técnicos y de los procesos productivos".

[18] La Red Europea de los Ecomuseos los define como un proceso dinámico con el cual las comunidades preservan, interpretan y valoran su patrimonio para el desarrollo sostenible.

estímulo del desarrollo económico, especialmente en zonas en declive, fomentando el turismo patrimonial.

Según Sabaté, todas estas experiencias atienden a algunas premisas básicas: identificar los recursos de interés y estructurar su interpretación y narrar una historia capaz de atraer visitas e inversiones, situando al territorio en condiciones de iniciar un nuevo impulso de desarrollo social y económico. "Todas estas iniciativas tratan de cohesionar los recursos culturales a partir de una idea-fuerza territorial, de dotarlos de estructura, de verificarla desde ensayos de proyectos, de construir una hipótesis de interpretación de un episodio relevante y de adelantar criterios para la ordenación de un territorio, para la gestión coherente de dichos recursos" (Sabaté, 2004, p. 13).

Este tipo de casos es analizado en el tercer capítulo del libro, desarrollando los principales elementos que contienen, identificando estrategias para intervenir en el caso de estudio.

Habiendo abordado los instrumentos que dan tratamiento al paisaje dentro del ordenamiento territorial en la actualidad, y ante el objetivo de construir y aplicar una metodología de valoración del paisaje fluvial del AMBA y plantear una propuesta de intervención, es necesario indagar en los componentes específicos del paisaje que configura el curso de agua y su entorno.

1.5. Los ríos y arroyos como paisajes fluviales

Las sociedades humanas han configurado sus paisajes a partir de su vinculación con el agua y, por ello mismo, esta es la clave para leerlos e interpretarlos.

Joan Nogué (2009, p. 184)

A nivel mundial, la revitalización del paisaje como un atributo presente en la totalidad del territorio ha impulsado también la revalorización de los ríos y arroyos, que comienzan a ser tratados y reconocidos como *paisajes fluviales*, asimismo abordados con métodos y técnicas de *valoración* específicas, para luego ser incorporados a las políticas territoriales con distintos tratamientos.

Para realizar este abordaje, es necesario conocer la composición del paisaje del curso no solo como hecho físico, sino a partir de las dimensiones que hacen de este espacio un paisaje a valorar: las componentes y dinámicas del medio natural, el proceso de antropización del territorio/ cuenca, y los aspectos perceptivos y culturales construidos alrededor del agua.

El conocimiento de estas dimensiones, que abordan los actuales métodos y técnicas de valoración de paisajes fluviales, permite aproximarse al conocimiento de las cuencas del AMBA desde el punto de vista del paisaje.

1.5.1. Del territorio al paisaje fluvial. Variables de observación

La diversidad de los cursos de agua es inconmensurable, dado que las condiciones geográficas que definen las características de un curso son muy variables. Los ríos y arroyos son las principales vías de drenaje de una cuenca hidrográfica, y por lo tanto tienen una gran importancia hidrológica y ecológica como corredores por los que se desplazan sedimentos, nutrientes y organismos, configurando a su vez distintos tipos de paisaje natural. Asimismo, los cursos de agua configuran la expresión de las relaciones funcionales y simbólicas que las distintas sociedades establecen a lo largo de la historia con el agua como recurso.

Pese a las diferencias que pueden existir entre ríos y arroyos, por su magnitud, caudal o régimen, ambos refieren a corrientes naturales de agua que drenan una cuenca hidrográfica. Su espacio físico está formado por los mismos componentes, y comparten flujos y dinámicas.

Por lo tanto, a los efectos de indagar en el paisaje de las cuencas del AMBA, se adopta el concepto de *paisaje fluvial*, ya que en base a esta noción se han realizado estudios sobre las características físicas, perceptivas y culturales de los cursos de agua, especialmente enfocados en ríos, sobre los que hay un mayor consenso en cuanto a su valor paisajístico. Asimismo, las dimensiones y el caudal que poseen muchos arroyos del AMBA son asimilables a ríos situados en otras zonas geográficas.

En este sentido, se define como paisaje fluvial al "paisaje en cuyo origen y dinámica el río es el elemento principal" (Zoido Naranjo *et al.*, 2011, p. 30), en el cual el agua es el elemento fundamental en su origen, estructura y funcionamiento. Según esta definición, el paisaje fluvial posee una doble complejidad como objeto de estudio, englobando la organización material del espacio –donde interactúan elementos naturales y culturales–, cuyo componente mayor es el curso, y la relación "sensible" que tiene el observador con este espacio particular (Zoido Naranjo *et al.*, 2011).

Como "realidad concreta", el paisaje fluvial se configura a partir de elementos naturales –entre los cuales el agua es el más importante– y elementos antrópicos –basados en la acción humana–, combinación que convierte al conjunto en un entramado social y cultural en permanente transformación (Ribas Palom, 2006). Sin embargo, el paisaje fluvial, considerando los aspectos antrópicos, no se reduce solo al espacio del agua, sino que exige abordar la relación histórica entre sociedad y cuenca, especialmente relevante para el análisis de su estructura, dinámica y conservación (Berrocal Menárguez, 2013). Dado que los cursos de agua constituyeron históricamente hábitats privilegiados para las actividades humanas, los aspectos sociales son muy relevantes para su estudio. Mientras los paisajes degradados expresan una mala salud en la relación sociedad y agua, los paisajes de agua de elevada calidad ofrecen sensaciones placenteras, son paisajes identitarios, en los que se establecen vínculos de carácter atávico (Ribas Palom, 2006).

El paisaje fluvial como "entorno percibido" se manifiesta a partir de los valores simbólicos, estéticos, lúdicos, patrimoniales y culturales que cada sociedad establece con el agua. Según Nogué (2009, p. 183): "Pocos elementos como el agua son tan determinantes y relevantes en la configuración de los paisajes y en su representación en nuestro imaginario colectivo. Ello es debido a una razón muy simple y a su vez contundente: sin agua no hay vida".

Así, el paisaje fluvial se configura a partir del espacio del agua: el cauce natural, las márgenes, las planicies de inundación, pero también incluye el marco territorial en el cual el agua transcurre: el medio físico natural –el litoral costero, los bañados, la llanura alta, etc.–, las actividades socioeconómicas y las prácticas culturales que en este territorio se desarrollan. Todos estos elementos configuran el carácter y los valores del paisaje.

Por lo tanto, para emprender el estudio del paisaje fluvial en el AMBA será necesario abordar los componentes y dinámicas del *espacio fluvial*, para luego ahondar en los aspectos que hacen de este espacio un paisaje percibido y valorado en relación a lo *físico-natural*, lo *histórico-territorial* y lo *perceptivo-cultural*.

1.5.1.1. El espacio fluvial

El espacio fluvial refiere a los límites físicos asociados a las aguas corrientes, y su estudio se realiza siguiendo a Zoido Naranjo *et al.* (2011)

desde tres enfoques: *hidráulico, ecológico y legal*. Desde el enfoque *hidráulico*, se estudia la mecánica del movimiento del agua, lo que da forma al paisaje fluvial; desde la *ecología*, los intercambios de flujos entre el medio terrestre y acuático, que dan lugar a diferentes ecosistemas; y, por último, desde el plano *normativo*, se definen las competencias en la gestión del recurso, el límite entre el dominio público y el privado, y los usos y restricciones del espacio fluvial.

Enfoque hidráulico

Son múltiples los tipos de espacios fluviales que existen –ríos, arroyos, canales, etc.–, asimismo, los tramos en que discurren: cabecera, área media, desembocadura. La dinámica hidráulica determina el comportamiento y la configuración de los paisajes fluviales, y varía según el tipo y tramo de espacio fluvial, siendo el cauce donde el resultado de estos procesos se refleja.

El cauce es el eje del paisaje fluvial. Se entiende como un "curso de agua claramente definido por el que fluye agua de forma periódica o continua" (WMO y UNESCO, 2012), es el elemento principal de un río o arroyo, y en él se concentran las crecidas periódicas.[19] Este movimiento de agua y sólidos es el que incide en la morfología fluvial y da forma a los paisajes fluviales.[20] Además del cauce natural, tienen importancia en el funcionamiento hidráulico de un curso de agua las riberas, las márgenes y las llanuras de inundación. Mientras que las riberas son las franjas del cauce que se inundan con las crecidas ordinarias, las márgenes son las zonas laterales que limitan con las riberas. Las llanuras de inundación son las áreas próximas al cauce que resultan ocasionalmente inundadas (Vide, 2009). En el caso de los ríos de llanura, este espacio se presenta muy llano (Figuras 7 y 8).

[19] Se trata de crecidas previsibles que son ocasionadas por las variaciones climáticas que se dan a lo largo de la cuenca hidrográfica. En cambio, las crecidas excepcionales son difíciles de prever, porque están ocasionadas por precipitaciones extraordinarias.

[20] Aunque el caudal de un río es siempre variable, existe un caudal dominante que es el que modela el cauce, "esto significa reconocer que la geometría es consecuencia del caudal y, más concretamente, que si una geometría es permanente se debe a que ciertos caudales, por su magnitud, por su frecuencia o por una combinación de ambas cosas, se convierten en los caudales determinantes" (Vide, 2009, p. 31).

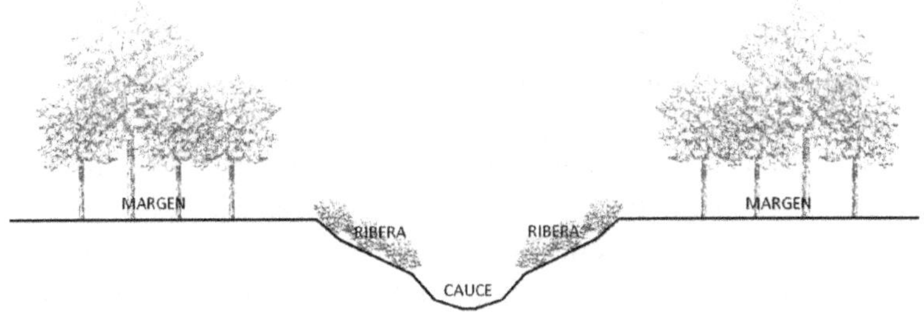

Figura 7: Cauce, riberas, márgenes.
Fuente: Elaboración propia.

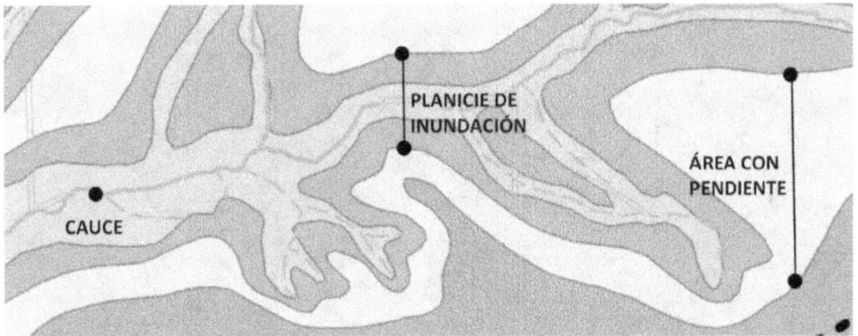

Figura 8: Cauce, planicie de inundación y área con pendiente en el arroyo del Gato.
Fuente: elaboración propia en base a plano de geomorfología de Hurtado *et al.,* 2006.

La existencia de grandes zonas inundables representa una potencialidad ambiental y paisajística, debido a la posibilidad de atenuar los efectos nocivos de las crecidas, generar un aumento de los sedimentos y nutrientes y mejorar la fertilidad de los suelos, permitiendo el desarrollo de la vegetación tanto acuática como de ribera.

A escala global, el análisis de los fenómenos hidráulicos se realiza tomando como unidad de análisis la cuenca hidrográfica, ya que una modificación en cualquier punto de la cuenca puede alterar el comportamiento hidráulico general.

La cuenca hidrográfica (Figura 9) puede definirse como un espacio geográfico cuyos aportes son alimentados exclusivamente por las precipitaciones, y cuyos excedentes en agua o en materias sólidas transportadas por el agua forman, en un punto espacial único, una desembocadura o una estación de aforo (Llamas, 1993). En una cuenca hidrológica, se incluye además la estructura hidrogeológica subterránea del acuífero.

"A partir de un concepto integrador, la cuenca hidrográfica se define como un sistema de relaciones sociales y económicas, cuya base territorial y ambiental es una red de drenaje superficial que fluye a un mismo río, lago o mar con un territorio que lo comprende" (Gaspari, Rodríguez Vagaría, Senisterra, Delgado y Besteiro, 2013, p. 6). En este sentido, la cuenca como unidad física organizativa del recurso hídrico juega un rol central en el ordenamiento ambiental del territorio.

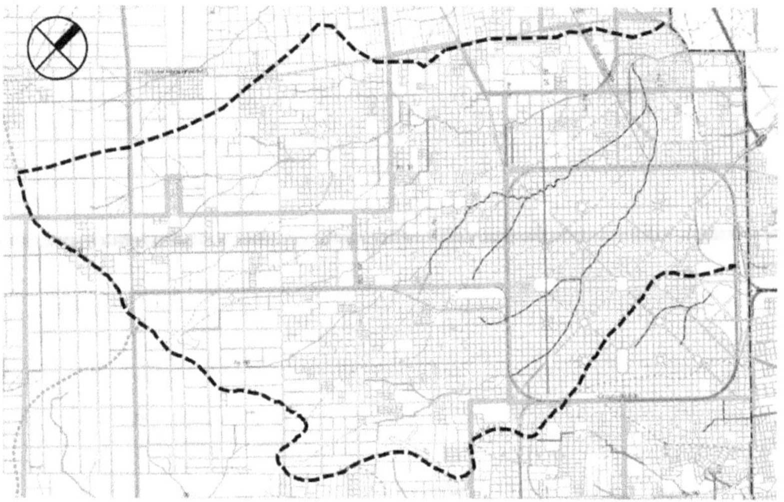

Figura 9: Cuenca hidrográfica del arroyo del Gato.
Fuente: Hurtado *et al.*, 2006.

La cuenca hidrográfica está delimitada en base a la línea de las cumbres, también llamada divisoria de aguas. Es necesario hacer la salvedad de que en el caso de las cuencas del AMBA la línea de aguas no es pronunciada, por tratarse de un territorio llano, y presentar características propias de los sistemas hidrológicos no típicos o cuencas de llanura.

En una cuenca se distinguen tres partes claramente diferenciadas, que en el caso del AMBA, en general, poseen patrones de ocupación distintos:

- *La cuenca alta*, que corresponde a la zona donde nace el río y donde se desplaza por una mayor pendiente. En general se corresponde con ámbitos rurales.
- *La cuenca media*, donde se da un equilibrio entre el material sólido que llega y que sale. Se trata del tramo más antropizado.
- *La cuenca baja*, la parte de la cuenca en la cual el material extraído de la parte alta se deposita en lo que se llama cono de deyección. Se trata de una zona de bañados y por dicha razón su grado de ocupación es bajo.

El elemento central de la cuenca es el río principal, que suele ser definido como el curso con mayor caudal de agua de la red de drenaje o bien tiene la mayor longitud, mientras que los afluentes son los ríos secundarios que desaguan en el río principal. Cada afluente tiene su respectiva cuenca, denominada subcuenca. La mayoría de las cuencas de drenaje en el AMBA presentan un río principal bien definido desde la desembocadura hasta cerca de la divisoria de aguas, cuyo curso es la distancia entre su naciente y su desembocadura.

Los sistemas fluviales se organizan de forma jerárquica y arborescente, respondiendo a las diferentes escalas espaciales, a las que también alegan los factores que rigen su funcionamiento y determinan su estructura biológica (Zoido Naranjo *et al.*, 2011). De esta manera, las distintas partes que integran la red de drenaje de una cuenca, dadas sus diferentes características morfológicas, van formando microhábitats diferenciados. En este sentido, se sitúa el *enfoque ecológico* de los sistemas fluviales, basado en la relación que existe entre el corredor fluvial y los paisajes de su cuenca de drenaje.

Enfoque ecológico

Desde este enfoque, los cursos fluviales se interpretan como sistemas continuos en su *eje longitudinal* –desde su nacimiento hasta su desembocadura–, que integran distintos tipos de ecosistemas organizados en un *eje transversal* y otro *vertical*. El entendimiento de estas tres dimensiones espaciales, y los procesos naturales que se dan en cada una de ellas, permite comprender cómo los procesos hidráulicos e hidrológicos se expresan en el paisaje fluvial.

La *dimensión longitudinal* representa el eje central a través del cual se mantiene la continuidad de los flujos desde la naciente hasta la desembocadura. Las comunidades biológicas se organizan a lo largo de este eje, variando según las condiciones de altitud o pendiente, existiendo una continuidad lineal de la vegetación riparia y un mosaico de hábitats interconectados a lo largo del corredor (González del Tánago y García de Jalón, 2007; en Zoido Naranjo *et al.*, 2011). Esta conectividad se da a nivel del curso y las márgenes, que son las áreas con menor ocupación en cuencas urbanas; sin embargo, se ve interrumpida en las planicies de inundación que poseen un grado de ocupación muy alto.

La *dimensión transversal* es la conexión del cauce con el resto de la cuenca. Esto significa que vincula el canal principal, su planicie adyacente, el área con pendiente y la llanura alta. Esta conectividad transversal de los distintos hábitats existentes en las riberas y planicies de inundación aporta una gran riqueza biológica, con gran incidencia en la diversidad de los paisajes fluviales. Este intercambio en las cuencas del AMBA se da en escasas áreas, debido a su intervención antrópica.

La *dimensión vertical* se produce en el substrato situado por debajo del lecho del cauce, en una zona de intercambio de materia entre las aguas superficiales, subsuperficiales y subterráneas denominada como zona hiporreica. A través de este substrato se producen una serie de flujos de agua, nutrientes y organismos vitales para la dinámica ecológica de cauces y riberas, que tienen incidencia en la conformación de los paisajes fluviales. Este intercambio se anula en el caso de canales de hormigón.

Dada la dinámica cambiante de los sistemas fluviales, sometidos a intensos cambios diarios y estacionales en sus características físicas, químicas y bióticas, es necesario tomar en cuenta la dimensión temporal para su análisis. Los ríos y arroyos se encuentran en un estado de cambio permanente, ocasionado por eventos climáticos extraordinarios, acontecimientos tectónicos, procesos erosivos e intervención antrópica, que pueden causar grandes alteraciones ambientales.

Enfoque legal

La legislación argentina posee instrumentos que configuran un régimen de aguas en los distintos ámbitos del derecho nacional. Su estudio es complejo, dada la dispersión normativa entre el derecho civil, los códigos provinciales y las ordenanzas municipales.

Si bien no existe un código de aguas a nivel nacional que defina los conceptos administrativos relativos al dominio público hidráulico, la Argentina cuenta con la Ley 25.688[21] de Régimen de Gestión Ambiental de Aguas, que define a la cuenca hídrica superficial como unidad ambiental indivisible para la gestión del recurso agua (art. 2. ° y 3. °). En relación con el dominio del espacio fluvial, el Código Civil argentino reconoce a los ríos, sus cauces y todas las aguas que corren por cauces naturales, como bienes públicos. En este sentido, el art. n. ° 2639 del antiguo código establecía que "los propietarios limítrofes con los ríos o con canales que sirven a la comunicación por agua están obligados a dejar una calle o camino público de 35 metros hasta la orilla del río, o del canal, sin ninguna indemnización".[22] Con el nuevo código civil, en el artículo n. ° 1974, reduce en todos los casos el ancho de la restricción a 15 metros. Más allá de estas directivas a nivel nacional, la República Argentina, como sistema federal de organización, considera que corresponde al dominio provincial el manejo de los recursos naturales, entre ellos ríos y arroyos. La Ciudad Autónoma de Buenos Aires, desde 2009, posee la Ley de Gestión Ambiental del Agua (N. ° 3295/09), que regula la gestión ambiental del agua de dominio público de la Ciudad Autónoma de Buenos Aires, y tiene entre sus objetivos la gestión integrada del agua, asegurar su calidad ambiental, garantizar el racional uso y aprovechamiento y promover las innovaciones tecnológicas y procesos ambientalmente adecuados (art n.° 2 de la ley).

En el caso de la Provincia de Buenos Aires, existen numerosas leyes relativas al agua, sin embargo, su implementación es dificultosa debido a la falta de sistematización y superposición de normativas (Di Pace y Barsky, 2012).

La más importante de las leyes a nivel provincial es la Ley N. ° 12.257,[23] que establece el régimen de protección, conservación y manejo del recurso hídrico de la provincia. Prevé la creación de un ente autárquico,

---

[21] Régimen de Gestión Ambiental de Aguas. Congreso de la Nación Argentina. Año 2002.

[22] En el artículo 2640, el Código Civil sostenía que, "si el río o canal atravesare alguna ciudad o población, se podrá modificar por la respectiva municipalidad el ancho de la calle publica, no pudiendo dejarla de menos de quince metros".

[23] Código de Aguas de la Provincia de Bs.As. Cámara de Diputados de la Provincia de Buenos Aires. Año 1998.

"Autoridad del Agua", en el que se delegue la función de supervisar todas las actividades relativas al estudio, uso, conservación y evacuación de las aguas. Algunas de sus funciones son la planificación hidrológica, la elaboración de cartas de riesgo hídrico, la demarcación de la línea de ribera y la creación de los comités de cuenca. En materia de ordenamiento territorial, la ocupación del espacio fluvial está reglamentada a nivel provincial por la Ley 8912, en cuyo artículo n. ° 59 (Decreto-Ley 10128/83) establece que al crear o ampliar núcleos urbanos que limiten con cursos de agua permanentes deberá delimitarse una franja que se cederá gratuitamente al fisco provincial arbolada y parquizada, de un ancho de cincuenta metros a partir de la línea de máxima creciente.[24] Los enfoques *hidráulico, ecológico y legal* muestran coincidencias y contradicciones. Mientras hay consenso en designar a la cuenca como unidad idónea para la gestión de los recursos hídricos en los tres enfoques, otros componentes del espacio fluvial, como el cauce, la planicie de inundación y el área con pendiente, no poseen igual relevancia. De hecho, aunque la permanencia libre de ocupación de estos espacios es fundamental tanto a nivel hidráulico como ecológico, en la normativa no son definidos, no explicitando criterios hidráulicos o ecológicos para restringir la ocupación.

1.5.1.2. El paisaje fluvial. Dimensiones de análisis

El espacio fluvial puede ser delimitado a partir de distintos enfoques, dada su configuración como territorio de interfase entre el medio terrestre y acuático. Estos enfoques caracterizan al territorio de influencia del agua, pero es la valoración que la sociedad hace sobre este espacio la que lo define como paisaje fluvial. Emprender un proceso de valoración implica abordar la *dimensión físico-natural* que caracteriza al paisaje fluvial, pero también la *dimensión histórico-territorial* y la *simbólico-cultural*, las que definen su significación actual.

Dimensión físico-natural
Los paisajes fluviales constituyen sistemas de transición entre el medio terrestre y acuático, cuyas características específicas se configuran a partir del clima, la topografía, la hidrología, la geomorfología y la vegetación, además de los cambios temporales que se dan en los sistemas fluviales

---

[24] La línea de máxima creciente será determinada por la Dirección Provincial de Hidráulica.

(Toledo, 2006). El clima genera diferentes ambientes a lo largo de una cuenca, siendo las precipitaciones fuente de agua superficial y subterránea, y por lo tanto principal factor de incidencia en el caudal de un paisaje fluvial, sobre todo en un ambiente húmedo como el territorio del AMBA.

Las diferencias en el relieve hacen que por gravedad varíe la disposición del agua y de los sedimentos dentro de la cuenca, funcionando las zonas altas como áreas de recarga y las más bajas como de descarga. Estas diferencias de relieve no son pronunciadas en las cuencas del AMBA, tratándose de cursos de llanura. Este atributo se vincula con la geomorfología del sistema fluvial, que refiere a la redistribución de sedimentos y materias que a lo largo de las distintas escalas temporales –días, décadas, milenios– pueden ser generados a partir de eventos climáticos, como las inundaciones.

La hidrología refiere a la distribución de las aguas en el sistema fluvial, lo que determina su estructura biológica (Zoido Naranjo *et al.*, 2011), pudiéndose formar hábitats diferenciados. Las formaciones vegetales ribereñas que sufren influencia de medios terrestres y acuáticos disponen de una dinámica propia, debido al medio húmedo que genera el curso de agua, por lo que la vegetación riparia se caracteriza por cierta independencia del clima del área geográfica en que se encuentra, existiendo áreas con abundante vegetación ribereña en zonas muy transformadas.

La característica dominante desde lo físico-natural en el paisaje fluvial es la linealidad del curso, en base a la cual se establece la continuidad de los flujos y la transferencia de agua, sedimentos, materia orgánica y energía desde las partes altas hacia las bajas. La estructura lineal desempeña un rol fundamental como corredor ecológico, facilitando el transporte de especies animales y vegetales, desempeñando a su vez funciones hidrológicas y ecológicas más amplias, como la formación de hábitats, la retención selectiva de sedimentos, nutrientes y contaminantes, su rol como fuente de agua para la recarga del suelo y los acuíferos, y de sedimentos y nutrientes y semillas para los espacios aledaños al cauce; y su función de sumidero de agua, organismos y energía, considerando que en el interior del cauce puede disiparse la energía proveniente de las crecidas (González del Tánago y García de Jalón, en Zoido Naranjo *et al.*, 2011).

La función lineal plantea la importancia del rol ambiental que cumplen los paisajes fluviales, sobre todo en las áreas metropolitanas, donde la ocupación de las áreas inundables ha disminuido al mínimo los servicios ecológicos. Teniendo en cuenta el territorio metropolitano, únicamente desde el planteo físico-natural no se resuelve la interpretación del paisaje fluvial, es necesaria la incorporación de los procesos históricos y los elementos simbólicos y culturales en la valoración del paisaje.

Dimensión histórico-territorial

La relación entre la implantación de una ciudad en torno a la presencia de un curso de agua ha sido una constante histórica. No existe independencia entre la elección geográfica de un sitio y la búsqueda de abastecimiento de agua. Por lo tanto, puede decirse que la historia de una ciudad transcurre paralelamente a la utilización, así como a la transformación del curso y sus orillas.

Sin duda, la relación curso-ciudad es una relación dinámica y de mutua transformación. Las características geomorfológicas de una cuenca hidrográfica producen huellas permanentes en la trama urbana de la ciudad, mientras que el caudal y la calidad del agua se transforman en relación al desarrollo sociocultural y económico de sus habitantes.

Según Ana María Rojas Eraso (1997, p. 41): "Desde la antigüedad, en ejemplos como el río Nilo y la construcción de los conjuntos arquitectónicos significativos para la cultura egipcia; o la imagen del Tigris y el Éufrates de la Mesopotamia, el conjunto río ciudad ha sido indisoluble. Europa se desarrolló en la historia a lo largo de los cauces de los ríos. Hacer un esquema general de la hidrografía del planeta es, en parte, localizar las coordenadas donde se han edificado los conjuntos culturales de la historia".

En Latinoamérica, entre los siglos XVI y XVII, se produjo la fundación histórica de ciudades con trazados regulares (Brewer Carías, 2006), condicionada por la proximidad a uno o más ríos y arroyos, ya que las Leyes de Indias contemplaban la necesidad de localizarse en proximidad a una fuente de agua limpia y segura. La cartografía de las ciudades latinoamericanas demuestra la constante relación de los cauces con la periferia de los centros históricos, que en muchas ocasiones fueron tomados como límites del casco y pasaron varios siglos hasta que esta barrera fuera superada por la urbanización.

El Riachuelo, por ejemplo, constituye un límite político de la Ciudad de Buenos Aires, más allá de su rol central en el desarrollo de la ciudad, como puerto natural y área de concentración industrial. Según Silvestri:

"Solemos considerar natural que el pequeño afluente del plata se haya consolidado como límite, aunque es frecuente en otros asentamientos que el río constituya, en contraste eje de reunión, un corazón urbano" (Silvestri, 2003 p. 23).

Así como muchos ríos tienen un valor histórico reconocido, por estar vinculados a la fundación de las ciudades, muchos arroyos del AMBA no cuentan con esta característica, sin embargo, poseen valores históricos que no son debidamente reconocidos y deben tenerse en cuenta en la valoración e intervención del paisaje fluvial.

Dimensión simbólico-cultural

El hecho de que el agua constituya uno de los elementos alrededor del cual se ha desarrollado toda civilización le otorga un valor simbólico muy importante, que se plasma en cómo se usa y valora el recurso. Ciudades enteras tienen en su corazón un curso de agua y una cultura urbana vinculada a él. No puede hablarse de París sin referirse al río Sena: sus paisajes más reconocidos cuentan con su presencia, o de Buenos Aires sin hablar del Río de la Plata: cuna del tango y la cultura portuaria.

Entre los significados vinculados al agua se pueden encontrar, siguiendo a Zoido Naranjo (*et al.*, 2011):

- Valores simbólicos: el agua es la base de todas las mitologías, religiones y culturas desde tiempos inmemorables. "El agua es símbolo de pureza, de fertilidad y de fecundidad, y siempre ha estado vinculada a la misteriosa esencia de la vida" (Nogué, 2009, p. 183). Mientras que los ríos de aguas claras se vinculan al Edén y simbolizan un manantial de vida, los ríos turbios –como el Averno en la *Eneida* o el Aqueronte en *La Divina Comedia*– pueden relacionarse con el misterio, lo sombrío, el temor y la incertidumbre.
- Valores estéticos y lúdicos: los paisajes fluviales siempre han sido escenarios preferentes para la inspiración artística de pintores, escritores y músicos. La valoración positiva de un paisaje fluvial provoca el uso lúdico, dado el microclima que se genera en las riberas, la sensación de frescura y tranquilidad. La noción de "fluviofelicidad", acuñada por Javier Martínez Gil (citado por Zoido Naranjo *et al.*, 2001) en su libro *La nueva cultura del agua en España* (1997), refiere al estado de bienestar profundo que provoca el encuentro con un río.

- Valores patrimoniales: todos los paisajes fluviales, desde los más célebres hasta los más ignorados, poseen un patrimonio construido para valorar y preservar. Dado que los ríos y arroyos son elementos estructurantes de los sistemas urbanos, muchas actividades han dejado una huella sobre ellos. Algunos ejemplos son las infraestructuras hidráulicas, los puentes, los sistemas de cultivo tradicionales, los molinos, los paseos en las riberas.
- Valores culturales y sociales: las relaciones sociales y económicas que se plantean en un territorio son las que determinan los usos sociales del paisaje fluvial. Una sociedad decide si prioriza la agricultura, la radicación industrial o el esparcimiento en él. Los conflictos que pueden darse para el uso y aprovechamiento del agua están relacionados con intereses sectoriales influenciados por las representaciones culturales que se construyen y se han construido alrededor del paisaje fluvial.

Capítulo II:
Las cuencas del AMBA como paisaje

> *Mi modo de medir las cosas fue el primero de mis errores. Porque el Conurbano técnicamente está cerca, eso es cierto. Pero basta con meter un pie ahí adentro para comprender que toda aproximación a un punto supone a la vez tomar distancia de otros puntos infinitos. Un mapa de la periferia alcanza para entender de qué hablo: San Vicente queda a casi cien kilómetros del Delta, Berisso queda a casi tres horas de tren de Marcos Paz, Lanús queda a un siglo de historia de Pilar, y en el medio de todo eso hay casi doce millones de personas afincadas en treinta distritos –incluidos el tercer cordón y el Gran La Plata–, que de cerquita no tienen nada.*
>
> Josefina Licitra (2011, p. 2)

2.1. Introducción

Habiendo desarrollado algunas de las nociones y conceptos centrales en el primer capítulo, el actual se propone caracterizar y problematizar el contexto territorial en el que se desarrolla el caso de estudio: el AMBA, conglomerado asentado sobre un sistema de cuencas hidrográficas tributarias al Río de la Plata.

El análisis del territorio está centrado en poner de relieve la relación histórica entre el proceso de metropolización y el medio natural, cuyo hecho sobresaliente en el caso del territorio de estudio son las cuencas de ríos y arroyos.

La relación cuenca-urbanización es estudiada a partir del concepto de paisaje fluvial, desarrollado en el capítulo anterior, intentando relevar cómo las cuencas del AMBA han sido y son percibidas y valoradas como paisaje, entendiendo que emprender un proceso de valoración e intervención implica abordar las relaciones físico-naturales, histórico-territoriales y simbólico-culturales.

La interacción de una expansión urbana heterogénea, discontinua y carente de infraestructuras sobre esta área vital, desde el punto de vista ambiental, se evidencia en el estado de degradación de los cursos de agua, y llega a su punto crítico actualmente con el aumento en la recurrencia de inundaciones urbanas, que resultan de la ausencia de una gestión integral de las cuencas.

2.2. Agua, metrópolis y paisaje

Una pregunta fue formulada durante el año 2019 a veinte investigadores, docentes y alumnos universitarios vinculados a temas urbanos: ¿qué imagen mental se te representa al pensar en el paisaje del *AMBA*? **Nueve** de ellos han mencionado rutas, avenidas y autopistas, como tema general o con nombre propio: avenida Calchaquí, avenida 9 de Julio, autopista Buenos Aires-La Plata. **Cuatro** han mencionado la palabra "caos": caos urbano, caos de tránsito. **Tres** asociaron al paisaje del AMBA con luchas sociales y alternancia de pobreza y riqueza. De los **cuatro** restantes, **dos** han mencionado al Río de la Plata como "río invisible" y "paisaje secreto", mientras los otros **dos** han dicho "cemento y poco verde", y "contaminación y deterioro de las condiciones de vida".

Es decir que el 45% de los consultados al pensar en el paisaje del AMBA piensa en rutas, el 20% en un caos urbano, el 15% en temas sociales asociados a luchas de clase, el 10% en el Río de la Plata y el otro 10% en cemento, contaminación y deficiente calidad de vida.

Una primera reflexión a partir de los resultados obtenidos es la dominancia de una percepción urbana del AMBA, en la que el suelo vacante, el espacio público y las actividades agroganaderas son excluidas. Sin duda, la experiencia urbana es la más frecuente, una imagen de ciudad –o fragmentos de la misma– sin un orden claro, en el que las vialidades juegan un rol central. Si uno restituyera una imagen con los elementos que emergieron de la consulta, obtendría la imagen de una ciudad gris y desordenada con grandes contrastes sociales, surcada por un enjambre de rutas y avenidas, y a sus pies un río escondido.

Sin duda, los ríos y arroyos interiores del AMBA no son parte de su imaginario paisajístico, ni siquiera emergen en una consulta a personas con conocimientos generales del territorio en cuestión. Apenas el Río de la Plata, a lo largo del cual se ha conformado todo el conglomerado, emerge en la percepción de solo dos de los consultados.

El AMBA ha sido estudiada ampliamente como territorio, asimismo sus cuencas hidrográficas más relevantes, pero no así desde el punto de vista del paisaje.

Para iniciar el estudio de las cuencas del AMBA desde la óptica del paisaje fluvial, es necesario desarrollar sus características como territorio, las particularidades de su sistema de cuencas hidrográficas –aspecto fundamental de su subsistema natural–, para luego ahondar en las dimensiones físico-naturales, histórico-territoriales y simbólico-culturales que configuran el paisaje fluvial. Cómo la valoración –negativa, positiva o nula– de estos aspectos se traslada al ordenamiento del territorio, se indaga a partir del abordaje histórico que ha tenido la gestión de cuencas en el AMBA.

2.3. ¿RMBA O AMBA? Los difusos límites del territorio metropolitano

La denominación Región Metropolitana de Buenos Aires (Figura 10) refiere a un área geográfica conformada por la Ciudad de Buenos Aires, el Gran Buenos Aires y un conjunto de partidos aledaños que, incluyendo al Gran La Plata –formado por los partidos de La Plata, Berisso y Ensenada–, totaliza cuarentiún municipios. Conforma una extensa conurbación polinuclear cuyo espacio periférico se ha urbanizado rápidamente en las últimas décadas, verificando la existencia de las dinámicas y transformaciones urbanas a nivel global comentadas en el primer capítulo. El término Región Metropolitana de Buenos Aires refiere a una porción territorial que tiene como centro a la Ciudad de Buenos Aires, cuyo recorte responde a fines de administración y gobierno. Esta regionalización tiene como primer antecedente estudios de la CONAMBA (Comisión Nacional Área Metropolitana de Buenos Aires), y se consolida en los lineamientos estratégicos para la RMBA (Subsecretaría de Urbanismo y Vivienda, 2007), según Herrero y Fernández (2008).

Esta misma área es la que en el marco de la pandemia por Covid-19 en 2020 ha quedado definida como AMBA por resolución presidencial (art. 5, Decreto 459/2020). Este decreto considera al AMBA (al igual que la RMBA) como la zona urbana que conforman la Ciudad Autónoma de Buenos Aires y los siguientes cuarenta (40) municipios de la Provincia de Buenos Aires: Almirante Brown, Avellaneda, Berazategui, Berisso, Brandsen, Campana, Cañuelas, Ensenada, Escobar, Esteban Echeverría,

Exaltación de la Cruz, Ezeiza, Florencio Varela, General Las Heras, General Rodríguez, General San Martín, Hurlingham, Ituzaingó, José C. Paz, La Matanza, Lanús, La Plata, Lomas de Zamora, Luján, Marcos Paz, Malvinas Argentinas, Moreno, Merlo, Morón, Pilar, Presidente Perón, Quilmes, San Fernando, San Isidro, San Miguel, San Vicente, Tigre, Tres de Febrero, Vicente López y Zárate (Fernández, 2020).

Los antecedentes de la denominación de esta área como AMBA provienen del área definida por la red SUBE, entre otras definiciones oficiales, quizás como una demostración de que la movilidad organiza la vida metropolitana (Fernández, 2020).

A nivel nacional, hoy es ampliamente conocido que esta sigla denomina al área urbana más grande del país, cuya magnitud y estrecha vinculación entre municipios ha ameritado un tratamiento particularizado frente a la pandemia. El término se ha popularizado en el último tiempo más que cualquier delimitación en la historia del conglomerado, por este motivo se ha optado en este libro por hablar de paisaje fluvial en el AMBA.

En base a la información del último Censo Nacional de Población y Vivienda (2010), este conglomerado reunía una población de 14.819.137 habitantes, casi el 37% de la población nacional, siendo la tercera región metropolitana en cantidad de población de América Latina, después de la Ciudad de México y San Pablo (Brasil).

La región comenzó a expandirse intensamente durante el período de industrialización por sustitución de importaciones, y desde ese momento muchas de sus características han ido variando a partir de la forma en que los diferentes espacios se han ido integrando al proceso de valorización de capital, que ha motorizado distintas formas del proceso de urbanización (Acsebrud, 2013).

El AMBA puede analizarse por cordones o coronas concéntricas respecto de la Ciudad de Buenos Aires, según su mayor o menor cercanía. Según Horacio Torres (2001), puede delimitarse una primera corona compuesta por los partidos colindantes con la Ciudad Autónoma de Buenos Aires, que se extiende unos 25 km respecto del centro; una segunda corona continua a la anterior y que se extiende hasta aproximadamente 40 o 50 km y, por último, una tercera corona, de reciente formación y límites imprecisos, que ocupa un semicírculo con un radio de 40 a 60 km desde la corona anterior, y cuyo crecimiento ha sido el más notorio en los últimos veinte años.

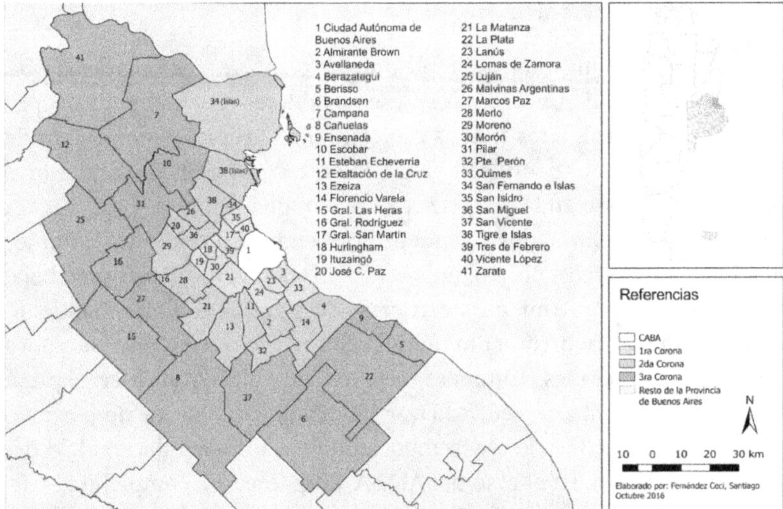

Figura 10: Área Metropolitana de Buenos Aires.
Fuente: Observatorio del Conurbano Bonaerense. UNGS. Instituto del
Conurbano (http://observatorioconurbano.ungs.edu.ar/).

El AMBA se asienta sobre un territorio dominantemente llano, una planicie apenas ondulada, que se configura alrededor del estuario del Río de la Plata. Aunque el territorio no presenta grandes accidentes geográficos, está condicionado por su relación con el río y por las cuencas hidrográficas que definen bandas perpendiculares a la costa rioplatense (Subsecretaría de Urbanismo y Vivienda, 2007).

Todas estas cuencas –pertenecientes a la cuenca del Plata– siguen la misma dirección de crecimiento que la urbanización, y, a pesar de nacer en áreas rurales, a medida que aumenta su caudal hacia el Río de la Plata, atraviesan zonas cada vez más densamente pobladas; es decir que, mientras la densidad del tejido disminuye del centro hacia la periferia, los ríos se dirigen de la periferia hacia el centro. Ello repercute en la forma en que históricamente la sociedad se ha relacionado con el agua, experimentando determinadas "catástrofes naturales" cuando el ciclo del agua entra en desajuste con el medio construido (Barsky, 2012).

Por eso, la situación costera del AMBA y la existencia de múltiples arroyos y ríos que corren en sentido perpendicular al Río de la Plata y a las principales vías regionales han sido los condicionantes geográficos más importantes para su desarrollo.

2.4. Cuencas del AMBA

Sin llegar a ser un ámbito completamente plano, las cuencas del AMBA discurren dentro de un medio con escasas diferencias topográficas, por lo cual se dan en algunos tramos características propias de los cursos de llanura –los que se identifican generalmente con pendientes inferiores al 1%–,[1] sobre todo en la planicie costera, donde los límites de la cuenca no pueden ser delimitados y se identifican en base a criterios de homogeneidad –ecológicos, por ejemplo–. Allí, la energía hídrica es muy baja, predominan los movimientos verticales de agua, y el almacenamiento subterráneo y el escurrimiento no es lineal, por lo que en muchas zonas existen canalizaciones. Entonces, si la cuenca hidrográfica se expresa espacialmente como el recorrido que ha debido realizar un río o arroyo desde su naciente hasta su desembocadura para desarrollar el ciclo del agua, este proceso, en el caso del AMBA, adquiere una complejidad particular, por tratarse de cursos de agua que atraviesan un territorio llano, con un drenaje dificultoso y poblado por casi 15 millones de habitantes.

Más allá de que las cuencas del AMBA se caracterizan por una topografía parcialmente llana y uniforme, su singularidad está en "la coincidencia entre la delimitación de las cuencas hidrográficas y las hidrogeológicas, justamente por tratarse de un ambiente llano con exceso hídrico. Esta independencia hídrica con respecto a territorios vecinos hace a las cuencas hidrológicas una unidad morfológica integral, adecuadas como unidades territoriales para la gestión de los recursos hídricos" (Herrero y Fernández, 2008, p. 27).

Como se mencionó anteriormente, el AMBA se implanta sobre cinco grandes cuencas hidrográficas perpendiculares al Río de la Plata (Figura 11): las cuencas del río Lujan (2.940 km2) y Reconquista al norte (1.670 km2), la cuenca del río Matanza-Riachuelo al sur (2.034 km2), ocupando parte de la Ciudad de Buenos Aires, las cuencas de la Ciudad de Buenos Aires (con cursos totalmente entubados) y, por último, la cuenca de la zona sur de afluencia al Río de la Plata: canales Sarandí (80 km2) y Santo Domingo (160 km2), emisario de Berazategui y río Santiago (Subsecretaría de Urbanismo y Vivienda, 2007). Dentro de esta última, está el arroyo del Gato (Gran La Plata).

[1] Se debe remarcar que existen pendientes mucho menores a estas, tal es el caso de la llanura pampeana que (en Argentina), a nivel regional, pueden ser del orden de 1 por mil y hasta 0,5 por mil (Kruse, 2015, p. 205).

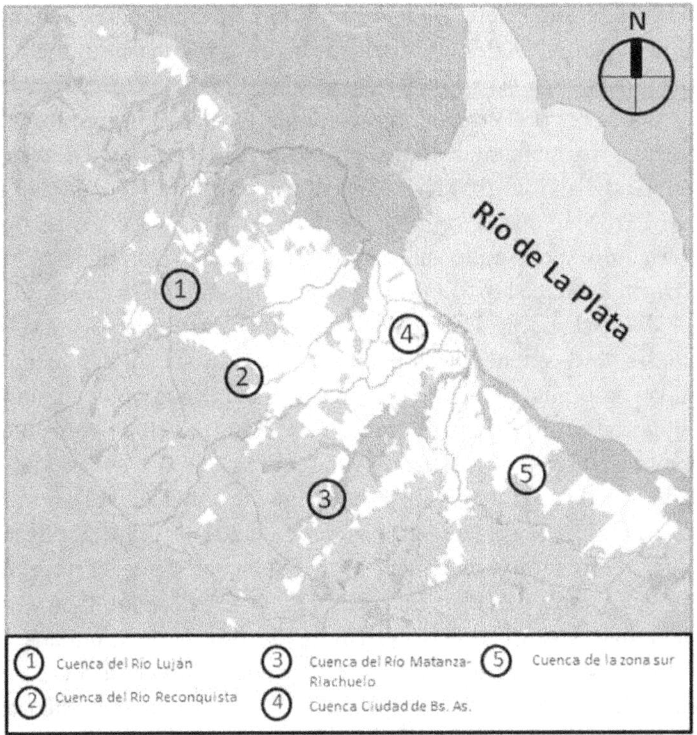

Figura 11: Sistema de cuencas del AMBA.
Fuente: elaboración propia en base a mapa de cuencas de Subsecretaría de Urbanismo y Vivienda, 2007, p. 129.

Las tres cuencas más importantes del AMBA son, en sentido norte-sur, las de los ríos *Luján*, *Reconquista* y *Matanza-Riachuelo*. Le siguen en importancia las cuencas hidrográficas de la zona sur y por último las de la Ciudad de Buenos Aires.

La cuenca *Matanza-Riachuelo* se extiende de sudoeste a noreste entre la divisoria de aguas con la cuenca del río Reconquista y con la divisoria de la cuenca Samborombón-Salado al sur, y vierte sus aguas en el Río de la Plata. La cuenca está integrada por la Ciudad de Buenos Aires y los municipios de General Las Heras, Cañuelas, San Vicente, Ezeiza, Presidente Juan D. Perón, Marcos Paz, Esteban Echeverría, La Matanza, Almirante Brown, Avellaneda, Lanús, Lomas de Zamora, Merlo y Morón. Los usos del suelo de la cuenca son diversos y van desde agricultura y ganadería extensiva e intensiva en la cuenca alta, pasando por barrios cerrados, conjuntos habitacionales, asentamientos precarios, hasta industrias de alta peligrosidad en la cuenca media y baja.

La cuenca del río *Reconquista* involucra a los partidos bonaerenses de San Miguel, Hurlingham, Ituzaingó, San Isidro, Moreno, Gral. Rodríguez, Morón, Gral. San Martín, Merlo, Tres de Febrero, Gral. Las Heras, Tigre, Marcos Paz, Malvinas Argentinas, José C. Paz, Luján, Vicente López y San Fernando, incluyendo además una pequeña porción de los partidos de Navarro y Mercedes. Está limitada al noroeste por la cuenca del río Luján, al noreste por la desembocadura de este curso en el Río de la Plata, al suroeste por la cuenca Matanza-Riachuelo y al este con las cuencas de la Ciudad Autónoma de Buenos Aires. Esta cuenca también cuenta con una importante radicación de industrias, entre las que se encuentran curtiembres, industrias químicas y alimenticias.

La cuenca del río Luján nace en el partido de Suipacha, luego confluye en el río Paraná y finalmente desemboca en el Río de la Plata. Los municipios que pertenecen a esta cuenca son: Suipacha, Mercedes, Carmen de Areco, San Andrés de Giles, Exaltación de la Cruz, Luján, Pilar, José C. Paz, Malvinas Argentinas, San Fernando, Escobar, Tigre, Campana, Gral. Rodríguez y Moreno. En relación a los usos del suelo en la cuenca alta y media, se desarrollan actividades agrícolas, mientras que en la cuenca baja las actividades centrales están vinculadas a usos recreativos, deportivos y residenciales, con un importante crecimiento de las urbanizaciones cerradas en los últimos veinte años.

Aunque no existan cursos fluviales visibles en la Ciudad de Buenos Aires, pues se encuentran entubados, los cinco arroyos más importantes que surcan la ciudad son: Ugarteche, Los Terceros, Vega, Maldonado y Medrano (Herrero y Fernández, 2008).

Por último, las cuencas de la zona sur tienen una particularidad respecto al resto de las cuencas, y es que se desarrollan en sentido longitudinal al Río de la Plata. Este frente está formado por un sistema de arroyos que desaguan directamente en el río, aunque mediante canalizaciones en la planicie costera, donde los cursos se vuelven divagantes.

La franja costera sur del Río de la Plata se extiende desde el río Matanza-Riachuelo al norte hasta los bañados de Maldonado al sur. Las cuencas más importantes son los arroyos Sarandí y Santo Domingo, la cuenca de Quilmes y la cuenca del arroyo Jiménez.[2] Tienen como principales emisarios los canales Sarandí, Santo Domingo y el de Berazategui. El Río de la Plata es el receptor de los aportes de estas cuencas, recibiendo contaminantes de diversas fuentes y tipos: bacterias coliformes fecales, metales pesados y plaguicidas, entre otros. En particular, la franja costera sur, ubicada en la margen del Río de la Plata interior y medio, que se extiende entre el partido de San Fernando al norte y la ciudad de Magdalena al sur (Subsecretaría de Urbanismo y Vivienda, 2007).

Pero, además, el proceso de urbanización en áreas frágiles, que se da cada vez con mayor intensidad, deriva en severos impactos a la población afectada, sobre todo los fenómenos de inundación por desborde de ríos o arroyos o por precipitaciones.

Por eso, la importancia de ordenar ambientalmente el AMBA en base al estudio de los procesos ambientales, donde la regionalización en base a cuencas sería la más adecuada no solo para la gestión del riesgo, sino para el tratamiento integral de los sistemas hídricos urbanos: las fuentes de agua, el sistema de almacenamiento y distribución, el saneamiento y el drenaje de las aguas –incluyendo el tratamiento de los residuos sólidos urbanos–; enfatizando la necesidad de mejorar la calidad paisajística de ríos y arroyos, como un modo de mejorar la calidad ambiental.

2.4.1. Dimensión físico-natural

El territorio que ocupa el AMBA se caracteriza por sus leves ondulaciones y gran cantidad de cursos fluviales (Figura 12). Dentro de la denominada Pampa Ondulada, la llanura en la cual se localiza la mayor parte del AMBA es, según su denominación geomorfológica, una planicie loéssica (Nabel y Pereyra, 2000), y constituye una zona alta respecto a la cuenca del salado y la Pampa Deprimida (hacia el sur y sudeste).

En esta planicie nacen los cursos fluviales que vierten sus aguas en el río Paraná y el Río de la Plata (hacia el norte), y los que vuelcan hacia el sur (ríos Salado y Samborombón, en la Pampa Deprimida). Se trata

---

[2] La cuenca del arroyo Sarandí se extiende sobre los partidos de Avellaneda, Lanús, Lomas de Zamora y Almirante Brown; la del Santo Domingo abarca los partidos de Avellaneda, Quilmes, Florencio Varela y Almirante Brown; las cuencas de Quilmes se desarrollan entre los partidos de Quilmes y Avellaneda; y el arroyo Jiménez entre los partidos de Quilmes, Berazategui y Florencio Varela.

de terrenos planos o suavemente ondulados constituidos por depósitos loéssicos "pampeanos".

La planicie loéssica o terraza alta es la llanura en la que se encuentra la mayor parte del AMBA, y llega hasta al Gran Rosario. Los procesos fluviales que han actuado históricamente son los que caracterizan el paisaje de la Pampa Ondulada, con una fuerte modificación geomórfica por parte del accionar de los numerosos cursos fluviales que surcan la planicie, generando procesos de erosión y depositación (Nabel y Pereyra, 2000).

En la región pueden observarse dos áreas bien diferenciadas: una bordeando la costa del Río de la Plata, con alturas inferiores a los 5 m s. n. m., llamada terraza baja; y otra que se extiende en sentido oeste desde los 5 metros de altura hasta una altura máxima de 35 metros, denominada como terraza alta. La terraza baja es conocida como valle de inundación del río o "planicie aluvial", con terrenos anegadizos y pequeñas lagunas, en donde es común que la capa freática se localice a poca profundidad. Con un ancho variable, que puede llegar a medir 10 kilómetros a la altura del partido de Berazategui (zona ribereña sur), es el área con menos afectación a las sudestadas, debido a su baja cota (inferior a los 3 m s. n. m.) (Brailovsky, 2010).

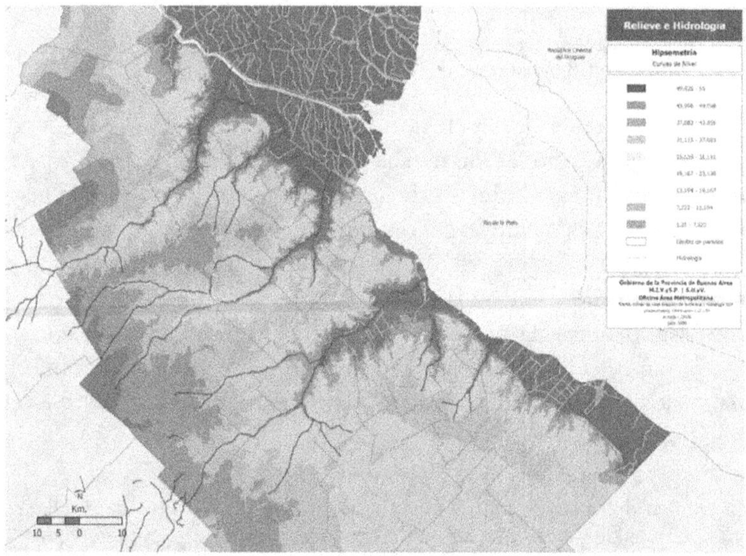

Figura 12: AMBA. Relieve e hidrología.
Fuente: Subsecretaría de Urbanismo y Vivienda, 2007, p. 127.

Los rasgos principales del paisaje previo a la conquista europea aún pueden visualizarse en ciertos sectores aledaños al Gran Buenos Aires, como la reserva natural Otamendi (partido de Campana), la zona del Delta, la reserva natural ubicada entre Punta Indio y Magdalena, las lagunas de Monte o Lobos, o la costanera sur (Nabel y Pereyra, 2000). El emplazamiento elegido para la primera fundación de Buenos Aires era una planicie cruzada por varios arroyos y bordeada por una barranca elevada entre ocho y doce metros sobre la costa del Río de la Plata, mientras que al oeste, noroeste y sudoeste se extendía la llanura (Gutman y Hardoy, 2007).

2.4.2. Dimensión histórico-territorial

Aunque la Ciudad de Buenos Aires –epicentro del AMBA– creció siguiendo las pautas de localización de las Leyes de Indias, que contemplaban las condiciones topográficas y las cuencas fluviales, la radicación industrial desde el modelo de acumulación agroexportador estuvo ligada al puerto y a los principales cursos de agua por razones de transporte, energía hidráulica, refrigeración e higiene. Al iniciarse el siglo xx, y sobre todo a partir de la década del 40, la expansión demográfica y la falta de controles en la urbanización favorecieron la ocupación de los bajos inundables y terrenos no aptos para uso residencial (Nabel y Pereyra, 2000).

Según Barsky, la conformación tentacular que configura el tejido del AMBA tiene su origen en una serie de fenómenos urbanos, que se incrementaron notablemente desde fines de siglo xix. Sobre la base del parcelamiento colonial realizado por Garay en 1580, se fueron sucediendo una serie de oleadas aglomerativas, que han ido desarrollando la urbanización al compás de los procesos socioeconómicos (2012).

En este sentido, Brailovsky (2010) identifica diferentes actitudes sociales y períodos respecto al fenómeno de las inundaciones urbanas en la Ciudad de Buenos Aires y el Gran Buenos Aires, que dejan expuesta la relación entre el proceso de urbanización y el medio natural a lo largo de la historia Argentina, un proceso en el que la sociedad "construyó la ficción de que la artificialización del medio anula las leyes de la naturaleza" (Brailovsky, 2010, p. 55). Siguiendo al autor, se expone a continuación dicha periodización.

El sitio escogido para la fundación de la Ciudad de Buenos Aires[3] cumple con los requisitos de la fundación de ciudades en el siglo XVI, combinando un puerto natural (el Riachuelo) y una barranca elevada como protección ante las crecidas. Además del Riachuelo, existen numerosos cursos fluviales en esta llanura, caracterizados por su escasa pendiente y configuración meandriforme, algunos de ellos permanentes y otros temporarios. Más allá del posicionamiento de la ciudad sobre la barranca, no existió una adaptación de la cuadrícula española a la topografía local, las líneas rectas coincidían en oportunidades con los valles de inundación de los cursos de agua. El período colonial se caracteriza por la escasa intervención del medio natural, tanto debido a los bajos índices demográficos como al incipiente desarrollo tecnológico. Al mismo tiempo, la falta de conocimiento sobre la dinámica de la naturaleza genera una actitud de respeto frente al ambiente. Aunque las inundaciones existían, no se les atribuía carácter antrópico, sino que se entendían como un fenómeno puramente natural.

Desde la fundación de Garay, las chacras se medían desde lo más alto de la barranca, el bañado que se situaba entre ella y la costa del Río de la Plata, así como los bañados de los cursos de agua, tenían expresa prohibición de ocupación, y se consideraban como áreas "realengas" –es decir de pertenencia al rey–, destinadas a la cría de ganado y al pastoreo, que más tarde fueron destinadas al uso agrícola y a la pesca para abastecimiento de alimentos a la ciudad. Asimismo, las riberas y bajos también eran ocupados por sectores marginales a la ciudad, como esclavos fugitivos.

Algunos procesos degradantes del medio natural que comienzan a desarrollarse son la colmatación de los arroyos, debido a la deforestación y aumento de la capacidad de arrastre de las aguas, así como el vertido de residuos domiciliarios en los mismos.

En los primeros años de vida independiente (1810-1860), el crecimiento poblacional era moderado, por lo que no existía tampoco una gran presión por ocupar las áreas inundables. A pesar de eso, comenzaron a formalizarse algunas de las ocupaciones de los bajos, por parte de pobladores de bajos recursos, en su mayoría pequeños productores agrícolas o pescadores.

---

[3] Las dos fundaciones de Buenos Aires fueron emplazadas casi en el mismo sitio, solo existe entre sí un kilómetro de distancia.

Desde el gobierno, se dieron a lo largo de este período dos actitudes contrapuestas. Durante el gobierno de Rosas (1829-1852), comenzaron a instalarse saladeros sobre los valles de inundación de algunos arroyos. El mismo Rosas ocupó los bañados de Palermo con su estancia (Brailovsky, 2010). Por otro lado, durante el gobierno de Sarmiento (1868-1874), se fundaron parques en zonas inundables, bloqueando el poblamiento.

Fue a fines del siglo XIX, donde comenzaron a registrarse transformaciones notorias en materia de paisaje y ambiente, con el impacto de la inmigración y la primera fase industrial, "se define una temprana organización metropolitana por la ubicación de crecimientos sobre los nuevos ejes del ferrocarril" (Subsecretaría de Urbanismo y Vivienda, 2007, p. 47). Los ejes principales de expansión fueron el eje oeste y sur del AMBA, coincidiendo con las tierras altas entre las cuencas del río Reconquista y el Riachuelo. La extensión de las vías férreas desde 1865 tuvo un claro impacto en el crecimiento de la ciudad, que hasta entonces se circunscribía al antiguo radio (Hardoy y Gutman, 2007).

El crecimiento metropolitano se produjo principalmente a partir de procesos de autoconstrucción en torno a las industrias, las que fundamentalmente se concentraron en torno al Riachuelo. El sostenido crecimiento demográfico que experimentó el área desde la segunda posguerra provocó la expansión de las actividades productivas, la dispersión de los usos urbanos y la aparición de nuevos patrones de ocupación del suelo. En este sentido, a la creciente ocupación de los bajos por parte de sectores populares se sumó su uso para instalaciones industriales.

Esta etapa se caracterizó por una creciente intervención del medio natural, en el marco del paradigma positivista, que muchas veces tendrá como objetivo asimilar el paisaje local a la imagen del europeo.

El avance de la propiedad privada y la confianza en la ciencia y tecnología diezman los espacios inundables de uso público. En esta época, se aprobó la enajenación de bañados sobre el Río de la Plata y Paraná, se limitó el ancho de la franja pública al Río de la Plata en su total extensión a 150 varas; y el código civil dispuso un ancho de ribera como camino de sirga de 35 metros. Asimismo, el crecimiento demográfico y la extensión de la urbanización hacen que se vaya perdiendo el registro del medio natural en los mapas de la época.

Los arroyos fueron progresivamente adaptándose a la urbanización, primero mediante la canalización –convirtiéndolos en un conducto artificial–, luego comenzaron a analizarse obras de entubamiento. Aunque el ferrocarril quedó a salvo de las inundaciones, los loteos populares son víctima de sistemáticas inundaciones.

En una primera etapa del proceso de industrialización iniciado por la sustitución de importaciones (1930-1955), se produjo un crecimiento periférico extensivo por la instalación de las industrias en la segunda corona del AMBA, la atracción de inmigración interna y externa y la suburbanización de los trabajadores urbanos. La aparición del automóvil y la extensión de la red vial acentuaron este proceso, identificado por Torres (2001) como el de mayor crecimiento físico y poblacional.

La subdivisión del suelo rural en pequeñas parcelas permitió el acceso masivo a la propiedad individual en áreas periféricas. En las zonas bajas de humedales y cuencas comenzaron a darse usos marginales, como basurales, vertederos industriales y la aparición de las primeras *villas miseria*, a partir de la década del cuarenta.

En la segunda etapa del modelo sustitutivo de importaciones, situada entre 1955 y 1976, el crecimiento residencial comienza a extenderse en condiciones precarias, sin infraestructuras básicas y sobre áreas inundables; los sectores más pobres se asientan en terrenos anegables. Como consecuencia, a fines de la década del 60 ya había casi un centenar de villas inestables en el AMBA con una población de más de trescientos mil habitantes.

Según Etulain y López, la fase de urbanización prevaleciente en este período fue la suburbanización sobre tierras inundables y sin servicios, adoptando una forma urbana fragmentada y un tipo de crecimiento por extensión discontinuo (Etulain y López, 1999).

Entre 1976 y 1991, con el modelo aperturista importador, la actividad industrial fue expulsada del AMBA. La desocupación y la precarización de los salarios produjo un aumento sustancial de la pobreza urbana y se incrementaron las villas, y surgieron otros hábitats informales sobre áreas anegables. El aumento de la pobreza en este período produciría un proceso de avance constante hasta la actualidad: el de poblaciones carenciadas, asentadas social y físicamente sobre las orillas de los cursos de agua en condiciones de alta vulnerabilidad ambiental.

A modo de resumen, el desarrollo urbano del AMBA puede sintetizarse en tres grandes momentos (Di Virgilio y Vio, 2009): el primero, que se sustenta en el modelo agroexportador y se extiende hasta la crisis de 1930, que ha otorgado centralidad a la Ciudad de Buenos Aires y a su puerto; el segundo, en el que tiene lugar la consolidación de las dos primeras coronas del Gran Buenos Aires, y se extiende hasta fines de la década de 1980. A partir de la década de 1990, se inicia un patrón diferente en el modelo de metropolización, que afecta principalmente a la tercera corona, bajo nuevas formas residenciales como barrios cerrados y clubes de campo. Esto se da a partir de una mejora en la accesibilidad para las zonas más alejadas a la Ciudad Autónoma de Buenos Aires, específicamente a través de la extensión de la red de autopistas.

La degradación a la que han sido sometidos los arroyos que desaguan en la cuenca del Río de la Plata –la contaminación de las aguas y los fondos producto de la actividad industrial, la descarga de desagües pluviales y cloacales, y el vertido de todo tipo de residuos– hace que su estado actual sea de máximo deterioro. La ocupación tanto de los bordes como de las planicies de inundación mediante entubamientos y canalizaciones ha alterado su dinámica natural, ocasionando anegamientos sobre amplios sectores.

2.4.3. Dimensión simbólico-cultural

Como ha sido analizado previamente, a lo largo de la historia de los ríos y arroyos del AMBA ha existido una valoración diferenciada del recurso asociada a distintos posicionamientos sociales y económicos frente a la problemática de abastecimiento de agua, eliminación de efluentes, desagües y gestión de inundaciones urbanas.

En el período colonial, existía una actitud de respeto frente al ambiente, basada en la falta de conocimiento de la dinámica natural, que se modifica en los primeros años de vida independiente con la instalación de los primeros saladeros en los valles de inundación de ríos y arroyos. Este posicionamiento se consolida a principios del siglo xx con las primeras industrias y el poblamiento alrededor de ellas –ya con marcada confianza en la tecnología como medio para sortear las dificultades del medio natural–; y continúa a mediados del siglo xx en el período de mayor crecimiento urbano del AMBA, con la ocupación de las zonas bajas, la aparición de usos del suelo degradantes y las villas y asentamientos, perpetuándose hasta la actualidad.

Más allá de algunos patrones comunes en torno a la valoración del paisaje fluvial en el AMBA, ciertos cursos de agua y cuencas, por las características de su paisaje natural o su historia urbana, registran un mayor reconocimiento social en cuanto a su valor simbólico y cultural, lo cual no necesariamente se asocia al tratamiento de estos valores dentro de los planes de gestión de cuenca u otros instrumentos de ordenamiento territorial, como se verá en el apartado siguiente.

Para responder a las razones que hacen que un curso de agua tenga una mayor o menor valoración social positiva en el AMBA, es necesario indagar en los aspectos simbólicos y culturales que se dan en este territorio.

El río Matanza-Riachuelo, por el papel que ha tenido históricamente como límite natural de la Ciudad de Buenos Aires, además de puerto natural en sus inicios, y posteriormente área de concentración industrial, posee una cantidad considerable de relatos históricos, artículos periodísticos, ficciones literarias, fotografías y pinturas (Silvestri, 2003), que se concentran en el tramo de su desembocadura. Los relatos históricos se vinculan a la fundación de Buenos Aires, al comercio portuario, a las transformaciones del medio natural en relación a la historia de la ciudad. Las representaciones artísticas están centradas en el barrio de La Boca como fragmento territorial que concentra la estética particular de las casas de chapa, las embarcaciones, la maquinaria portuaria, los puentes de hierro y las fábricas; una postal consolidada en el imaginario colectivo que, según Silvestri (2003), es deudora en gran parte a la presencia de los llamados "pintores del Riachuelo", entre los cuales se sitúan el ya mencionado Benito Quinquela Martín, Alfredo Lázzari (Figura 13), Miguel Carlos Victorica, Fortunato Lacámera y Justo Lynch, entre otros.

Figura 13: Alfredo Lázzari: Riachuelo.
Fuente: http://mat.gob.ar/colecciones/lazzari-alfredo/riachuelo/

Más allá de la preponderancia del reconocimiento del paisaje cultural en el Riachuelo, la presencia continua de las industrias a lo largo de la cuenca y con mayor intensidad en la cuenca baja y media, entre la Ciudad de Buenos Aires y los partidos de Avellaneda, Lanús, Lomas de Zamora, Esteban Echeverría, Ezeiza y La Matanza, ha anulado la apreciación de los valores naturales y escénicos que existen en los sectores menos antropizados, que aún conservan una morfología de cauce poco transformada y márgenes libres.

Lo contrario ocurre en la cuenca baja del río Reconquista, y en mayor medida en la cuenca del río Luján, donde el paisaje litoral y deltaico que se encuentra en la desembocadura de ambos –en los partidos de San Isidro, San Fernando, Escobar y Tigre– suscita conflictos de intereses entre el uso público y privado de la ribera. El paisaje que genera el encuentro con el Delta y el estuario del Río de la Plata origina un ecotono en donde los valores paisajísticos favorecen el desarrollo de las lógicas de la urbanización cerrada (UC) (Fernández, 2012). Según el estudio "Lineamientos Estratégicos para la Región Metropolitana de Buenos Aires" (Subsecretaría de Urbanismo y Vivienda, 2007), de las 540 urbanizaciones cerradas en la región, 155 se localizan en los partidos de Tigre (Figura 14), Escobar y San Isidro.

Figura 14: Urbanizaciones cerradas en la cuenca baja del río Luján.
Fuente: Google Earth.

Asimismo, en la cuenca media del río Luján se concentra una gran cantidad de UC. Solo en el partido de Pilar se registran 133. Allí, como en otros sitios del AMBA, las tierras altas, muchas con potencial agrícola, en los últimos 15 años, fueron las más valorizadas por desarrolladores inmobiliarios para la producción de UC (Ríos y Pírez, 2008), como parte del crecimiento urbano extensivo reciente de la tercera corona del AMBA.

Regresando a la cuenca del río Reconquista, a pesar de poseer una vasta historia dado que previo a la conquista española el área se encontraba ocupada por pueblos originarios –Querandíes y Guaraníes que desarrollaban agricultura, caza y pesca–, y poseer en su desembocadura un puerto natural que competía con el de Buenos Aires (Defensor del Pueblo de la Nación, 2007; según datos de Kuczinski, 1993), hoy el paisaje más apreciado es el litoral, en su intersección con el Río de la Plata. Esto puede explicarse a partir del perfil industrial que ha desarrollado la cuenca desde mediados del siglo xx, favorecido por la cercanía a la Ciudad de Buenos Aires, la presencia de ramales ferroviarios y la posibilidad de volcado de efluentes en el curso, lo que causa su estado de deterioro actual.

Asimismo, este río posee en su cuenca alta la Represa Ingeniero Roggero, construida en la década de 1970 debido a las recurrentes inundaciones, que contiene las aguas del embalse lago Francisco, y forma parte del Área Natural protegida Dique Ingeniero Roggero,[4] donde se desarrollan actividades de educación e interpretación ambiental, turismo y recreación, además de protección de recursos naturales y yacimientos fósiles. En el caso de las cuencas de la Ciudad de Buenos Aires, como ya ha sido expuesto, la totalidad de los cursos han sido entubados, "arroyos como el Maldonado se reunían en anillo con el Riachuelo, convirtiendo en isla a Buenos Aires. Pero el Maldonado permanece hoy entubado bajo la avenida Juan B. Justo, y la ciudad lo ha olvidado: carece de historia" (Silvestri, 2003, p. 23), asimismo su capacidad de suscitar significados vinculados al agua.

En el caso de la cuenca de la zona sur, con diferente intensidad de ocupación –una mayor intensidad edificatoria entre la ciudad de Buenos Aires y el partido de Florencio Varela, notoriamente disminuida entre este partido y el Gran La Plata–, en general los cursos se encuentran muy transformados, debido al uso predominantemente urbano de las cuencas medias. En las cuencas altas existen valores asociados al uso agrícola y,

---

[4] Creada por Ordenanza Municipal N.° 2563/89.

hacia la cuenca baja, sucede algo similar al Delta y al litoral de las cuencas Reconquista y Luján, en este caso con competencia de urbanizaciones cerradas, industrias, áreas de reserva natural en áreas de humedal y selva marginal, y también el uso de la ribera como espacio público.

En base al análisis realizado sobre los valores simbólicos y culturales vinculados a las principales cuencas del AMBA, se visualiza a grandes rasgos el aprecio de valores patrimoniales en la desembocadura del Riachuelo, asociados a su pasado portuario, y la ponderación de valores estéticos en los tramos finales de los ríos Luján y Reconquista –además de la reserva natural mencionada– y la cuenca de la zona sur. No existen valores asociados a los cursos de agua, pero sí al Río de la Plata, ya sea por la apreciación del Delta como paisaje natural o por su asociación al puerto y a los primeros barrios de la Ciudad de Buenos Aires.

El crecimiento metropolitano, y la degradación ambiental que conlleva, ha ido en paralelo al deterioro de las cuencas del AMBA, esto se relaciona sin duda con la escasa apreciación y tratamiento de los ríos y arroyos como paisajes fluviales, por ello un primer paso para considerar a un curso de agua como paisaje fluvial sería el saneamiento de la cuenca. A continuación se aborda el tema de la gestión de cuencas en el AMBA, intentando identificar instrumentos que asocien ordenamiento territorial y paisaje.

2.5. Gestión de cuencas hidrográficas en el AMBA

"La gestión ambiental puede ser considerada como el conjunto de acciones normativas, administrativas y operativas que impulsa el Estado, encaminadas a procurar el ordenamiento del ambiente y contribuir al establecimiento de un modelo de desarrollo sustentable" (Alvino, 2012, p. 102). En Argentina, la dimensión ambiental en el planeamiento urbano no emerge hasta fines de la década de los años setenta. Uno de los primeros proyectos en tratar la problemática ambiental en relación a los recursos naturales, e introduciendo mejoras en la calidad de vida en virtud del futuro crecimiento de la ciudad y de sus posibilidades de desarrollo (Liernur y Aliata, 2004), fue el proyecto para el SIMEB[5] (Sistema Metropolitano Bonaerense), el cual interpreta a la ciudad desde modelos ecosistémicos ya analizados desde otros ámbitos y disciplinas (Caride Bartrons, 2004);

[5] El proyecto para el SIMEB es publicado en 1979 por el CONHABIT (Programa de Concentración del Hábitat y Ordenamiento Territorial).

sin embargo, no es hasta el trabajo "Lineamientos Estratégicos para la Región Metropolitana de Buenos Aires" (2007) donde el enfoque del desarrollo sustentable se hace manifiesto en el tratamiento de los cursos de agua, incorporando en la matriz ambiental el manejo de cuencas y el espacio ribereño, el control de los rellenos, la gestión de los residuos, la protección de las reservas naturales, el control de las inundaciones y su inclusión dentro de la malla de áreas verdes (Capuccio y Mignaqui, 2014). Según datos de Alvino (2012), el interés a nivel nacional en el manejo de cuencas puede rastrearse en el informe "Problema torrencial en Argentina", de 1950 (FAO), que funda las bases para la institucionalización del tema a través del Instituto de Ordenación de Vertientes e Ingeniería Forestal (IOVIF), el cual se mantiene activo entre 1963 y 1975. Según la CEPAL (2005), a partir de la disolución de este organismo y hasta la década de 1990 predomina una visión de aprovechamiento del agua –que entiende que el manejo del recurso hídrico es necesario para la ocupación del territorio–, acompañado de grandes obras hidráulicas. Bajo el paradigma del desarrollo sustentable, la cuenca comienza a presentarse como una unidad de análisis territorial donde interactúan aspectos biológicos, físicos y socioeconómicos.

Siguiendo a Capuccio y Mignaqui (2014), junto a la asunción por parte del Estado de un rol activo respecto al ordenamiento territorial en el año 2003, surgen varios instrumentos, que incorporan esta orientación. Previo a ello, en 2002 se aprueba la Ley General del Ambiente (N.° 25675), que define al ordenamiento ambiental del territorio como un proceso de necesaria participación ciudadana y multidisciplinar. En 2004, se pone en marcha la elaboración del Plan Estratégico Territorial (PET, 2016), y en este marco se formulan los ya citados "Lineamientos Estratégicos Metropolitanos" (Subsecretaría de Urbanismo y Vivienda), en los que se incorpora claramente el enfoque estratégico y ambiental en la gestión del territorio. Casi simultáneamente, en 2008, en CABA se aprueba el Plan Urbano Ambiental (PUA), el cual considera el contexto metropolitano y la necesidad de coordinación interjurisdiccional.

Sin embargo, la falta de una unidad de gestión territorial metropolitana y una autoridad que la coordine, así como la dispersión normativa, dificulta la aplicación de instrumentos de ordenamiento territorial de enfoque ambiental. En este sentido, Pugliese y Sgroi (2012) sitúan tres abordajes o sistemas administrativos que desde el punto de vista de la gestión territorial debieran actuar integradamente en las urbanizaciones cerradas polderizadas del río Luján, enfoques que también deberían actuar integradamente en la gestión de cuencas del AMBA: el urbano territorial, el ambiental y el de gestión de aguas.

Mientras el ordenamiento territorial de los municipios del AMBA se rige por Decreto Ley N. ° 8912/77 y las normativas de ordenamiento urbano que cada municipio dicte en este marco –ya que estos son los que tienen la responsabilidad primaria del ordenamiento territorial–, la gestión ambiental se rige por la Ley 11.723/95 (Protección del Ambiente y los Recursos naturales), la Ley 12.257 (Código de Aguas de la Provincia de Buenos Aires) y por lo dictaminado por la Autoridad del Agua y la oficina para el Desarrollo Sostenible; y en CABA las competencias ambientales pertenecen al Ministerio de Ambiente y Espacio Público (Capuccio y Mignaqui, 2014).

Dada la falta de una coordinación interjurisdiccional que supere las divisiones políticas y ordene el territorio desde un criterio y, por lo tanto, una delimitación ambiental, sumado a la dispersión de instrumentos normativos y a la falta de instrumentos de planificación de carácter vinculante, la gestión ambiental es dificultosa y se expresa claramente en la falta de gestión integral de las cuencas hidrográficas.

En la cuenca Matanza-Riachuelo, desde el año 1993 se realizan tareas de monitoreo ambiental, en estos primeros años dependientes de la Presidencia de la Nación, sin participación de los municipios implicados. En 1995, se establece el Plan de Gestión Ambiental, y junto a este se crea el comité ejecutor (CMR), que no funciona como autoridad de cuenca, es decir que, más allá de que integraba autoridades nacionales, provinciales y de la Ciudad de Buenos Aires (no así los municipios), no tenía funciones delegadas, no tenía poder de policía en materia de contaminación ambiental, cloaca, etc. (Herrero y Fernández, 2008).

En 2006, se sanciona la Ley 26.168, que crea la Autoridad de Cuenca Matanza-Riachuelo (ACUMAR), integrada por los tres niveles de gobierno que tienen injerencia en la cuenca (Nación, Provincia de Buenos Aires y Ciudad Autónoma de Buenos Aires y municipios),[6] con facultades de coordinación, ejecución y regulación y control. El río Matanza-Riachuelo

---

[6] Municipios de Almirante Brown, Avellaneda, Cañuelas, Esteban Echeverría, Ezeiza, General Las Heras, La Matanza, Lanús, Lomas de Zamora, Marcos Paz, Merlo y San Vicente.

cuenta con un plan integral de saneamiento ambiental (PISA)[7] actualizado en el año 2016, coordinado e implementado por ACUMAR. Dentro del plan, se aborda el eje ordenamiento ambiental del territorio, cuyo objetivo fundamental es establecer una "macro zonificación" (PISA, 2009, p. 357) que dé lugar a un crecimiento equilibrado y sustentable de la cuenca. Algunas de las acciones dentro de este eje, con impacto directo sobre el paisaje, son la redefinición de límites del área urbanizable en función de la demanda prevista y las condicionantes urbano ambientales, la protección del borde periurbano y áreas ecológicamente estratégicas, la definición de restricción a la ocupación y manejo de áreas de preservación de desagües naturales, el diseño de un sistema de áreas verdes con miras a consolidar un sistema de parques de escala regional y metropolitano, así como preservar las planicies de inundación y los espacios de escurrimiento naturales. En este mismo sentido, el eje de limpieza de márgenes de ríos y caminos de sirga plantea la preservación y recuperación de las márgenes de los cursos, y el desarrollo de parques lineales de uso público y recreativo. Actualmente, casi un 90% del camino de sirga se encuentra liberado (Figura 15), y cuenta con un proyecto para la cuenca baja denominado "Proyecto Integrador del Camino de Sirga",[8] en el que se contempla la adecuación de la red de transporte motorizado, peatonal y ciclista, los proyectos de espacio público, la parquización y forestación del camino –con selección de especies forestales adecuadas–, las estaciones de bombeo, entre otras. En el marco de estas acciones, se ha planteado un proyecto de parques asociados a estaciones de aireación de agua, como parte del modelo de saneamiento propuesto por AySA,[9] compatibilizando la oxigenación del

[7] Los objetivos del PISA (Plan Integral de Saneamiento Ambiental) son recomponer el ambiente, prevenir el daño y mejorar la calidad de vida (http://www. acumar.gov.ar).

[8] Proyecto desarrollado en base a información aportada por los Municipios de la Cuenca Baja y la Ciudad Autónoma de Buenos Aires, en el marco del cumplimiento de la exigencia judicial de presentar un "Proyecto Integrador de las Obras de Infraestructura del Camino de Sirga para la Cuenca Baja" (resoluciones del 27 de abril de 2011, 29 de diciembre de 2011, 9 de abril de 2012 y 13 de julio de 2012), y la implantación de un "Proyecto Integrador de Parquización y Forestación para el Camino de Sirga y todo el territorio de la Cuenca Baja Matanza Riachuelo" (resolución del 31 de octubre de 2011). (Proyecto integrador del camino de Sirga, 2013). Disponible en http://www.acumar.gov.ar/Informes/ Gestion/proyectointegrador_caminosirga.pdf

[9] Agua y Saneamiento Argentinos S.A.

agua con el desarrollo de áreas vacantes como espacios de uso público. El caso Matanza-Riachuelo es una referencia a nivel nacional, por la importancia de la cuenca, así como por el avance del plan de saneamiento. En lo respectivo a lo paisajístico-ambiental, paralelamente a las acciones descriptas, se desarrollan tareas de educación ambiental (capacitación docente, educación a la comunidad, formación de jóvenes y adolescentes, programa de voluntariado ambiental) y preservación, puesta en valor y refuncionalización de bienes patrimoniales –en el marco del mencionado "Proyecto Integrador del Camino de Sirga"–. Los bienes que se consideran responden a las siguientes categorías: patrimonio edilicio, monumentos, clubes, áreas urbanas, puentes, áreas verdes y parques, y patrimonio cultural –identificándose dentro de esta categoría expresiones artísticas del ámbito de estudio de carácter formal como el cine y la pintura, y de carácter popular vecinal–.[10]

Figura 15: Liberación de camino de sirga en cuenca Matanza-Riachuelo.
Fuente: http://www.acumar.gob.ar

[10] Informe de Bienes Patrimoniales Catalogados de la Cuenca Baja Matanza Riachuelo. http://www.acumar.gob.ar/pagina/1662/bienes-patrimoniales

A diferencia de la cuenca del río Matanza-Riachuelo, la cuenca del río Reconquista se encuentra íntegramente dentro de la Provincia de Buenos Aires.[11] Desde 1995, con la conformación del UNIREC,[12] se realizan acciones de saneamiento, en el marco de un plan de saneamiento de la cuenca, hoy coordinadas por el Comité de la Cuenca Reconquista (COMIREC), creado en 2001 por Ley 12.653, que tiene como responsabilidad su planificación y ejecución. Actualmente, en la cuenca se está desarrollando el "Programa de Gestión Urbano Ambiental Sostenible de la Cuenca del Río Reconquista" (financiado con préstamo BID aprobado en 2014). Asimismo, con menor grado de avance que el caso del Matanza-Riachuelo, en la cuenca del río Luján existe un Plan Maestro Integral para la cuenca del río Luján en desarrollo. Para el caso de la cuenca de la zona sur, los comités de cuenca[13] se encuentran constituidos; sin embargo, no existen planes integrales de saneamiento. Sin duda, el principal hecho que obstaculiza la mirada paisajística en las cuencas del AMBA –tanto en la valoración como en la intervención– es la degradación que poseen los ríos y arroyos, lo cual se verifica en la carencia de valores simbólicos y culturales asociados al agua, la falta de consideración del paisaje en los escasos planes de saneamiento existentes y el abordaje fragmentario del paisaje, que solo se concentra en el curso del agua, sin asociar otros recursos a escala de cuenca hidrográfica.

[11] La cuenca está integrada por 18 partidos: Moreno, San Fernando, Tigre, Malvinas Argentinas, San Miguel, Hurlingham, Ituzaingó, Morón, San Isidro, General San Martín, Tres de Febrero, José C. Paz, San Fernando, General Las Heras, General Rodríguez, Luján, Marcos Paz y Merlo.

[12] Unidad de coordinación del proyecto río Reconquista.

[13] Comité de Cuenca río Luján (resolución 03, Autoridad del Agua, 2001); Comités de Cuenca Río de la Plata superior, intermedio e inferior (resoluciones 189, 190 y 191, Autoridad del Agua, 2008).

Capítulo III:

El paisaje como estrategia para pensar el territorio

La mitad de la belleza depende del paisaje, la otra mitad de la persona que lo mira.

Lin Yutang (Nogué, 2006, p. 135)

3.1. Introducción

El siglo XXI trae nuevas incertidumbres sobre los instrumentos para ordenar el territorio, un territorio que se convierte cada vez en un objeto más complejo, menos aprehensible y más cambiante. En este marco, el paisaje se convierte no solamente en una herramienta para conceptualizar sobre nuevas territorialidades, sino en una herramienta de diagnóstico e intervención.

El presente capítulo propone un análisis y ponderación de herramientas de valoración e intervención del paisaje, de cara a la construcción de una propuesta metodológica para el caso de estudio.

En primer lugar, se desarrollan los antecedentes que constituyen el germen de las metodologías de valoración desarrolladas en el marco del Convenio Europeo del Paisaje, para dar lugar a la caracterización de las principales iniciativas y sus bases metodológicas. Se realiza un análisis comparativo, poniendo en relieve sus principales componentes, similitudes y diferencias. Entre ellas, se desarrollan aquellas que podrían servir como referencia para el tratamiento del caso de estudio.

Enriqueciendo el aporte de las metodologías analizadas, se indaga en los aspectos específicos de la valoración del paisaje fluvial, a través de metodologías aplicadas en cursos de agua, desarrolladas también en el marco del Convenio Europeo del Paisaje.

El análisis precedente aporta los principales componentes, procesos y etapas que deben considerarse en la valoración del paisaje fluvial dentro de un área metropolitana, asimismo cuáles son los resultados del proceso de valoración y cómo dicho "diagnóstico intencionado" sirve como base para las estrategias de intervención.

Con respecto a las estrategias de intervención, se retoma y desarrolla la noción de "parque patrimonial", brevemente, expuesta en el primer capítulo, que desde sus principios instrumentales contribuye al despliegue de la estrategia proyectual. Asimismo, se desarrollan alternativas proyectuales específicas para paisajes de agua, junto a sus principios, escalas y objetivos.

3.2. Valorar el paisaje

Valorar es, en extrema síntesis, mirar al paisaje desde una óptica proyectual, según Mata: "El uso del término valor expresa una exigencia precisa, lo que significa que la consideración y el juicio de los fines no debe prescindir del juicio de los medios" (Scazzosi, 2006, p. 272). Implica, por otro lado, aceptar la subjetividad del paisaje, ya que los valores otorgados variarán de acuerdo a la percepción de distintos sectores de la sociedad.

La noción de valoración se asocia al "carácter" del paisaje, es decir, el conjunto de elementos distintivos y claramente reconocibles presentes en un determinado tipo de paisaje, que contribuyen al hecho de que uno sea diferente a otro, y le dan identidad propia a una zona determinada (Nogué y Sala, 2009). Es decir que el *carácter* es lo que diferencia a cada paisaje, "un patrón distintivo, reconocible y coherente de elementos en el paisaje que lo hacen diferente a otro, en vez de mejor o peor"[1] (*The Countryside Agency*, 2002), y, como tal, debe ser el punto de partida para la toma de decisiones respectivas al paisaje. Del carácter del paisaje y de la diversidad que encierra, provienen sus valores. Identificar los valores de un paisaje trasciende la mera descripción de los elementos que lo componen; *valorar* es identificar y caracterizar, pero también es estudiar la evolución del paisaje, ponderar sus principales potencialidades, identificar conflictos, indagar en los factores y dinámicas que inciden –y han incidido– en su configuración y prever su evolución futura, "entender que

[1] Traducción del inglés. Texto original: "A distinct, recognizable and consistent pattern of elements in the landscape that makes one landscape different from another, rather than better or worse".

el carácter es resultado de la acción de factores naturales y humanos y de sus interrelaciones supone asumir la naturaleza dinámica del paisaje, y dirigir la atención a los procesos recientes, que hacen del paisaje un sistema funcional en permanente movimiento. Todo ello tiene implicaciones muy importantes en la política de paisaje, que lógicamente no puede ser solo proteccionista, sino –desde los principios de la sostenibilidad– dinámica y adaptativa, como lo es el propio paisaje" (Mata Olmo, Rodríguez Chumillas, Cabrerizo y Fernández Muñoz, 2010, p. 4).

En este sentido, el Convenio Europeo del Paisaje otorga un papel preponderante a la valoración del paisaje, como estrategia fundamental de sensibilización social, comprometiendo a los países firmantes a promover la formación de especialistas en la valoración e intervención de los paisajes, insertar al paisaje dentro de los programas escolares y universitarios, y a identificar sus propios paisajes en todo su territorio: analizar sus características y las presiones que los transforman; registrar las transformaciones, calificar los paisajes teniendo en cuenta los valores particulares que les atribuye la población, y en base a ello definir los objetivos de calidad paisajística para los paisajes identificados y calificados, y desde ya aplicar políticas en materia de paisajes (artículo 6. °).

No existe un método consensuado destinado a la "valoración" del paisaje, sin embargo, se han desarrollado aproximaciones metodológicas que, sin pretender ser totalmente extrapolables a otros territorios, han evolucionado desde el inventario paisajístico hacia estudios integrales del paisaje que agrupan aspectos objetivos y subjetivos.

Los "atlas de paisaje" de Francia pueden situarse como uno de los primeros antecedentes en este sentido. Se trata de una metodología centrada en la identificación, caracterización y evaluación del paisaje y sus dinámicas, que otorga un importante peso a la participación pública, tanto para la identificación de paisajes de interés local como para localizar los proyectos que puedan existir en cada comuna, buscando concertación acerca de las intervenciones que atañen al paisaje.

En esta misma línea, el instrumento paisajístico "Landscape Character Assesment" del Reino Unido avanza en el estudio interdisciplinar y participativo del paisaje, definiendo la noción de "carácter", asumiendo que su configuración se basa en la interacción de factores naturales y humanos. Agrupa los paisajes según su carácter, identificando *character areas*", que serán la base para definir distintas posturas proyectuales.

Los "atlas de paisaje" de Francia y el "Landscape Character Assesment" son antecedentes de la metodología utilizada en la realización de los catálogos de paisaje de Cataluña, guía metodológica que provee información en la acción, tanto para la delimitación del territorio en unidades de paisaje, y su caracterización y valoración, como para facilitar su gestión.

En este mismo camino, en 2006 ha sido publicada una guía de buenas prácticas sobre identificación del paisaje de la mano de ECOVAST (European Council for the Village and Small Town/ Consejo Europeo de Pequeñas Ciudades y Pueblos), destinado a impulsar el desarrollo de las comunidades rurales, salvaguardando su patrimonio. La idea del documento es que los ciudadanos por sí mismos puedan identificar el paisaje, por lo que se trata de un método simple, basado en una matriz de diez capas, que va desde la geología superficial hasta los sentimientos asociados con el paisaje (Figura 16). Sobre cada unidad de paisaje identificada –definida simplemente como un área cuyo carácter es diferente al paisaje contiguo–, se determina el peso de cada uno de los 10 elementos en dicha unidad, como dominante, fuerte, moderado o bajo.

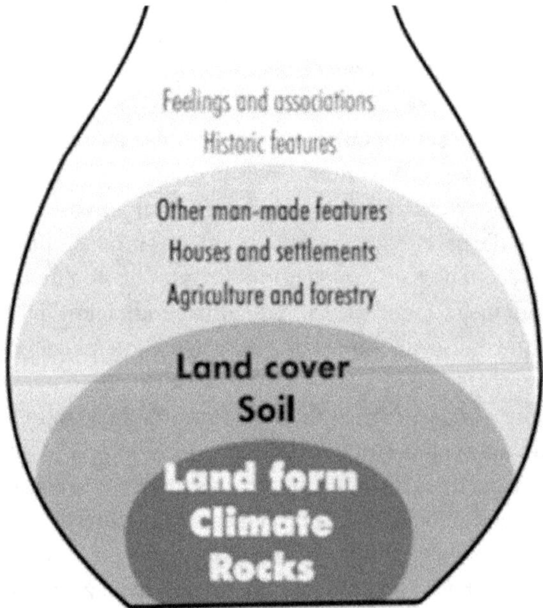

Figura 16: Ánfora del paisaje.
Fuente: ECOVAST, 2006.

En relación a los paisajes fluviales, aunque han sido estudiados desde diferentes disciplinas y enfoques –sobre todo desde la ecología del paisaje, la geografía física y la hidrología–, desde que el paisaje es entendido como atributo perteneciente a la totalidad del territorio han surgido estudios interdisciplinares que integran perspectivas sociales, culturales y perceptivas. Estos enfoques son superadores de la polarización dominante en materia de tratamiento de paisajes fluviales, una posición "como era la de controlar la naturaleza (Cosgrove, 1990), de la que resultan los «paisajes ingenieriles del agua» y una posición que reclama una naturalización totalmente alejada de la interferencia humana (Ventura, Ribas y Saurí, 2001), y que es la que la Directiva Marco del Agua parece reforzar" (Ribas Palom, 2006, p. 3).

Europa es una región geográfica pionera a nivel mundial en poseer un instrumento jurídico a nivel regional para gestionar las cuencas transfronterizas,[2] además de poseer numerosos acuerdos, protocolos y leyes destinadas a garantizar la cooperación internacional. Dentro de ellas, la Directiva Marco del Agua (DMA)[3] abre el camino hacia la consideración de la dimensión paisajística en los sistemas fluviales, planteando la necesidad de estudiar los recursos asociados a los cursos fluviales. A continuación se abordan las principales metodologías de valoración del paisaje en general y de paisajes fluviales, surgidas dentro de Europa, con la finalidad de identificar sus principales contenidos, de cara a la construcción de un método adecuado para el caso de estudio.

3.2.1. Metodologías de valoración del paisaje

Desde la aprobación del Convenio Europeo del Paisaje, van a surgir estrategias de valoración a nivel local en muchos países y regiones que no tenían una tradición en el tema, y que van a basar sus instrumentos en aquellos de más larga trayectoria paisajística. Entre los primeros se sitúan Cataluña, Andorra, Región Valona (Bélgica), Lombardía (Italia), entre otros. Entre los países con un mayor bagaje y experiencia reconocida

---

[2] Convenio de la comisión económica para Europa de las Naciones Unidas sobre la protección y utilización de los cursos de agua transfronterizos y de los lagos internacionales (1992).

[3] Directiva 2000/60/CE del Parlamento Europeo y del Consejo de Europa por la que se establece un marco comunitario de actuación en el ámbito de la política de aguas (2000).

en políticas territoriales y de paisaje, están el Reino Unido, Francia, Holanda y Alemania. Estos dos últimos –respectivamente– se han enfocado más en la creación de paisajes y en destacar sitios de valor natural (Sala, Puigbert y Bretcha, 2014).

Teniendo como objetivo este análisis, el identificar las bases metodológicas que pudieran orientar el despliegue de un método de valoración del paisaje en el AMBA, se opta por profundizar en aquellas experiencias que tienen un mayor nivel de desarrollo, en las que se reconocen elementos comunes, y que a su vez orientan métodos de valoración del paisaje fluvial.

Atlas de paisaje de Francia

Francia se considera un país pionero en materia de valoración del paisaje. Con la ley de paisajes de 1993 comienzan a surgir nuevos instrumentos de gestión del paisaje. Esta ley surge en el marco de una gran presión social, cuyo desencadenante tiene que ver con un sentimiento colectivo de crisis del paisaje, a partir de las transformaciones del medio rural y urbano, como consecuencia de la modernización agrícola y las transformaciones del proceso de urbanización extensiva, que afectaron a la sociedad no solo en términos físicos, sino a nivel simbólico y cultural. "En otras palabras, se produce un desfase entre el modelo cultural de referencia dominante en la sociedad francesa y la realidad física que se presentaba ante los ojos de esa sociedad que asumía el paisaje como símbolo de identidad" (Galiana Martín, 1996, pp. 94-95). De esta manera, la legislación francesa en materia de ambiente y paisaje avanza desde la protección hacia la gestión del paisaje.

A pesar de que la ley está enfocada en los territorios notables a nivel paisajístico, estos son definidos por el Estado en concertación con las colectividades locales y las asociaciones profesionales, mediante instrumentos de carácter indicativo, por lo que pese a que la ley no innova respecto a la consideración de todo el territorio como paisaje, le otorga mayor responsabilidad al Estado y a la comunidad como actores centrales para la gestión del paisaje.

En el marco de un conjunto de políticas que parece atender a la tríada ambiente-desarrollo regional-paisaje, emergen los *planes de paisaje,* instrumentos centrados en promover la calidad paisajística de un sitio, mediante la implementación de acciones concretas sobre un terreno. Se trata de un instrumento de claro carácter propositivo centrado en los paisajes cotidianos que puede afectar grandes áreas, tales como una región, una cuenca hidrográfica, un itinerario turístico, entre otras. En un plan de paisaje pueden distinguirse tres fases (Galiana Martín, 1996): fase de estudio, en la que se precisa la identidad, el valor cultural y estético del paisaje, y se proponen acciones concretas –en esta etapa tiene un peso central la opinión de los actores locales–, traslado del estudio a los responsables de la gestión territorial y traducción operativa de las acciones planteadas.

Dentro de este conjunto de políticas de paisaje, desde el punto de vista diagnóstico se destacan los *atlas de paisaje*, instrumento de conocimiento que tiene como objetivo describir todos los paisajes de un territorio, desde los destacados hasta los más cotidianos (MEDE,[4] 2015). No se trata de un inventario de paisajes, sino que tiene en cuenta, además de la dimensión geográfica, las dinámicas que lo afectan y los valores otorgados por la sociedad. Un atlas de paisaje tiene como objetivo identificar, caracterizar y cualificar todos los paisajes, teniendo en cuenta su singularidad, su morfología y su evolución. Para esto, el atlas de paisaje utiliza los conceptos de *unidad de paisaje*, dentro de los cuales se inserta la *estructura paisajera* –patrones predominantes– *y los elementos del paisaje* –partes que la configuran–. El marco metodológico para la realización de un atlas de paisaje comprende las siguientes etapas (MEDE, 2015; según traducción del autor):

1. Identificación y caracterización de paisajes:
    a. Identificación de las unidades de paisaje (observación sobre el terreno, interpretación cartográfica).
    b. Localización de sitios y paisajes institucionales (inventario de sitios y paisajes protegidos por la legislación).
    c. Identificación de las representaciones iconográficas de los paisajes (búsqueda en la pintura, litografía, aguafuertes, postales, etc.).
    d. Identificación de paisajes de interés local (encuesta en las comunas).

Resultados: cartografías diferenciadas y reporte escrito, proponiendo una lectura y varias entradas del estado actual de los paisajes, esquemas y croquis de las grandes características del paisaje.

---

[4] Ministere de l'Ecologie, du Developpement durable et de l'energie.

2. Evaluación de las dinámicas de los paisajes:
   a. Identificación de los signos visibles de la evolución de los paisajes y determinación de las tendencias de evolución (uso de las estadísticas comunales sobre ocupación del suelo).
   b. Identificación de proyectos individuales y colectivos existentes en las comunas (encuesta comunal).
   c. Verificación y precisión de la evolución de los paisajes (entrevistas a los responsables y técnicos locales concernientes).

Resultados: cartografías y reportes de la evolución y presiones del paisaje.

Los atlas se actualizan cada 10 años y se han adecuado a los objetivos del Convenio Europeo del Paisaje. Son la herramienta base de los objetivos de calidad paisajística, nexo entre el diagnóstico y las decisiones públicas en materia de ordenamiento territorial.

Lanscape Character Assessment (Inglaterra y Escocia)

En el Reino Unido, históricamente el paisaje ha tenido un aprecio social importante, especialmente vinculado a los atributos del paisaje rural. Desde inicios de la década de 1970, se tuvo como meta desarrollar herramientas de conocimiento sobre el paisaje que han ido evolucionando desde metodologías evaluativas hacia los métodos más recientes centrados en el "carácter" del paisaje.

A inicios de la década de 1970, el diagnóstico de paisajes estaba enfocado en identificar valores –es decir determinar mejores o peores paisajes–, el proceso era puramente objetivo y la metodología de estudio era de carácter cuantitativo (Sala, Puigbert y Bretcha, 2014); pero ya a mediados de la década del ochenta, se reconoce el papel de la subjetividad y se abre la puerta a la participación ciudadana, proceso que culmina en la metodología desarrollada a mediados de la década de 1990, "Landscape Character Assessment", contemporánea a los "atlas de paisaje" de Francia.

El Reino Unido ratifica en 2006 el Convenio Europeo del Paisaje, lo cual va en consonancia con la definición de la guía (The Countryside Agency, 2002, p. 2): "El paisaje es acerca de la relación entre la gente y su lugar. Es el marco de nuestra vida cotidiana (…) Es el resultado de la forma en que diferentes componentes de nuestro medio ambiente, tanto naturales (geología, suelos, clima, flora y fauna) y culturales (uso histórico y actual de uso de la tierra, asentamientos, intervenciones humanas, etc.), interactúan entre sí y son percibidos por nosotros". (Traducción del autor).

Los principales pasos en la metodología LCA son (The Countryside Agency, 2002; según traducción del autor):

1) **Caracterización**: esta etapa comprende los pasos implicados en estudiar e identificar áreas de carácter diferenciado, clasificándolas, mapeándolas y describiéndolas.

PASO 1: *definición del alcance del estudio*, dejando en claro cuál es su propósito, lo cual influencia críticamente la escala, los recursos usados, los actores involucrados, etc.

PASO 2: *trabajo en gabinete* (*desk study*). Esta fase implica la revisión bibliográfica y cartográfica necesaria para la identificación de áreas de carácter común. El estudio se divide en análisis de factores naturales y culturales/sociales:

- Factores naturales: geología, relieve, hidrografía, suelos, vegetación.
- Factores culturales/sociales: usos del suelo, asentamientos, recintos, profundidad temporal.

PASO 3: *trabajo de campo*. Permite refinar el borrador de áreas de carácter de paisaje, identificando aspectos estéticos y perceptuales, carácter socialmente percibido y tendencias de cambio.

PASO 4: *clasificación y descripción*. Este paso finaliza la etapa de caracterización, clasificando el paisaje en tipos de carácter de paisaje y/o áreas, mapeándolas y describiéndolas.

2) **Elaboración de criterios** (*making judgements*): la naturaleza de los criterios varía según el propósito de la caracterización. Algunos posibles son: estrategias de paisaje, lineamientos, otorgamiento de un status al paisaje, determinar su capacidad de carga, entre otros.

Catálogos de paisaje de Cataluña

La comunidad de Cataluña fue pionera en adherir al Convenio Europeo del Paisaje, asimismo en impulsar políticas acordes a este marco. El paso inicial fue la aprobación de una ley de protección, gestión y ordenación del paisaje (Ley 8/2005),[5] que fija las bases sobre las que desarrollarán una serie de herramientas e instrumentos jurídicos propios. La ley se ha convertido en un referente a nivel internacional sobre las posibilidades de aplicación del Convenio Europeo del Paisaje. Algunas iniciativas simi-

---

[5] Ley de Protección, Gestión y Ordenación del Paisaje. Año 2005. Parlamento de Cataluña.

lares surgieron en otras comunidades de España, como Valencia, Galicia y el País Vasco. El objeto de esta ley es constituir un marco de referencia para la protección, gestión y ordenación del paisaje sin perjuicio de lo que establezcan las legislaciones sectoriales en materia de paisajes específicos o áreas protegidas. Se trata de impulsar el reconocimiento de los paisajes de Cataluña, sensibilizando a la población sobre los valores del paisaje. Aunque la ley se aplica en todo el territorio catalán, se centra en zonas urbanas, periurbanas o rurales que no cuentan con una protección específica.

La ley reglamenta cinco tipos de instrumentos dedicados al tratamiento del paisaje: instrumentos de protección, gestión y ordenación; instrumentos de organización; Instrumentos de concertación de estrategias; instrumentos de sensibilización y educación, e instrumentos de financiación.

Los instrumentos de protección, gestión y ordenación se dividen en dos tipos: catálogos y directrices de paisaje:

- Los catálogos del paisaje son los documentos de carácter descriptivo y prospectivo que determinan la tipología de los paisajes de Cataluña: identifican sus valores y su estado de conservación, y proponen los objetivos de calidad que se deben cumplir (art. 10. °, Ley 8/2005). Contienen el inventario de los valores paisajísticos presentes en su área e identifican las actividades y procesos que inciden o han incidido en la configuración actual del paisaje, los principales puntos visuales, la delimitación de las unidades de paisaje, ámbitos estructurales, funcionales o visualmente coherentes sobre los que puede recaer un régimen específico de protección, gestión u ordenación (art. 6. °, Ley 8/2005), la definición de los objetivos de calidad paisajística para cada unidad y la propuesta de medidas y acciones.
- Las directrices del paisaje son las determinaciones que, basándose en los catálogos del paisaje, precisan e incorporan normativamente las propuestas de objetivos de calidad paisajística en los planes de ordenamiento territorial (art. 12. °, Ley 8/2005).

Como instrumento de organización, la ley introduce la figura de Observatorio del Paisaje, entidad de apoyo y colaboración con la administración en todas las cuestiones relacionadas con la elaboración, aplicación y gestión de las políticas de paisaje (art. 13. °, Ley 8/2005). Su creación responde a la necesidad de estudiar el paisaje, elaborar propuestas, e impulsar medidas de protección, gestión y ordenación.

El catálogo de paisajes es una guía metodológica que provee información en la acción, tanto para la delimitación del territorio en unidades de paisaje, y su caracterización y valoración, como para facilitar su gestión. Una de sus principales funciones es "la incorporación de directrices paisajísticas en la ordenación territorial, y concretamente en los planes territoriales parciales. Es por este motivo que su alcance territorial se corresponde con el de cada uno de los ámbitos de aplicación de estos planes" (Nogué y Sala, 2006, p. 9). Más allá de su utilidad en la planificación territorial, los catálogos constituyen una base documental completa para la definición de estrategias de paisaje, campañas de concientización, realización de estudios de impacto paisajístico, entre otras acciones.

Las fases para la elaboración de los catálogos son (Cuadro 1): *identificación y caracterización del paisaje, evaluación del paisaje, definición de los objetivos de calidad paisajística, establecimiento de propuestas y medidas de actuación, y establecimiento de indicadores de seguimiento*. La participación pública es constante en todo el proceso y se desarrolla en cada una de las etapas.

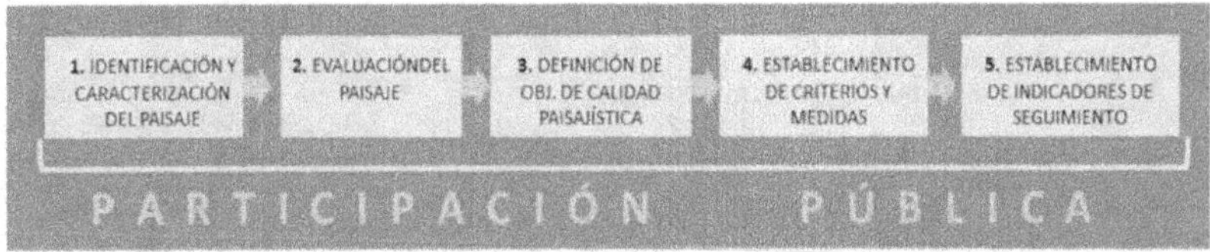

Cuadro 1: Fases para la elaboración de los catálogos de paisaje.
Fuente: elaboración propia en base a Nogué y Sala, 2006.

Las fases de identificación, caracterización y evaluación hacen a la valoración del paisaje, porque de allí surgen los principales valores que forjan el carácter del paisaje, pudiéndose definir sobre esta base los objetivos de calidad paisajística y las propuestas de intervención.

En la etapa de *identificación y caracterización del paisaje*, se reconocen las áreas del territorio que tienen un carácter similar, surgiendo como síntesis de los análisis realizados dos categorías: *unidades de paisaje y paisajes de atención especial*, que según el glosario del Observatorio del Paisaje son (Figura 17):

- *Unidad de paisaje* se define como una porción del territorio caracterizada por una combinación específica de componentes paisajísticos de naturaleza ambiental, cultural, perceptiva y simbólica, así como de dinámicas claramente reconocibles que le confieren una idiosincrasia diferenciada del resto del territorio.
- *Paisaje de atención especial* es un sector de paisaje con una determinada heterogeneidad, complejidad o singularidad desde un punto de vista paisajístico que requiere de directrices y criterios específicos para poder ser protegido, gestionado y ordenado.

La descripción del carácter que configura a cada unidad implica el estudio de la secuencia evolutiva del paisaje, el inventario de los valores[6] paisajísticos, la descripción de los factores naturales y socioeconómicos que intervienen e intervinieron en su transformación, y por último el análisis de su posible evolución (Nogué, 2009).

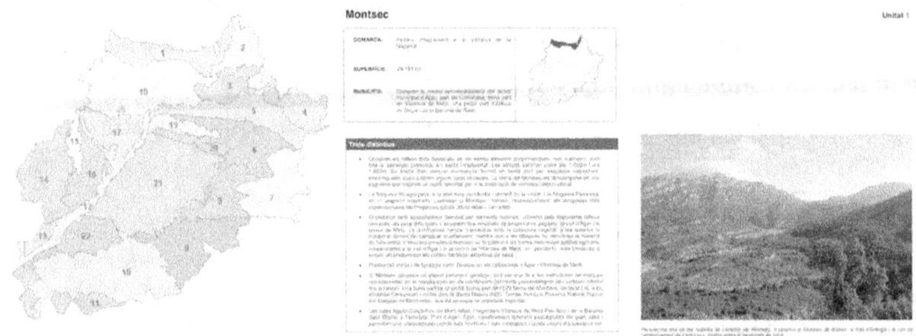

Figura 17: Mapa de unidades de paisaje y ficha síntesis de una unidad. Fuente: Observatorio del Paisaje de Cataluña. www.catpaisatge.net/esp/

Las siete variables paisajísticas que se utilizan para delimitar las unidades de paisaje son (Nogué y Sala en Busquets y Cortina, 2009) los factores fisiográficos, los usos del suelo, la historia del paisaje, la estructura del paisaje, la detección de dinámicas y tendencias actuales en la evolución del paisaje, el estudio de las visuales y el sentimiento de lugar.

Los catálogos otorgan mucha importancia al proceso de identificación de los valores del paisaje, que pueden ser de distinto tipo (Nogué, 2009): valores naturales y ecológicos, simbólicos e identitarios (historias, mitos

---

[6] Los valores son aspectos ambientales, culturales, visuales y preceptivos del paisaje. Fuente: glosario del Observatorio del Paisaje. Consultado en: http://www.catpaisatge.net/esp/glossari.php

y leyendas), estéticos, patrimoniales, culturales –como por ejemplo la producción artística en torno al paisaje–, históricos y también religiosos y espirituales.

Esta identificación de valores se inicia por aquellos que cuentan con algún tipo de reconocimiento normativo o legal (internacional, nacional, local, etc.), prueba de que tienen un previo reconocimiento, al menos por algún sector de la sociedad. Para la identificación de los valores más subjetivos, como los simbólicos o estéticos, es fundamental el conocer la opinión de los habitantes en base a encuestas y entrevistas.

La *evaluación del paisaje* consiste en estudiar las amenazas y oportunidades en pos de la protección, gestión y ordenación del paisaje. Luego sobre cada unidad se definen los *objetivos de calidad paisajística,* que son las preferencias paisajísticas o cualidades del paisaje que los ciudadanos quieren que se reconozcan.

Algunos de los objetivos son: Integrar el paisaje en la planificación territorial, conservar y mejorar la calidad del paisaje, priorizar la heterogeneidad paisajística, proteger y promover el paisaje y el patrimonio intangible ligado al paisaje, posibilitar a los ciudadanos la admiración del paisaje, garantizar la participación de los ciudadanos sobre las decisiones futuras que afecten el paisaje.

En cuanto a las medidas y propuestas de acción, podrán ser: de protección, mejora y gestión del paisaje, definición de criterios paisajísticos para integrarse con las políticas sectoriales vigentes, propuestas de cambios a la normativa vigente, actos concretos que se consideren prioritarios o proyectos piloto de mejora del paisaje.

Por último, deben establecerse indicadores para la protección, gestión, y ordenación sostenible del paisaje a fin de realizar un seguimiento de la evolución del paisaje.

3.2.2. *Valorar el paisaje fluvial*

La necesidad de estudiar los recursos asociados a los cursos fluviales que impone la Directiva Marco del Agua, junto al desarrollo de metodologías para la valoración de paisajes cotidianos, deriva en Europa en el desarrollo de métodos de estudios aplicados al paisaje fluvial.

Los primeros antecedentes de estos estudios, siguiendo a Zoido Naranjo *et al.* (2011), tienen lugar a mediados del siglo xx en el campo de la geomorfología, disciplina que va a introducir la noción de sistema fluvial. Simultáneamente, desde la ecología comienza a estudiarse el paisaje fluvial en su dimensión longitudinal, es decir, desde la naciente hasta la desembocadura, entendiendo más tarde que los ríos son sistemas complejos compuestos por cuatro dimensiones –longitudinal, transversal, vertical y temporal–, que están en constante interacción.

Con el surgimiento de la ecología del paisaje en las últimas décadas del siglo XX, el río es caracterizado como un *corredor fluvial*, en analogía con la noción de corredor biológico definida por Forman y Gordon.[7] Desde los estudios culturales, en el análisis de las representaciones sociales se pone en relieve la importancia que tiene el entendimiento de las visiones que los distintos sectores sociales construyen sobre el paisaje fluvial, y cuáles son sus impactos sobre el paisaje.

Desde una aproximación histórica, el paisaje fluvial es interpretado como un "palimpsesto" (Corboz, 2004), cuya imagen actual se ha construido en diferentes momentos históricos. Durante los periodos históricos considerados, la evolución natural y de los usos humanos generan formas concretas, estructuras, elementos y atributos paisajísticos con cambiante funcionalidad.

Con el inicio de la aplicación de la legislación paisajística en Europa, y la puesta en práctica de metodologías de diagnóstico que pudieran reconocer los paisajes en toda su complejidad, comienzan a surgir propuestas interdisciplinarias que integran estos enfoques, provenientes del campo de la geografía humana. Francia y España son dos de los países que cuentan con un mayor desarrollo en este campo. La escasez del recurso hídrico en el sur de Europa, y por lo tanto su alta valoración social, asimismo el desarrollo de metodologías diagnósticas de paisaje que aportan la base metodológica, han impulsado estos enfoques.

En Francia, ya a fines del siglo XX, se registran aportes metodológicos para la valoración del paisaje fluvial, "el cuadro metodológico de los paisajistas del ordenamiento" (Dupuis Tate, 1998) ofrece bases concretas desde el ordenamiento territorial y del paisaje para argumentar proyectos

---

[7] Concepto contenido en el modelo tesela, corredor, matriz, de Forman y Gordon (Pino, Roda y Guirado, 2006), el que se expresa sintéticamente la relación entre la estructura y la dinámica del paisaje. Sus tres elementos básicos son las *teselas*, superficies continuas con características homogéneas; la *matriz*, que es la tesela que ocupa mayor superficie y determina el carácter del paisaje, y los *corredores*, elementos lineales del paisaje que funcionan como canales de flujos, nutrientes, organismos, a la vez que pueden funcionar como barreras para otros flujos.

sobre riberas. El estudio diagnóstico sitúa cuatro etapas (traducción del autor): análisis de la organización espacial del espacio ribereño, la identificación de los valores culturales y patrimoniales, la identificación de la evolución en los usos del suelo (análisis de usos históricos, actuales y potenciales), análisis de la relación sensible del espacio ribereño y el observador (análisis de las percepciones y de las demandas sociales), para luego dar lugar a la concepción del proyecto de paisaje. Asimismo, el trabajo hace hincapié en el estudio del paisaje fluvial en distintas escalas.

En España, cabe destacar las propuestas metodológicas desarrolladas para dos de los ríos más importantes del país, el río Tajo y el río Guadalquivir. En el caso del primero –río más largo de la península ibérica–, existe una propuesta metodológica basada en la aplicación del atlas de paisaje de España a la cuenca hidrográfica realizada de manera cualitativa y semicuantitativa sobre tramos fluviales.

En cuanto al río Guadalquivir, merecen mención dos trabajos: una propuesta metodológica basada en el método GTP, geosistema, territorio, paisaje (Bertrand, 2000, 2006, en Frolova, 2007) y otra sobre conceptos específicos de los paisajes del agua (Frolova, 2007).

Esta metodología propone el estudio del paisaje del agua a partir de tres enfoques:
1. Como subsistema de un complejo hidrosistema de la cuenca vertiente (geosistema).
2. Como resultado del largo proceso de apropiación territorial (territorio).
3. Como dimensión sociocultural de la relación entre hombre y agua (paisaje).

El otro estudio sobre la cuenca del río Guadalquivir avanza más allá de la propuesta metodológica, proponiéndose como objetivo crear un procedimiento para la incorporación del paisaje en los proyectos hidráulicos y de gestión del agua, así como en la puesta en valor de los paisajes fluviales, incorporando las orientaciones de la Directiva Marco del Agua y el Convenio Europeo del Paisaje. En este sentido, avanza el estudio "Los paisajes fluviales en la planificación y gestión del agua: elementos para la consideración del paisaje en la cuenca hidrográfica del Guadalquivir" (Zoido Naranjo *et al.*, 2011), representando especial interés, debido a que integra la organización física del espacio fluvial como hidrosistema fluvial –cada paisaje fluvial está relacionado con los demás paisajes del entorno territorial–, y la relación sensible entre el paisaje y el usuario, en un paisaje con un grado de antropización alto.

El procedimiento metodológico que propone integra factores físico-naturales, históricos y perceptuales, a nivel de cuenca hidrográfica, planteando diferentes escalas de análisis. La identificación y caracterización de los paisajes fluviales se basa en metodologías como las desarrolladas por el Landscape Character Assessment y el catálogo de paisajes de Cataluña.

El análisis de los componentes del paisaje fluvial se organiza en las siguientes etapas (Cuadro 2):

1. Fundamentos naturales: relieve, clima, hidrología, bioclima, vegetación, hábitat faunístico potencial, suelos.
2. Procesos históricos y fundamentos socioeconómicos: usos del suelo, tipologías de asentamientos, evolución histórica, sistema de explotación vigente, presiones y dinámicas.
3. Estructura visual y escénica del paisaje e hitos paisajísticos: zonas protegidas y elementos de valor patrimonial.
4. Participación ciudadana: consulta pública acerca de las percepciones del paisaje fluvial.

Cuadro 2: Etapas para la identificación y caracterización del paisaje fluvial. Fuente: Zoido Naranjo *et al.*, 2011.

A su vez, el método plantea el abordaje del análisis en las diferentes escalas espaciales que se dan en los paisajes fluviales, teniendo en cuenta los procesos a nivel de cuenca y curso.

Como síntesis de este proceso, van a surgir áreas y tipos de paisajes –resultado comparable a las unidades de paisaje de los catálogos de Cataluña–, pudiendo establecerse criterios y estrategias adecuadas al carácter de cada unidad.

3.2.3. A modo de síntesis

En base a los métodos de valoración estudiados, tanto los que estudian el paisaje en general como los enfocados en paisaje fluviales, se identifican temas comunes de cara a la construcción de una propuesta metodológica para las cuencas del AMBA.

En primer lugar, es claro que para llevar a cabo el proceso de valoración es necesario contar con un objetivo definido, que puede ser poner en valor el paisaje para impulsar estrategias de desarrollo local en la comunidad –lo cual es evidente en los casos de ECOVAST, Francia e Inglaterra–, o como en el caso del río Guadalquivir, conocer el paisaje para evaluar sus posibles intervenciones.

En cuanto a las fases de trabajo de cada metodología, se identifican en común la identificación y caracterización de los paisajes, la evaluación de las dinámicas y la elaboración de criterios u objetivos de calidad paisajística. Los aspectos analizados se dividen en general en factores naturales, culturales y sociales, y carácter socialmente percibido. Estos últimos cuentan con un papel definitorio para la determinación del carácter del paisaje, y se relevan no solo a partir de la consulta pública, sino en base a la consideración de las representaciones culturales.

El concepto de unidad de paisaje es una noción que se repite en todos los métodos, y que funciona como nexo entre la fase de caracterización y la de elaboración de criterios de intervención, actuando como unidad operativa que resume las características de un paisaje. El método catalán incorpora la noción de paisaje de atención especial, para aquellos sitios cuya singularidad precise de objetivos de intervención particularizados.

Puntualizando en la valoración del paisaje fluvial, las fases y los componentes analizados son similares a los métodos del paisaje en general, pero analizando aspectos propios de los paisajes fluviales. Existe en estos métodos un particular énfasis puesto en el estudio de cada ámbito del espacio fluvial: cuenca, curso, tramo paisajístico, como también en el análisis de la estructura visual y escénica.

3.3. Intervenir el paisaje fluvial en las cuencas del AMBA

Al igual que se procedió en relación al análisis de metodologías de valoración del paisaje aplicables al caso de estudio, en este apartado se analizan referencias teórico-metodológicas que permitan sustentar y estructurar la propuesta.

Por un lado, se indaga sobre la articulación entre valoración e intervención del paisaje dentro de las metodologías previamente analizadas, así como en los fundamentos del Convenio Europeo del Paisaje. Por otro lado, se profundiza en la línea proyectual de la mano de la noción "parque patrimonial", como también en lo específico del desarrollo de proyectos de paisajes de agua.

Del análisis de estos materiales y de la valoración del paisaje realizada surge la propuesta de intervención, cuyos fundamentos se explicitan en el siguiente capítulo.

3.3.1. Articulación entre metodologías de valoración e intervención del paisaje

El análisis que se desarrolla a continuación sigue el mismo orden del abordaje de las metodologías de valoración, comenzando por los "atlas de paisaje de Francia" y finalizando con el estudio "Los paisajes fluviales en la planificación y gestión del agua: elementos para la consideración del paisaje en la cuenca hidrográfica del Guadalquivir".

En este sentido, iniciando por los atlas de Francia, se destaca un concepto clave que articula valoración e intervención del paisaje: "los desafíos del paisaje" –*les enjeux du paysage*– (MEDE, 2015), que representan las decisiones a tomar en cada paisaje según las características y dinámicas actuales y su posible evolución. Siguiendo la metodología de los atlas, existen tres caminos posibles (MEDE, 2015):

- *Preservar* las características actuales o detener y remediar la evolución constatada. En este caso la acción a seguir sería *proteger* el paisaje.
- *Acentuar* las dinámicas implicadas en la evolución del paisaje, impulsando el *desarrollo* de ese paisaje.

- *Acompañar* la evolución actual del paisaje (por ejemplo, acompañar la urbanización o promover ciertos valores del paisaje). En este caso, la figura sería *gestión del paisaje.*

Depende de los actores del territorio decidir cómo estas acciones se insertan en los diferentes documentos de acción: planes de paisaje, cartas de parques naturales, entre otros.

Siguiendo por la metodología "Landscape Character Assessment", la justificación de las decisiones sobre el paisaje responde a los siguientes objetivos (The Countryside Agency, 2002): *conservación y mantenimiento* del carácter existente, o *mejora o realce* del carácter actual mediante la introducción de nuevos elementos, o un manejo distinto de los elementos actuales, *restauración* del carácter actual, *creación* de carácter, o combinación de alguna de las opciones anteriores.

Asimismo, las aproximaciones posibles para accionar sobre el paisaje que propone el método son: *desarrollo de una estrategia, lineamientos, reconocimiento especial* de un paisaje o *determinación de la capacidad* de un paisaje –para acoger determinadas funciones–, enfoque que será adoptado según las circunstancias particulares de cada paisaje.

En el caso del "catálogo de paisajes de Cataluña", posteriormente a la etapa de "evaluación del paisaje" se definen los *objetivos de calidad paisajística*: enunciados que plasman las aspiraciones de la colectividad en lo que respecta a las características paisajísticas de su entorno (CEP), en base a ellos se definen los criterios y acciones (Observatori de Paisatge, 2010):

- Los *criterios* son medidas generales que contribuyen al alcance de los objetivos de calidad paisajística.
- Las *acciones* son actuaciones, proyectos o iniciativas que, de acuerdo con los criterios, ayudan también al cumplimiento de los objetivos de calidad paisajística.

Existe también un conjunto de *criterios y acciones transversales* que atraviesan a todos los objetivos de calidad paisajística.

La propuesta de criterios y acciones, entre otros fines, sirve para la definición de las *directrices del paisaje*: conjunto de normas y recomendaciones, que basándose en los catálogos de paisaje precisan e incorporan normativamente las propuestas de objetivos de calidad paisajística en los planes territoriales (Ley 8/2005).

Para el caso específico del paisaje fluvial, retomando la metodología explicada en "Los paisajes fluviales en la planificación y gestión del agua: elementos para la consideración del paisaje en la cuenca hidrografica del Guadalquivir", posteriormente a la etapa de identificación y caracterización del paisaje, se procede a la etapa de evaluación, en la que se estudia la fragilidad del carácter del paisaje en base a las categorías: significación, fortaleza, estado, integridad y sensibilidad del carácter paisajístico. La estrategia de intervención puede hacerse valorando cualitativamente estos aspectos o mediante una matriz.

A partir de la etapa de evaluación del paisaje, al igual que en el caso catalán, se continúa con la formulación de objetivos, medidas y criterios. Un aporte original de esta publicación incluye la contextualización paisajística de los proyectos de ingeniería hidráulica que se desarrollan en una cuenca, asegurando que cada proyecto respete los objetivos de calidad paisajística fijados, teniendo en cuenta que, tomar como referencia el paisaje para contextualizar los proyectos de ingeniería hidráulica, significa comprender las relaciones que se dan entre la gestión del recurso, el régimen hidrológico y las relaciones con los demás elementos del territorio por el que discurren (Zoido Naranjo *et al.*, 2011).

En base al análisis realizado, se reconocen tres fases en la articulación valoración-intervención del paisaje:

1. En primer lugar, el reconocimiento de los *"desafíos del paisaje"*: que a su vez pueden ser vistos como objetivos o acciones posibles. Tanto los desafíos del método francés como los objetivos del método británico son equiparables a las acciones posibles sobre el paisaje que estipula el Convenio Europeo (art. n.° 1):

   a) por «protección de los paisajes» se entenderán las acciones encaminadas a conservar y mantener los aspectos significativos o característicos de un paisaje, justificados por su valor patrimonial, derivado de su configuración natural y/o la acción del hombre;

   b) por «gestión de los paisajes» se entenderán las acciones encaminadas, desde una perspectiva de desarrollo sostenible, a garantizar el mantenimiento regular de un paisaje, con el fin de guiar y armonizar las transformaciones inducidas por los procesos sociales, económicos y medioambientales;

c) por «ordenación paisajística» se entenderá las acciones que presenten un carácter prospectivo particularmente acentuado con vistas a mejorar, restaurar o crear paisajes.
2. En base a los desafíos del paisaje, se explicitan los objetivos y se eligen los caminos a seguir. Tanto en el caso catalán como en la metodología para el río Guadalquivir, se repite la estructura: objetivo de calidad paisajística, criterios y acciones, que emana del Convenio Europeo del Paisaje.
3. Por último, y en base a los objetivos de calidad paisajística, se eligen las modalidades de intervención posibles.

3.3.2. Proyectar el paisaje fluvial

La vinculación que se consolida a fines del siglo pasado entre paisaje y ordenamiento territorial redefine los alcances del proyecto de paisaje respecto a su capacidad de resolución de problemáticas territoriales, que hasta el momento eran patrimonio de la planificación del territorio. La mirada "epidérmica" del paisaje se carga de sentido a través de la posibilidad de conjugar en un mismo concepto naturaleza y cultura, junto a su percepción social. Asimismo, la escala de abordaje se amplía y el proyecto de paisaje no solo se asocia a parques y jardines, sino que articula una serie de temas que incluyen al patrimonio tangible e intangible, al natural y cultural, y que por lo tanto pueden referir a una región entera.

La cuenca hidrográfica puede explicarse como una región donde el elemento común es el agua, y, en el caso de las cuencas del AMBA, este criterio de regionalización no es el que predomina, ya que el alto nivel de urbanización, y por lo tanto de modificación del sistema natural, ha ido dejando progresivamente en un segundo plano la red hidrográfica y su dinámica en privilegio de límites jurisdiccionales.

Más allá de la oportunidad que representa la cuenca como uno de los elementos más relevantes del medio natural en la región para visibilizar la dinámica hidrológica en un ámbito intensamente urbanizado, también lo es para articular los recursos patrimoniales que pudieran existir en este territorio. En este sentido, resulta de interés la estrategia "parque patrimonial", presentada en el primer capítulo y desarrollada a continuación como referencia para la intervención del caso de estudio, respondiendo a la necesidad de proyectar al paisaje desde una mirada integradora, sostenible y con un abordaje regional.

Por otro lado, están las problemáticas específicas del curso de agua –centralmente en la región temas de contaminación, pérdida de diversidad biológica e inundaciones urbanas–. Entre los proyectos dedicados a intervenir cursos de agua desde el paisaje, pueden identificarse diferentes escalas de intervención, que van desde la territorial, abordando la totalidad de una cuenca, hasta los de media y pequeña escala con mecanismos que inciden sobre el ciclo hidrológico. Estos proyectos tienen como premisa resolver las problemáticas relativas al agua desde el enfoque ecológico, es decir, entendiendo a los cursos de agua como sistemas continuos en el eje longitudinal a lo largo del cual se configuran distintos ecosistemas organizados en su *eje transversal y vertical*, aprovechando al máximo los servicios ecológicos que pueden proveer las comunidades biológicas y sus dinámicas.

En base a lo expuesto en relación a las particularidades del proyecto de paisajes fluviales, a continuación se desarrollan las intervenciones descriptas a modo de referencias metodológicas e instrumentales para el despliegue de la estrategia propositiva en el caso de estudio, centradas en las dos escalas en las que el paisaje fluvial se expresa: la cuenca y el curso.

3.3.2.1. El parque patrimonial

Como se ha desarrollado brevemente en el primer capítulo, la noción *"parque patrimonial"* refiere sintéticamente a una estrategia de desarrollo regional centrada en el paisaje. Algunas de sus características principales, siguiendo a Pérez Bustamante y Parra Ponce (2004), son el privilegio de las actividades culturales y de esparcimiento en equilibrio con el ambiente, la conservación y el desarrollo del patrimonio natural y construido, la construcción de una imagen que otorga identidad al territorio, el impulso al desarrollo económico a través de la revalorización patrimonial, y la particularidad de ser un sitio "vivo" donde los habitantes siguen sus actividades cotidianas en un entorno recualificado. Según Sabaté (2006, p. 332), "estos espacios asumen un papel cada vez más relevante como lugares comunicativos, lugares donde se vinculan historias y mensajes a espacios y formas". En este sentido, resulta de interés para el desarrollo de una estrategia proyectual en el caso de estudio conocer el marco conceptual, metodológico e instrumental que caracteriza a los parques patrimoniales, siguiendo un decálogo de "lecciones" que Sabaté propone en base al análisis de una cincuentena de proyectos (2006):

- **Definir con claridad los objetivos de la intervención:** normalmente, el objetivo central es integrar en un territorio determinado funciones turísticas, de esparcimiento, culturales, educativas y de preservación de la naturaleza y el patrimonio cultural, para lo cual la colaboración entre los distintos actores juega un papel fundamental. Sabaté plantea que los objetivos no deben ser demasiados y deben estar bien definidos. Entre los más comunes, sitúa: proteger el patrimonio e integrarlo dentro de programas educativos, hacer partícipes del proyecto a los residentes y atraer turismo e inversiones a partir de la revitalización patrimonial.
- **Explicar una historia:** es fundamental encontrar un relato que articule recursos patrimoniales de diferente tipo y que pueden estar alejados entre sí.
- **Definir un ámbito y un hilo conductor:** es necesario justificar y delimitar el ámbito de la intervención según la historia, los recursos que le dan singularidad, el área a valorizar o proteger.
- **Viaje, guion e imagen:** es fundamental vincular los recursos a través de recorridos, siguiendo una lógica.
- **Documentación rigurosa:** la base para una propuesta bien fundamentada es conocer los recursos reales del paisaje.
- **La importancia de los residentes:** es central que el proyecto sea participativo. Los pobladores desempeñan un rol privilegiado, tanto por la información de la que disponen como por el impulso que pueden darle al proyecto. "Tan pronto se refuerza su autoestima, dejan de sentirse parte de un territorio en crisis, para empezar a construir un futuro sobre aquellos recursos patrimoniales" (Sabaté, 2006, p. 335). Desde aquí parte el siguiente supuesto: la mayor parte de las iniciativas de éxito son impulsadas por agentes locales.
- **Pensar la complejidad administrativa como un valor:** por la extensión que suelen tener los parques patrimoniales, comprenden diferentes niveles de gobierno, lo cual en vez de una dificultad se puede ver como un beneficio en cuanto a fuentes de financiación, o que por ejemplo que un organismo llegue donde otro no pueda.
- **La importancia de un reconocimiento oficial:** es inclusive mejor que un subsidio económico. Un reconocimiento de área protegida, patrimonio cultural, etc., otorga una certificación de calidad

al sitio atrayendo visitantes y fortaleciendo la autoestima de la población local.

- **Estructura física**: los componentes que registran la mayoría de las propuestas se asimilan a los cinco elementos que postula Kevin Lynch en "la imagen de la ciudad":
  a. El ámbito y los subámbitos del parque: barrios.
  b. Los recursos patrimoniales y servicios: hitos.
  c. Puertas, accesos, centros de interpretación, museos, etc.: nodos.
  d. Los caminos: sendas.
  e. Los límites visuales: bordes.

Algunos de los principios detallados tienen mayor relevancia a la hora de pensar en una estrategia proyectual para el caso de estudio. *La definición del ámbito,* tratándose de un curso de agua es la cuenca hidrográfica. Asimismo, *el hilo conductor,* con el objeto de poner énfasis en el agua como recurso a preservar y valorizar, es la red hidrográfica, cuyo eje es el cauce principal.

Por otro lado, los componentes que definen la estructura física están determinados por la valoración a realizar. Los subámbitos podrán ser las unidades de paisaje reconocidas, los recursos patrimoniales, los valores naturales, culturales y simbólicos; las sendas las vías más importantes de conectividad regional o los recorridos que se propongan, al igual que los nodos, los puntos de encuentro.

Dentro del contexto europeo, algunas tipologías de parques patrimoniales y recursos a los que se asocian son, según Sabaté y Schuster (2001), corredores fluviales (parque fluvial del Besós, parque del Pó Torinese, parque fluvial Alba Ter), patrimonio industrial (Ecomusée de Le Creusot, Emscher Park) y patrimonio agrícola (parque agrícola Milano Sud, parque agrícola de Palermo). Tanto los casos de parques fluviales como los parques agrícolas pueden constituir referencias proyectuales para el caso de estudio, dadas las características del territorio.

3.3.2.2. Paisajes de agua

Desde una mirada integral del paisaje, las estrategias centradas en cursos de agua tienen como objetivo evidenciar el recorrido del agua, poniendo en relieve el desarrollo del ciclo hidrológico dentro de las ciudades. Esto nace desde la idea de recuperar la calidad ecológica del paisaje fluvial, pero, a su vez, de la mano de una mejor calidad ambiental, se trabaja en la gestión de las inundaciones urbanas. Según Batlle (2011, p. 145): "Recuperar los drenajes del territorio permite hacer visible al ciudadano los procesos del agua, al tiempo que se diseña un ciclo hidrológico razonable que da lugar a un nuevo ecosistema urbano". Los beneficios del manejo del agua no solo se vinculan a la creación de nuevos paisajes húmedos en distintos ámbitos y a la prevención de inundaciones, sino que contribuyen a la humidificación del suelo, disminución de la erosión, provisión de agua para riego y creación de nuevos hábitats, entre otros.

Siguiendo a Batlle (2011), entre los proyectos dedicados a intervenir cursos de agua desde el paisaje, pueden identificarse distintas escalas de intervención: desde la territorial hasta la mediana y pequeña escala.

En cuanto a la escala territorial, los proyectos se centran en recuperar la continuidad de los cauces a lo largo de toda la cuenca. Para este fin, se impone como estrategia privilegiada el desarrollo de espacios públicos que abarquen sectores amplios de una cuenca asociados a actividades productivas, educativas y recreativas. En el ámbito urbano, los proyectos se vinculan a la recualificación de los cauces, regresándolos a un estado más natural, recuperando cursos entubados y diseñando paseos y parques lineales. En el caso de las estrategias de pequeña escala, ponen en práctica mecanismos que desde la intervención paisajística inciden sobre el ciclo hidrológico a partir de estrategias ecológicas, como reservorios, plantas de fitodepuración y modificaciones del drenaje, entre otras.

La idea que impera es la de recuperar las condiciones ecológicas del río, contribuyendo a la mejora de la calidad ambiental urbana. En este sentido, hay tres estrategias que desde esta idea inciden en la restauración ecológica y en el control de inundaciones, y que interesa destacar por su utilidad a la hora de intervenir el caso de estudio: la *renaturalización de riberas*, los *reservorios de control de inundaciones* y los *mecanismos de fitodepuración*.

Renaturalización de riberas

La idea de renaturalizar las riberas (Figura 18) responde al propósito de recuperar los procesos ecológicos que se dan en las dimensiones transversales y verticales del cauce. Se trata de conectar a nivel ecológico el cauce con el resto de la cuenca –principalmente el cauce con la planicie de inundación–, incidiendo en el incremento de la riqueza biológica (dimensión transversal), y, simultáneamente, recuperar los procesos vitales que se dan en la zona hiporreica, y que se ven anulados cuando el lecho del cauce está impermeabilizado (dimensión vertical). Asimismo, la liberación de las superficies inundables amplía el espacio de inundación del río, por lo que al mismo tiempo esta estrategia incide en el control de las crecidas.

En Europa, desde la promulgación de la Directiva Marco del Agua, se produce un cambio de enfoque respecto a la gestión de inundaciones, que va desde la adaptación del río a las necesidades de la sociedad (construcción de obras defensivas más robustas), a recuperar la dinámica natural de los cursos, mejorando su estado hidrológico y de esta manera reduciendo el impacto de las inundaciones (Fokkens, 2011). Dos programas destacados en este sentido son "*Room for the river*" y "*Lower Danube River Green Corridor*", aplicados a dos grandes cuencas europeas –el río Rin en los países bajos y el Danubio en Rumania, respectivamente–, cuyo objetivo central es recuperar la planicie de inundación de los ríos, tratándolos como organismos vivos.

Otro caso relevante en Europa es el río Isar en Múnich, que durante más de cien años estuvo encauzado en una estructura de hormigón. Las crecidas cada vez más frecuentes y el estado de deterioro de diques y presas hizo que durante los últimos quince años fuera intervenido en un tramo urbano de ocho kilómetros de extensión.

El plan Isar, impulsado por organizaciones ciudadanas, previó el ensanchamiento del río, alcanzando el doble de su ancho anterior, permitiendo el rebalse de las aguas y dando lugar a márgenes de grava que se reorganizan luego de cada crecida. Además, la presencia de islas, pastizales y bosques ribereños de especies autóctonas contribuyeron a mejorar la calidad ecológica y favorecer el desarrollo de actividades de esparcimiento.

Hay diferentes gradientes para la restauración de un curso: a gran escala, el proyecto puede incluir una planicie de inundación entera, removiendo toda obra de infraestructura y/o edificación, dándole al curso una forma más natural, e impulsando el desarrollo de procesos ecológicos beneficiosos. En la pequeña escala, la restauración puede tratarse simplemente de remover elementos duros y reemplazarlos por características más naturales (RESTORE, 2013, según traducción del autor).

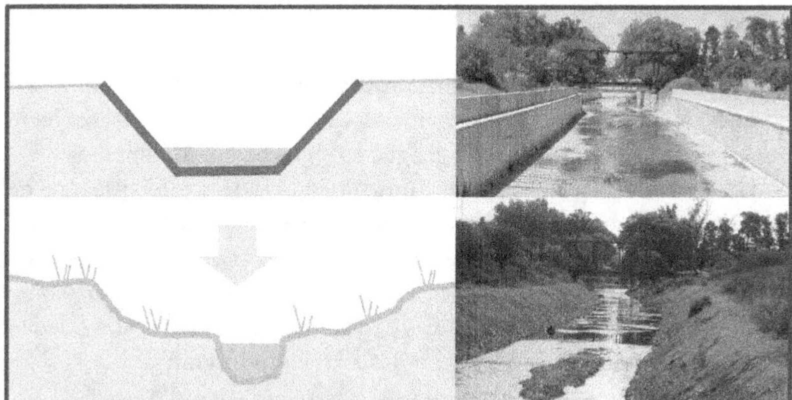

Figura 18: Renaturalización de riberas. Ejemplificación sobre un tramo del
arroyo del Gato, La Plata.
Fuente: elaboración propia.

Algunos de los beneficios de la restauración de un río, además del
control de inundaciones y la ampliación de la diversidad biológica y la
calidad ambiental, son la extensión del espacio libre y la mejora de la
calidad paisajística, con la oportunidad de incrementar las superficies
destinadas al uso público, la creación de actividades educativas y la mejora de la calidad del agua.

Reservorios

Un reservorio es un dispositivo de retención de aguas, que amortigua el
volumen que se genera en una inundación a partir del aumento del caudal
máximo y el escurrimiento en superficie, evitando transferir el aumento
del caudal aguas abajo (Tucci, 2007). Existen de varios tipos, pueden
ser cerrados, abiertos, tener un fondo natural, excavado o de hormigón,
pueden funcionar por gravedad o mediante bombeo. Pero lo que verda-
deramente interesa es cómo un reservorio puede construirse e integrarse
a la red hidrográfica provocando el menor impacto ambiental posible,
generando beneficios ecológicos y mejorando la calidad del paisaje.

En este sentido, es necesario pensar el almacenamiento de agua en
relación a otras actividades y en cuanto a los criterios de localización.

Siguiendo a Tucci (2007), la localización varía si se trata de una zona
urbanizada o a desarrollar. En el primer caso, la localización depende del
espacio disponible y de la capacidad de esta ubicación de incidir en el

amortiguamiento, dado que, si se ubica aguas arriba, el efecto es reducido. En zonas a desarrollar, el autor recomienda ubicar el reservorio en las partes con menor valor del suelo, aprovechando depresiones naturales o parques existentes, mejor aún en los sitios donde se formen lagos, dado que es un indicador de que allí el agua se almacena naturalmente.

Los reservorios a cielo abierto –que serían los adecuados si se trata de mejorar la calidad paisajística– son compatibles con actividades recreativas y deportivas. Deben tomarse las medidas de seguridad adecuadas para que en zonas urbanas no representen un peligro para la población, como lo son las canteras. Asimismo, áreas deprimidas en zonas rurales pueden ser utilizadas para este fin e integradas a la red hidrográfica.

Mecanismos de fitodepuración

Las tecnologías naturales de depuración de aguas –en adelante fitodepuración– se basan en simular los procesos de depuración que ejerce la naturaleza. Son de carácter extensivo, de bajo costo y no poseen aporte externo de energía, más allá del viento (Manzano Juárez y del Campo García, 2009). Estos sistemas emulan diferentes procesos naturales, como por ejemplo humedales en el caso de los que depuran las aguas por circulación a lo largo de un sistema de lagunas, o juncales para los sistemas que utilizan lechos vegetales.

Según Izembart y Le Boudec (2008), existen diferentes sistemas diferenciados por la forma de infiltración y circulación del agua: aéreo, subterráneo, vertical, horizontal o mixto. Entre estos sistemas, los autores distinguen tres grandes tipos: *lagunas de macrófitas,* sistema que requiere de una amplia extensión de terreno y se desarrolla en grupos de lagunas; *sistemas de circulación horizontal,* los cuales se desarrollan en un solo estanque, y *sistemas de circulación* conformados por diversos estanques, entre los que el agua se desliza libremente por gravedad.

En el caso de ríos o arroyos, las estrategias de fitodepuración podrían colaborar en la mejora de la calidad de las aguas mediante la intervención del propio cauce o mediante lagunas asociadas a él. Asimismo, el desarrollo de estos sistemas en las cuencas de la región podría generar puntos educativos en torno a la depuración de aguas domiciliarias para muchas áreas donde no hay servicio cloacal, reduciendo el aporte de sustancias contaminantes al acuífero.

Sería deseable que se utilizaran estrategias ambientalmente sustentables como las desarrolladas, que recualificarían ecológica y paisajísticamente la cuenca en su totalidad; sin embargo, al tratarse de cuencas con importante grado de antropización, existen zonas donde su aplicación es dificultosa, por ejemplo donde el curso de agua se encuentra revestido en hormigón o donde discurre entubado. Para estos casos, serán analizadas estrategias específicas en el último capítulo del libro.

Capítulo IV:

Propuesta metodológica para valorar e intervenir las cuencas del AMBA

Todo el territorio precisa gobierno, superando la sacralizada separación entre lo protegido (ya sea natural o urbano) y el resto, donde todo cabe.

Rafael Mata (2006, p. 37)

4.1. Introducción

El presente capítulo tiene como objetivo exponer una propuesta metodológica[1] para valorar el paisaje de las cuencas del AMBA, construida en base a los referentes analizados en el capítulo anterior, así como en las características propias del territorio de estudio y las singularidades que derivan de su condición de paisaje fluvial dentro de un área metropolitana. Asimismo, se sitúan las premisas generales que fundamentan la propuesta de intervención.

Se inicia el capítulo exponiendo los objetivos que impulsan la valoración del paisaje, entendiendo que este proceso no puede escindirse de las acciones prospectivas. Luego se desarrollan los elementos que han sido tenidos en cuenta para desarrollar la propuesta: la significación del paisaje fluvial metropolitano, su carácter de paisaje cotidiano y los aspectos de análisis empleados en el desarrollo de los métodos de valoración estudiados.

Sobre la base del análisis precedente, se realiza la propuesta metodológica, en la que se diferencian y detallan las unidades y las dimensiones de análisis del paisaje fluvial.

---

[1] Dicha propuesta metodológica, en la tesis en la que este libro se basa, fue construida para el caso del arroyo del Gato; sin embargo, puede aplicarse con las adaptaciones correspondientes al general de las cuencas del AMBA. Su aplicación se desarrollará en el próximo capítulo, para el caso del arroyo del Gato.

Por último, se establecen los fundamentos y etapas que organizan la propuesta de intervención, a desarrollarse en el próximo capítulo.

4.2. Objetivos para el proceso de valoración

Como ha sido desarrollado anteriormente, la noción de valoración del paisaje está asociada a la intervención, por lo tanto, los aspectos del análisis variarán según los objetivos del proceso. Valorar los paisajes significa "interpretar y comunicar las diferencias y las especificidades que los distinguen entre sí, subrayando asimismo los problemas y potencialidades" (Scazzosi, p. 283). No se trata de una mera descripción paisajística, sino de producir los insumos básicos para la acción territorial: ¿qué valorar? , ¿qué problemas solucionar?, ¿qué potencialidades explotar o hacer emerger?

En este sentido, es necesario responder para el caso de estudio: ¿para qué valorar el paisaje en las cuencas del AMBA?, ¿cuáles serían posibles estrategias proyectuales en este territorio?

El objetivo de la propuesta metodológica es establecer un mecanismo para la incorporación del paisaje en los proyectos vinculados a la gestión de cuencas hidrográficas, teniendo en cuenta las obras hidráulicas que puedan proyectarse, así como las acciones de recualificación y puesta en valor del paisaje fluvial. Esta propuesta aspira a aportar los elementos necesarios para cumplir con los siguientes objetivos:

1. El reconocimiento y la caracterización de los recursos paisajísticos de la cuenca en toda su extensión, en un sentido amplio, teniendo en cuenta los aspectos naturales, culturales, escénicos y estéticos, etc.
2. La caracterización de los procesos territoriales pasados y presentes, con incidencia en la configuración del paisaje fluvial.
3. La identificación de los elementos y áreas a preservar, con el fin de evitar la degradación de las cuencas.
4. La eliminación o mitigación de las actividades y elementos que producen un impacto negativo sobre el paisaje.
5. La incorporación de la participación pública en toda intervención territorial con impacto en el paisaje fluvial.

4.3. Elementos para la valoración del paisaje en las cuencas del AMBA

Para abordar la valoración del paisaje en las cuencas del AMBA, es necesario tener en cuenta los principios que emplean los métodos analizados en el capítulo anterior, pero también debe pensarse en las particularidades del territorio.

En el transcurso del libro, se han planteado los temas a tener en cuenta a la hora de realizar una propuesta metodológica que permita valorar el paisaje fluvial de los ríos y arroyos del AMBA.

Es necesario en este punto plantear algunas de las cuestiones clave que han sido tratadas en los capítulos anteriores, porque son las que guiarán hacia las dimensiones y componentes de la propuesta metodológica.

Como primera cuestión, se puede afirmar que los cursos metropolitanos se inscriben dentro de lo que Brinckerhoff Jackson (2010) denomina como *paisajes cotidianos*, porque son ámbitos que se identifican con los hábitos locales y con la adaptación pragmática de las sociedades frente a distintas circunstancias. Sin embargo, esta adaptación significó la degradación del medio natural, por lo que los cursos de agua nunca han sido valorados desde su potencial ambiental y paisajístico.

Por ello, la *línea valorativa* del paisaje, que se centra en identificar el "carácter" de los paisajes cotidianos, puede aportar los elementos para valorar el paisaje fluvial en las cuencas del AMBA, que pueden resumirse en factores naturales, procesos históricos de configuración del paisaje, características y dinámicas actuales, estudio de las visuales y sentimiento de lugar. De la valoración específica del paisaje fluvial, se toman los aspectos propios del curso de agua y el énfasis en el análisis de la estructura estética y escénica del paisaje.

Dentro de los componentes que configuran el paisaje de las cuencas del AMBA están aquellos que describen cuestiones territoriales a nivel de la cuenca, y otros que describen las características propias de los paisajes del agua. Ambos dan lugar al paisaje fluvial, por lo que será necesario abordarlo en base a dos unidades de análisis complementarias: *cuenca y curso*, siguiendo las premisas de valoración de paisajes fluviales que ponen énfasis en el análisis de los distintos ámbitos: cuenca, curso, tramo paisajístico.

Las dimensiones adoptadas para el estudio son las propias del paisaje fluvial: dimensión *físico-natural, dimensión histórico-territorial* y dimensión *simbólico-cultural.* Dentro de la segunda, se desarrolla el *proceso de configuración territorial y la configuración territorial actual.*

Dentro de lo *físico-natural,* se describen tanto características del suelo como del agua. Mientas que los componentes relieve, geomorfología, hidrología superficial y dinámica hidráulica describen las condiciones del suelo y el escurrimiento de la cuenca; otros como flora y fauna, calidad del agua, características de las márgenes, morfología del valle y cauce son relativos al agua, es decir, donde el curso tiene influencia directa –cauce, márgenes, planicie de inundación–.

Dentro de la dimensión *histórico-territorial,* se analiza *el proceso de configuración territorial,* intentando determinar cómo han variado las formas de ocupación y utilización del territorio a lo largo del tiempo, cuáles han sido las rupturas e integraciones territoriales más relevantes y qué elementos tienen una mayor permanencia en el territorio; enfatizando en el proceso de ocupación que siguieron las áreas inundables de la cuenca.

En el caso de la *configuración territorial actual,* se caracterizan los patrones de uso y ocupación del suelo, centrando el análisis en las actividades y dinámicas que se dan en las áreas inundables de la cuenca, sobre todo en las márgenes de ríos y arroyos. Dentro de cada ámbito, se caracterizaron los usos del suelo, el sistema de movimientos, el trazado y la subdivisión, villas y asentamientos, además de la caracterización social de los habitantes a partir de la densidad, la provisión de servicios de infraestructura, el índice de necesidades básicas insatisfechas (NBI) y los niveles de riesgo hídrico.[2]

---

[2] Para el caso del arroyo del Gato, desarrollado en el próximo capítulo, las fuentes de información utilizadas han sido: usos del suelo, villas y asentamientos y riesgo hídrico: Proyecto PIO (CONICET-UNLP) "Las Inundaciones en La Plata, Berisso y Ensenada: análisis de riesgos y estrategias de Intervención. Hacia la construcción de un observatorio ambiental"; densidad poblacional y NBI, según cartografía construida por el Arq. Augusto Ávalos en base a Censo Nacional de Población, Hogares y Vivienda de 2010. Datos provisorios de ARBA; cobertura de cloacas y agua según datos de ABSA (2002) (trabajo de la Facultad de Ingeniería, elaboración de la Dirección de Planeamiento Urbano); y cobertura de gas según datos de Camuzzi (2007). Todos los datos recuperados del Centro de Investigaciones Urbanas y Territoriales CIUT-FAU-UNLP y del taller de Planificación Territorial López-Rocca-Etulain FAU-UNLP.

Por último, desde lo *simbólico-cultural*, se analiza la valoración que tiene la sociedad en torno al paisaje fluvial. Se releva tanto el patrimonio reconocido y/o protegido desde la normativa como aquel que está arraigado en la sociedad, pese a no tener un reconocimiento oficial. Además, se estudian las artes plásticas (pinturas, fotografías, murales, etc.) inspiradas en elementos del paisaje, y los aspectos escénicos y estéticos del paisaje fluvial, es decir, aquellos valores que surgen de la observación *in situ* del curso desde diferentes cuencas visuales.

Los resultados de cada una de las dimensiones analizadas son espacializados en planos síntesis que resumen las características principales, de manera de facilitar la delimitación del territorio en unidades de paisaje y paisajes de atención especial.

Los paisajes de atención especial respetan las características definidas por el observatorio de paisajes de Cataluña (2005), que los define como sectores con una determinada heterogeneidad, complejidad o singularidad, que requieren de directrices y criterios específicos para poder ser protegidos, gestionados y ordenados.

El proceso de caracterización no es meramente técnico, sino que cuenta con la participación de la población local para corroborar que las unidades de paisaje tengan reconocimiento social. Las diferentes instancias de participación pública tienen como objetivo consultar a los actores del área acerca de su percepción del paisaje fluvial.

La percepción social va a definir el recorte de las unidades de paisaje definitivas y la selección de los paisajes de atención especial. En este punto, culmina la fase de identificación y caracterización del paisaje, cuyos resultados serán el insumo básico para evaluar el paisaje junto a sus tendencias dominantes y trazar objetivos de calidad del paisaje, en base a lo que se plantea la estrategia de intervención. El cuadro 3 sintetiza la propuesta metodológica:

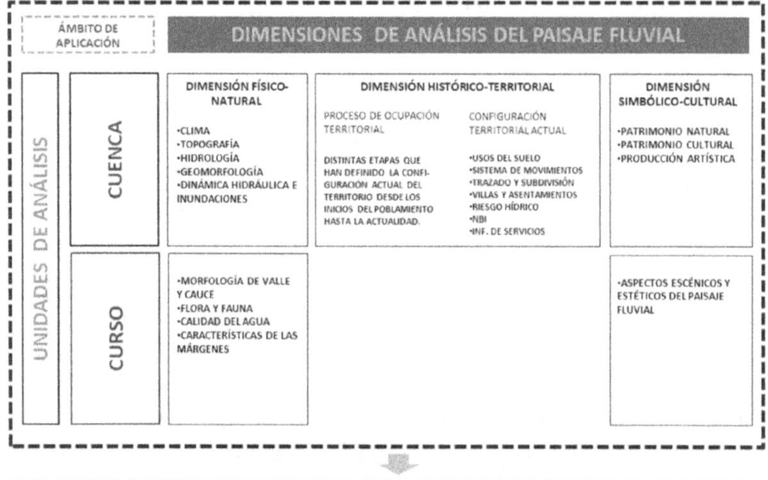

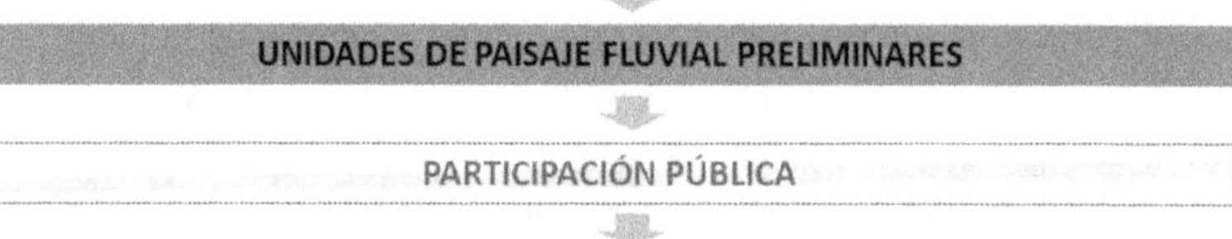

Cuadro 3: Propuesta para la valoración del paisaje fluvial.
Fuente: elaboración propia.

4.4. Elementos para la intervención del paisaje en las cuencas del AMBA

A la hora de intervenir en las cuencas del AMBA, es necesario tener en cuenta los temas en los cuales puede incidir el paisaje de cara a la resolución de las problemáticas que afectan al caso. Estos temas surgirán del proceso de valoración; sin embargo, en base al conocimiento general del estado de estas cuencas, la contaminación de las aguas, la degradación del cauce, las inundaciones urbanas y el deterioro del patrimonio natural y construido estarán presentes entre los temas más relevantes.

En este sentido, realizar una propuesta de intervención del paisaje en una cuenca hidrográfica con un alto nivel de ocupación urbana es una oportunidad para resaltar el valor ambiental de las cuencas hidrográficas en un área metropolitana; y del paisaje como manifestación de la relación histórica entre naturaleza y cultura.

En base a la estrategia de valoración que se aplicará en el caso de estudio y a los referentes metodológicos analizados, se organizarán los componentes y las etapas de la propuesta de intervención; sin embargo, como punto de partida, se plantean tres premisas en las que se fundamentará la propuesta:

1. Aprovechar el valor ambiental y paisajístico del curso de agua, en los tramos que aún se conservan a cielo abierto, a pesar del alto grado de ocupación que registran las cuencas y planicies de inundación.
2. Optimizar la articulación de recursos naturales y culturales a través de la unidad organizativa que significa la cuenca y su red hidrográfica.
3. Poner en valor la capacidad de la cuenca como unidad organizativa de los recursos naturales y la dinámica ambiental.

Posteriormente a la etapa de caracterización, que dará como resultado las unidades de paisaje, la etapa de intervención inicia con la evaluación y proyección del paisaje, en base a cuyos resultados se establecerán los objetivos de calidad paisajística, acciones y criterios de intervención, la estrategia proyectual y los proyectos estratégicos que desarrollan paisajes propios de las cuencas del AMBA, teniendo en cuenta en todos los casos las escalas de la cuenca y el curso.

Capítulo V:

Valoración e intervención del paisaje fluvial en el arroyo del Gato

> *(…) Los hombres vinieron una vez y le cortaron el pasto, vinieron otra vez y lo rellenaron en partes; lo aplastaron, lo maltrataron, queriendo disminuirlo, y el arroyo, con alma querandí, arroyito criollo con recuerdo de patos picazos, coros de ranas y revuelos de palometas, sigue teniendo todavía sus rebeldías acuáticas, favorecido por las descargas pluviales.*
>
> Delfor Méndez (1950, pp. 79-80)

5.1. Introducción

En el presente capítulo se pone a prueba la propuesta metodológica detallada en el capítulo anterior, con la finalidad de valorar el paisaje fluvial en la cuenca del arroyo del Gato, como cuenca integrante del sistema metropolitano.

Entender a las cuencas del AMBA como paisaje fluvial implica examinar la vinculación entre el curso de agua y la urbanización, las características propias del medio natural de una cuenca hidrográfica de llanura en el marco de un medio urbano consolidado, cuyo destino ha sido definido por las actividades urbanas que allí se desarrollan, testimoniando hoy el grado de alteración al que fueron –y aún son– sometidos los cursos de agua en el proceso de crecimiento del conglomerado.

El proceso de valoración se inicia con la caracterización del paisaje, cuyo fin último es la identificación de unidades de paisaje. Se organiza en: *dimensión físico-natural, dimensión histórico-territorial*, dentro de la cual están el *proceso de configuración territorial* y la *configuración territorial actual*, y, por último, la *dimensión simbólico-cultural*. Tanto en lo *físico-natural* como en lo *simbólico-cultural*, la caracterización se divide en las unidades de análisis *cuenca hidrográfica* (A) y *curso fluvial* (B).

Luego de abordadas cada una de las dimensiones, el estudio de la *percepción social* permite conocer al paisaje como elemento vivencial, las experiencias de los habitantes del área y los sentimientos identitarios. En base al registro de la percepción, las unidades de paisaje identificadas son revisadas, y recién allí puede hablarse de *unidades de paisaje fluvial socialmente reconocidas*.

Por último, se desarrolla la etapa de *evaluación y proyección del paisaje*, en la que se establecen los conflictos, potencialidades y tendencias del paisaje fluvial, lo cual permite formular los *objetivos de calidad paisajística;* base para la propuesta de intervención que cierra este último capítulo.

5.2. Las cuencas y arroyos de la zona sur. El Gran La Plata[1] y el arroyo del Gato

Dentro de las cuencas de la zona sur del AMBA, coincidiendo con el Gran La Plata (GLP), se encuentran los arroyos Pereyra, San Juan –en el límite con el parque Pereyra–, Carnaval, Martín, Rodríguez, Don Carlos, del Gato, Pérez, Regimiento, del Zoológico, Circunvalación, Maldonado, Garibaldi, un arroyo sin nombre y El Pescado; que, atravesando todos los bañados de Maldonado, llegan a través de canales[2] y del río Santiago al Río de la Plata (Figura 19).

[1] Conglomerado urbano formado por los partidos de La Plata, Berisso y Ensenada. La región cuenta con una población de 799.523 hab., según el Censo Nacional del año 2010 (INDEC).

[2] Cabe aclarar que los arroyos no desaguan naturalmente en el río, sino que lo hacen por medio de canales, dado que entre los 5 m s. n. m. y la costa del Río de la Plata la pendiente es mínima (< 0,03%), haciendo que los cursos sean divagantes.

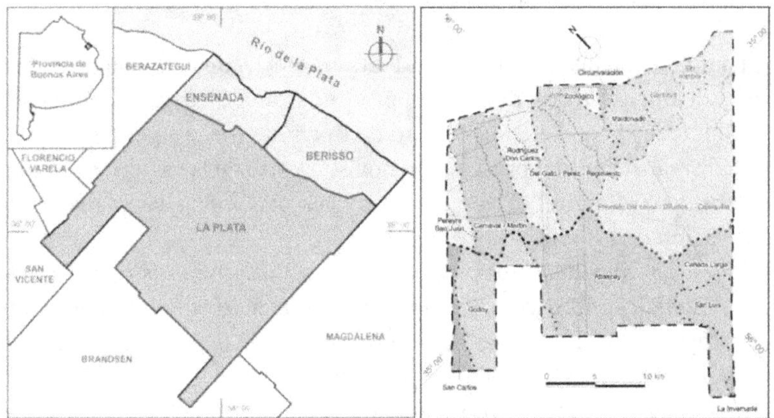

Figura 19: Región GLP y cuencas hidrográficas de la ciudad de La Plata.
Fuente: Hurtado *et al.* (2006, p. 12).

Las cuencas pertenecientes a la vertiente Río de la Plata son diez y están integradas por diecisiete arroyos. Dichas cuencas totalizan una superficie de 566,9 km2 (Hurtado *et al.*, 2006), aproximadamente el 63% de la superficie del partido de La Plata (893,53 km2).

La ciudad de La Plata fue fundada sobre el paraje denominado en 1882 como "Lomas de Ensenada", parte de la Pampa Ondulada, con una altitud variable entre los 5 y los 22,50 m s. n. m. dentro del casco fundacional. Las lomas se sitúan por sobre los bañados, que desde la localidad de Bernal se prolongan hacia el partido de La Plata, extendiendo una dimensión de una legua entre el bosque y la Isla Santiago (De Paula, 1987).

El paisaje primitivo de la región estaba caracterizado por el Río de la Plata, la Pampa Ondulada, un conjunto de arroyos que la surcaban, la franja de bañado y el albardón costero, como límite con la costa del Río de la Plata. Las tres comunidades vegetales que existían en la región eran el manto cespitoso, el talar y la selva marginal rioplatense.

Este paisaje originario fue drásticamente modificado para dar lugar a la fundación de la ciudad, pero ya desde fines del siglo XVII esta región estaba poblada, con lo cual, debido a la actividad agrícola, ganadera y portuaria, el paisaje original descrito ya se encontraba transformado. Llegada la década de 1880, la región estaba muy transformada por la introducción del alambrado y el molino de viento, además del ferrocarril y el surgimiento de la industria saladeril (De Terán y Morosi, 1983).

La fundación de la ciudad de La Plata en 1882, como capital de la Provincia de Buenos Aires, dio lugar a profundas modificaciones del relieve natural, como sucedió en la Ciudad de Buenos Aires y en el resto de las ciudades cabeceras del partido que hoy son parte de la región, donde no se consideró alterar el diseño de la retícula para evitar las planicies de inundación de los arroyos.

Las ideas higienistas del siglo XIX[3] concentraron el sistema de desagües pluviales sobre los principales cauces, siendo el entubamiento de los arroyos y sus afluentes una práctica que se mantiene desde el siglo XIX hasta hoy. En las extensiones por fuera del casco, se continuó con la misma lógica. El crecimiento urbano y el alto nivel de modificación al que han sido sometidas las cuencas de la microrregión hace que el exceso de la capacidad de los arroyos produzca el anegamiento de amplias zonas urbanas, ya que en estos casos las aguas pasan a ocupar las huellas de sus antiguos cauces, muchas veces desbordando hasta las mismas planicies de inundación.

Analizando la presencia de los arroyos en la cartografía fundacional de la ciudad de La Plata y sus alrededores –plano fundacional de la ciudad de La Plata (1882), plano de la ciudad y su puerto (1882) y plano general de La Plata (1888) (Figura 20)–, es notorio cómo desaparecen por completo los arroyos dentro del casco y cómo son graficados parcialmente en la periferia.

En la litografía de 1882, el medio natural solo estaba representado por el Río de la Plata y el monte costero de Ensenada y Berisso –quizá esto tiene que ver con su vinculación al puerto, que estaba en construcción–; sin embargo, no hay ningún arroyo o canal en la cartografía. Por el contrario, en el plano general de La Plata de 1888, el cual fue exhibido en la Exposición Internacional de París de 1889, se evidencian algunos cursos de agua en La Plata –no todos los cartografiados en la actualidad– con continuidad dentro

---

[3] Entre las influencias que guiaron el diseño de la ciudad de La Plata, se ubica la *corriente higienista,* desarrollada por sanitaristas ingleses y franceses a principios del siglo XIX. Se basa en la preocupación por la salud de la ciudad y sus habitantes, tratando de mantener determinadas condiciones de salubridad en el ambiente. En el diseño de la ciudad de La Plata, tienen especial influencia las ideas de los sanitaristas Benjamin Ward Richardson y Edwin Chadwick (De Terán y Morosi, 1983).

de la planicie costera, hasta su desembocadura en el río Santiago o en el Río de la Plata, entre los que el arroyo del Gato es el de mayor relevancia, quizá por ser el más cercano a la ciudad y al pueblo de Ensenada.

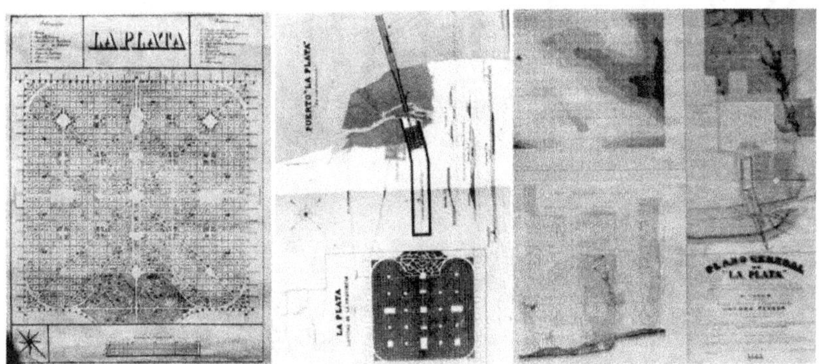

Figura 20: Planos de la ciudad de La Plata.
Fuente: De Terán y Morosi (1983, pp. 87-88) y Archivo Histórico de la Provincia de Bs. As.

5.2.1. La cuenca del arroyo del Gato

La cuenca del arroyo del Gato (CADG) (Figuras 21 y 22) es la segunda más extensa del Gran La Plata y la más poblada de la microrregión.[4] Cuenta con una superficie de 12.400 ha (Facultad de Ingeniería, 2013), una población de 351.713 habitantes (INDEC 2010) y recibe en su cauce principal la mayor proporción de desagües pluviales de la ciudad y localidades periféricas, junto con los arroyos Pérez y Regimiento que funcionan como sus principales afluentes. Se desarrolla principalmente en la periferia de la ciudad de La Plata, abarcando las localidades de Abasto, Melchor Romero, Lisandro Olmos, Los Hornos, San Carlos, Altos de San Lorenzo, Hernández, Tolosa, Gonnet y Ringuelet; sin embargo, más de la mitad del casco fundacional de la ciudad está cubierto por la cuenca en sentido norte-sur. Asimismo, se desarrolla en el partido de Ensenada, abarcando una parte importante de la planicie costera y el cordón litoral.

---

[4] Según datos del Instituto de Geomorfología y Suelos (Hurtado *et al.*, 2006), entre las cuencas que pertenecen a la vertiente Río de La Plata, la de mayor superficie es la del arroyo El Pescado con 211,37 km2, aunque al ubicarse en zona agrícola, en el límite con el partido de Magdalena, su ocupación es sensiblemente menor.

El cauce principal tiene una longitud aproximada de 25 kilómetros (18 km en el partido de La Plata y 7 km en el partido de Ensenada) y nace próximo a la localidad de Abasto (34° 59' S – 58° 01' O) (CIMA-UNLP, 2012). Atraviesa las localidades de Lisandro Olmos, Melchor Romero, San Carlos, Tolosa, Ringuelet y el partido de Ensenada, para desaguar en el río Santiago, tributario del Río de la Plata. Al ingresar en la planicie costera, al este de la localidad de Ringuelet, el arroyo fue canalizado para que, previo a unirse al arroyo Zanjón, desagüe directamente al río Santiago.

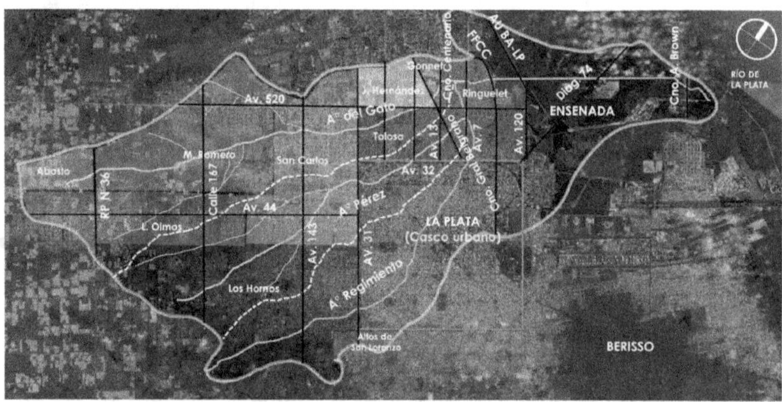

Figura 21: Cuenca hidrográfica del arroyo del Gato.
Fuente: elaboración propia sobre base de Google Earth.

En sus 25 km de longitud, se dan diversas situaciones con respecto a los usos del suelo, concentrándose tanto la urbanización intensiva como algunas de las concentraciones más relevantes de actividades de índole industrial y agropecuaria de la región.

Dentro del partido de La Plata, en la cuenca alta predomina la última actividad florihortícola de carácter intensivo, en coexistencia con agricultura y ganadería extensiva, mientras que sobre la cuenca media se desarrolla una gran mixtura de usos, verificándose la mayor densidad residencial así como de actividades industriales y comerciales, que conviven con algunos usos industriales y extractivos –activos e inactivos–.

La cuenca baja está ubicada en la planicie costera/humedal, y el arroyo –canalizado– discurre dentro de ella, desembocando en el río Santiago que se destaca por el paisaje natural del Monte Costero, declarado Paisaje Protegido por Ley Provincial N. ° 12.756.[5]

Existe también un importante patrimonio cultural a lo largo del recorrido: sobre la cuenca alta, un área de quintas y chacras parte del cinturón florihortícola fundacional; en la cuenca media, la localidad de Tolosa, cuya localización precede a la fundación de La Plata, con un reconocido patrimonio edilicio catalogado y aprobado por decreto municipal 1579;[6] y, finalmente, el Fuerte Barragán[7] sobre la cuenca baja, que ha sido actor y testigo de las invasiones inglesas de 1807.

También a lo largo del recorrido del arroyo pueden observarse descargas pluviales, cloacales e industriales sobre el curso de agua, junto con asentamientos poblacionales precarios ubicados sobre la planicie de inundación.

La diversidad e intensidad de actividades incide en el ciclo hidrológico. La urbanización, industrialización y desarrollo de la agricultura intensiva –en constante avance– tiene importante influencia sobre el recurso agua. Los cambios que ha sufrido la cuenca en cuanto a su red de drenaje –canalizaciones, entubamientos, impermeabilización de suelos, sobreexplotación del acuífero, etc.– han alterado los procesos de infiltración, escurrimiento y las condiciones químicas del agua subterránea y superficial. La alteración hidroquímica es superior en las zonas urbanas e industriales, debido a la falta de servicio cloacal, la pérdida en las redes de conducción, los efluentes industriales, entre otros, son factores de aumento de contaminantes. El grado de contaminación se verifica a partir de la concentración de fósforo, sustancias orgánicas y pesticidas (Kruse *et al.*, 2003).

Múltiples actividades urbanas se desarrollan a lo largo del recorrido del arroyo en dirección este-oeste, atravesado en todo su recorrido por infraestructuras viarias de carácter regional: el paso del ferrocarril, el

[5] Paisaje Protegido de Interés Provincial para el desarrollo ecoturístico a la zona denominada Monte Ribereño Isla Paulino, Isla Santiago. Senado y Cámara de Diputados de la Provincia de Buenos Aires. Año 2001.

[6] Decreto que aprueba el catálogo de bienes que integran el patrimonio arquitectónico del casco fundacional de La Plata. Año 2006.

[7] Fuerte defensivo cuya edificación actual data de 1800. Declarado Monumento Histórico Nacional, en el año 1942, por Decreto N. ° 120411 y Monumento Histórico Provincial por Ley 11.242.

sistema de avenidas que unen el centro de la ciudad con la periferia y la autopista Bs. As.-La Plata, principal eje de conectividad regional.

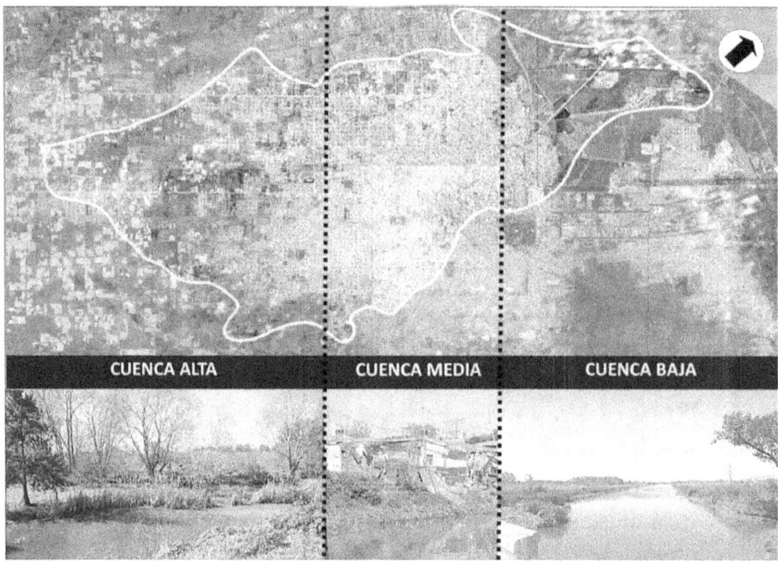

Figura 22: Características de la cuenca del arroyo del Gato.
Fuente: elaboración propia sobre base de Google Earth.

Desde el plano normativo, como antecedente, pueden reconocerse instrumentos regulatorios pertenecientes a los dos ámbitos jurisdiccionales (La Plata y Ensenada) que regulan las actividades en su cuenca.

El Plan Regulador de 1961,[8] realizado por el Grupo Urbis, propone en gran parte el establecimiento de una zona industrial para el partido de La Plata, aprovechando tanto la accesibilidad de los ejes de comunicación como el cauce del arroyo para las descargas industriales, obviando el valor ambiental y paisajístico del curso. Esta situación recién comienza a revertirse a partir de la década del noventa, cuando se vislumbra desde los cuadros técnicos la retracción de la actividad industrial y la innecesaria dotación de tierra para esta actividad, junto con la importancia de estudiar las cuencas y conservar libres los márgenes de los cursos.

[8] Plan Regulador conjunto de los partidos de La Plata y Ensenada (Grupo Urbis, 1961).

Además, la necesidad de contar con información del medio natural y antropizado para el tratamiento de las inundaciones ha llevado a la realización de estudios geológicos e hidrológicos de la cuenca,[9] trabajos que ponen énfasis en la situación crítica del recurso y en la necesidad de su tratamiento tanto con medidas estructurales como no estructurales.[10]

Existieron talleres durante los años 2012 y 2013 que fijaron los lineamientos de cara a la constitución de un "Plan de Gestión Integral de la cuenca del arroyo del Gato", impulsados por la Autoridad del Agua, OPDS y DIPSOH, sin embargo, el plan aún no se ha concretado.

Las inundaciones de abril de 2013, además de otras de gran impacto como las de 2002, 2005 y 2008, en La Plata, Berisso y Ensenada, dejaron al descubierto la falta de planificación y gestión de las cuencas hidrográficas de la región. "Las aguas, al extenderse hacia sus propias planicies de inundación y reocupar las huellas de sus antiguos cauces, produjeron el anegamiento de amplias zonas de la ciudad de La Plata" (Facultad de Ingeniería, 2013, p. 3), y alertaron a la población sobre su vulnerabilidad frente a la dinámica del medio natural sobre el cual la ciudad y su periferia se asienta.

Dichas inundaciones impulsaron obras de envergadura en la cuenca del arroyo (Figura 23), como parte de un conjunto de obras planificadas y ejecutadas por la Provincia de Buenos Aires para la región capital, que incluyen los municipios de La Plata, Berisso y Ensenada.

En la cuenca del arroyo del Gato, se planificaron y ejecutaron dos derivadores en las avenidas 143 y 31 con el fin de reducir los caudales

---

[9] Entre los estudios más relevantes, cabe mencionar: "Cartografía temática ambiental de la cuenca del arroyo del Gato, partidos de La Plata y Ensenada, Provincia de Buenos Aires" (Cabral, Giménez, Sánchez y Crincoli, 2005), "Estudios hidrológicos-hidráulicos-ambientales en la cuenca del arroyo del Gato" (Romanazzi y Urbiztondo, 2007) y "Calidad ambiental de las cuencas de los arroyos del Gato y Pereyra" (CIMA-UNLP, 2012).

[10] Las *medidas estructurales* engloban todas aquellas construcciones que reducen o evitan el posible impacto de la inundación, incluyendo un amplio rango de obras de ingeniería civil. Su funcionalidad se encuentra limitada, ya que se diseña para eventos asociados a una cierta probabilidad de ocurrencia. Las *medidas no estructurales* incluyen políticas, desarrollo del conocimiento, reglas de operación, así como mecanismos de participación pública, de modo que pueda reducirse el riesgo existente y los impactos derivados de la inundación. Buscan la reducción de la vulnerabilidad de la población en riesgo a partir del planeamiento y la gestión, llevados a cabo antes, durante y después de la catástrofe (Facultad de Arquitectura y Urbanismo, 2013).

dentro del casco urbano, conduciéndolos hacia el curso principal del arroyo, en el cual se realizaron obras de ampliación del cauce, canalización y revestimiento en hormigón desde la av. 143 hasta la desembocadura, para facilitar el escurrimiento de la cuenca.

Por otro lado, las obras proyectadas en la cuenca previeron la ejecución de 444 viviendas para la relocalización de las familias que habitan las márgenes del arroyo, situadas en las inmediaciones de 1 y 514.

Figura 23: Obras en el arroyo del Gato.
Fuente: http://www.mosp.gba.gov.ar/sitios/agato/index.php

A pesar de ser la cuenca más estudiada de la región, no ha sido incorporada adecuadamente a un plan urbanístico. Las intervenciones y políticas aplicadas presentan un carácter fragmentario que no reconoce la cuenca como una unidad de gestión ni tampoco la dinámica de la misma.

La necesidad de generar conciencia sobre esta situación, sumada a las potencialidades del medio natural y cultural del arroyo, permiten inferir que es posible reconstruir una unidad ambiental a través de estructurar el recurso desde el paisaje, mediante el diseño de estrategias que vinculen cada parte a una escala de pertenencia mayor: la escala de cuenca. En este sentido, el arroyo del Gato, por lo que representa, es un caso adecuado para poner a prueba estrategias de ordenamiento territorial, cuyo objeto sea la mejora de la calidad ambiental que podrían aplicarse a otras cuencas metropolitanas. Asimismo, representa una oportunidad en materia de paisaje, ya que el curso principal, a pesar del alto grado de ocupación que registra en muchos sectores, se encuentra en más de un 90% a cielo abierto, y en algunas zonas el cauce posee escasa modificación, por lo que puede hablarse aún de paisaje fluvial.

5.3. Aplicación de la propuesta metodológica de valoración

5.3.1. Recorte del área de estudio

El ámbito sobre el que se aplicará la metodología detallada en el capítulo anterior, con el fin de valorar el paisaje del arroyo del Gato, debe cumplir con dos condiciones fundamentales: que exista paisaje fluvial, es decir que la presencia del agua sea el elemento estructurante del paisaje; y, por otro lado, que se trate un ámbito metropolitano, en el que puedan verificase las distintas lógicas de uso y explotación de las cuencas del AMBA.

El ámbito elegido (Figura 24) se configura como una franja territorial ubicada entre las localidades de La Plata y Ensenada, cuyo eje vertebrador es el cauce del arroyo del Gato. Comprende la totalidad de la subcuenca del arroyo en el partido de La Plata, considerando también la unión del cauce principal con los arroyos Pérez y Regimiento, tomando la av. 32 como límite. Se aborda también la continuación del curso en el partido de Ensenada, como canal que desemboca mediante el arroyo Zanjón en el río Santiago.

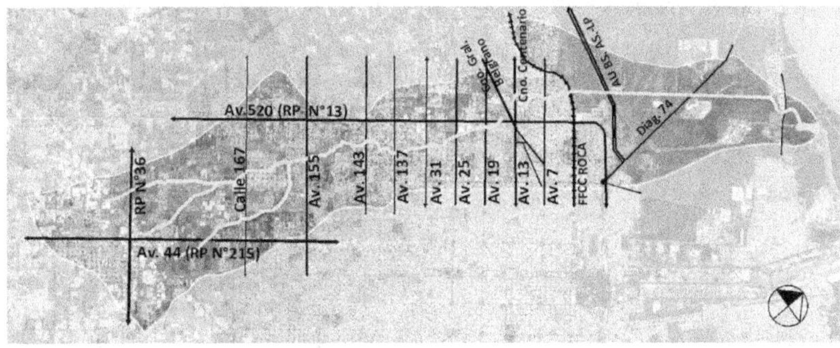

Figura 24: Ámbito de aplicación.
Fuente: elaboración propia sobre base de Google Earth.

Dentro de la cuenca del arroyo del Gato, el ámbito de aplicación ofrece varias condiciones que lo posicionan como un caso de estudio apropiado para indagar en la relación paisaje fluvial y periferia metropolitana:

- El recorrido del territorio desde la naciente hasta la desembocadura permite estudiar al arroyo como un corredor continuo en el que se interconectan ecosistemas y dinámicas que son interrumpidas por las lógicas de la urbanización, casi siempre antagónicas a la dinámica natural de la cuenca.

- Su disposición como faja territorial alargada, que va desde las tierras más altas de la microrregión hasta el borde litoral del Río de la Plata, surcada por las vías regionales de mayor importancia, la convierte en un ámbito ideal para estudiar el proceso de formación de las periferias metropolitanas en la microrregión, y también del AMBA.

- La cuenca del arroyo del Gato es el único cauce que permanece a cielo abierto en la mayor parte de su recorrido, ya que los arroyos Pérez y Regimiento están mayormente entubados e intensamente urbanizados.

Esta franja territorial tiene una superficie aproximada de 5000 ha, y la longitud del cauce principal es de 25 km desde la naciente en la zona rural del partido de La Plata hasta la desembocadura en el partido de Ensenada. El ancho del área tiene un promedio de 3 km.

Los usos del suelo son diversos, con predominancia del residencial unifamiliar. Se destacan los espacios abiertos, industrias y el relleno del CEAMSE[11] sobre el bañado en el partido de Ensenada, las grandes superficies comerciales en Gonnet y al sur de Tolosa, y la horticultura en Romero y Olmos.

El área se encuentra dividida en sentido transversal por importantes vías de conectividad regional, como la autopista Buenos Aires-La Plata, las vías del ferrocarril Roca y los caminos Centenario y Gral. Belgrano. En sentido paralelo al cauce, las avenidas más importantes son la av. 44 (RP N.° 215) y la av. 520 (RP N.° 13), que se vinculan con las rutas provinciales N.° 2 y N.° 36.

[11] Coordinación Ecológica Área Metropolitana Sociedad del Estado.

5.3.2. Dimensión físico-natural

A) Características a nivel de cuenca hidrográfica

Clima

El ámbito de la cuenca del arroyo del Gato[12] se ubica dentro de la subregión baja de la región 4 del SAP, que puede caracterizarse por su clima subtropical húmedo, suelos aluviales y vegetación natural de estepas y praderas (CIMA-UNLP, 2012). La precipitación media anual es de 1060 mm y la temperatura media de 16,5° C (*Bazán et al.*, 2011).

Topografía

Como ya se ha comentado en el segundo capítulo, en el AMBA pueden observarse dos áreas topográficas bien diferenciadas: la terraza alta, que se extiende en sentido oeste desde los 5 y hasta los 35 metros de altura, y otra denominada terraza baja, que bordea la costa del Río de la Plata, con alturas inferiores a los 5 m s. n. m.

Siguiendo este patrón, el área de estudio puede dividirse en dos zonas diferenciadas: un área de influencia continental denominada como *llanura alta*, que está formada por sedimentos loéssicos eólicos o retrabajados por el agua, y un área de influencia estuárico-marina denominada como *llanura costera*, que se configura como una franja litoral y está originada por sedimentos estuáricos (Cabral *et al.*, 2005).

La *llanura alta* comprende casi la totalidad del área de estudio dentro del partido de La Plata y sus alturas son mayores a los 5 m s. n. m. Dentro de esta zona está el interfluvio principal (Cabral *et al.*, 2005) que divide las aguas entre las dos vertientes principales de la región: la del Río de la Plata hacia el norte y la del río Samborombón hacia el sur. La cuenca del arroyo, dentro de la primera, se caracteriza por poseer cauces bien definidos que nacen próximos al interfluvio principal.

El área de transición entre la *llanura alta* y la *llanura costera* se denomina vulgarmente como "escalón", y se considera como un área de influencia mixta con alturas entre los 3 y los 5 m s. n. m., con una pendiente que

[12] Para la caracterización climática de la CADG, el estudio citado utiliza la clasificación de Thornthwaite para la República Argentina, empleando para ello los datos históricos de la Estación Climatológica La Plata - Observatorio Astronómico, dado que cuenta con el mayor registro continuado de precipitación y temperatura (1909 al presente).

oscila entre el 1 y 2%. Dentro de la subcuenca del arroyo, este sector representa el punto en el que el cauce se transforma en un canal artificial, ingresando en la llanura costera, donde la pendiente es mínima.

La llanura costera abarca la totalidad del partido de Ensenada y ocupa pequeños sectores del partido de La Plata, en el límite entre ambos partidos. Se extiende entre la cota 5 m s. n. m. hasta el Río de la Plata, siendo las cotas más bajas del área de estudio. Su pendiente es inferior al 0,03% y tiene importantes zonas deprimidas. El drenaje puede definirse como anárquico, debido a su escasa pendiente, lo que hace que el arroyo del Gato en esta zona se encuentre canalizado desde las vías del ferrocarril hasta su unión con el arroyo Zanjón.

Las cotas más altas del área de estudio son de 25 m s. n. m. en la zona de naciente del arroyo, pasando por alturas entre 10 y 5 metros en las zonas más urbanizadas, hasta llegar casi al nivel cero en la desembocadura.

Geomorfología

En base a la delimitación de unidades geomorfológicas del Gran la Plata, realizada por Cabral *et al.* (2005), pueden identificarse *diez unidades* en el área de estudio, que es posible agrupar a partir de su desarrollo paralelo o perpendicular al arroyo.

En sentido paralelo, se distinguen los *cauces,* que al igual que todos los arroyos de la región pertenecientes a la cuenca del Río de la Plata son poco profundos y su curso es permanente solo en la cuenca media y baja. La *planicie de inundación* posee un ancho aproximado de 200 m en el cauce principal, y en cursos de segundo orden puede reducirse a unos 20 a 50 m. El área con pendiente es un área de transición entre la planicie de inundación y las tierras más altas.

En sentido perpendicular al curso, se sitúan los *interfluvios* (plano y convexo), que como indica el nombre son las tierras con cotas más altas del área de estudio, con suelos óptimos para la actividad agrícola y riesgo de inundación bajo a nulo.

Como transición entre las unidades pertenecientes a la terraza alta y la terraza baja, se sitúa la *antigua franja costera* que se desarrolla sobre un paleoacantilado que marcó el límite de la última ingresión marina. Asimismo, junto con el tramo inferior del curso de agua y por debajo de la cota 5 m s. n. m., existen ensanchamientos con forma de embudo, esta unidad se denomina antiguo estuario interior y corresponde a áreas inundables que funcionaron como estuarios durante la última ingresión marina, asociados muchas veces con *cordones conchiles*.[13]

Siguiendo por el "escalón" en sentido hacia la desembocadura, continua la *llanura de fango,* unidad de relieve plano, donde los cursos que drenan la llanura interior no pueden labrar su cauce y se dispersan en *bañados,*[14] lo que ha motivado en el caso del arroyo del Gato su canalización artificial hacia la costa.

Ya en relación directa con el Río de la Plata, se ubica el *cordón litoral,* forma de acumulación alargada y paralela a la costa con riesgo de inundación medio, y la *llanura aluvional (reciente),* donde se asienta la selva marginal de Ensenada. Posee cotas menores a 2,5 m s. n. m., siendo su riesgo de inundación máximo.

B) Características a nivel de curso fluvial

Hidrología superficial
El curso principal del arroyo del Gato es un curso de agua típico de llanura desarrollado en un clima templado húmedo. Según datos del anexo I del estudio sobre la inundación ocurrida en abril de 2013 (Facultad de Ingeniería, 2013), su cuenca se desarrolla entre los 25 y 0 m s. n. m. en un ambiente de baja pendiente topográfica (menor a 0,1%).

Según este mismo informe, el curso nace en las calles 197 y 38 (zona rural) y se une a otro brazo en la calle 159 y 528, donde las características urbanas se inician. Llegando casi a la planicie costera, el cauce se abre nuevamente y se unen los cursos de los arroyos Pérez y Regimiento, que se encuentran entubados dentro del ejido urbano.

Desde las vías del ferrocarril y sobre la planicie costera, se convierte en un canal que se une al arroyo Zanjón, para desembocar en el río Santiago.

Morfología de valle y cauce
La longitud del curso principal del arroyo del Gato es de 25 km: 18 km en el partido de La Plata y 7 km en el partido de Ensenada. Posee

---

[13] Geoformas positivas generadas por la acumulación de valvas de moluscos y arenas (Cabral *et al.*, 2005).

[14] Áreas cóncavas que permanecen anegadas en forma permanente. Dichos bañados *representan* el 60% de la superficie de la unidad analizada y en partes se encuentra muy transformados por el hombre.

una pendiente de aproximadamente 1 por mil hasta el encuentro con sus afluentes –los arroyos Pérez y Regimiento–, donde se reduce a la mitad hasta llegar a la desembocadura en el arroyo Zanjón (Facultad de Ingeniería, 2013).

La *morfología del valle* ha variado en los años setenta, con obras de canalización y perfilado trapezoidal, y nuevamente ha sufrido notorias modificaciones, como parte de las obras hidráulicas planteadas posteriormente a la inundación de abril de 2013.

Actualmente, el curso principal del arroyo se encuentra canalizado y revestido con hormigón desde la avenida 143 hasta el boulevard 1. Desde allí, y hasta su desembocadura, el curso se encuentra simplemente canalizado.

Los anchos del fondo según las últimas obras varían entre 15 metros en las zonas más urbanizadas hasta 60 metros en la zona próxima a la desembocadura.

En cuanto a la *morfología del cauce* (Figura 25), desde la naciente hasta aproximadamente la avenida 137 asume una morfología predominantemente meandriforme, desde donde –salvo en algunos pequeños sectores– los tramos son rectos. Dentro de sus 7 km en Ensenada, el cauce es completamente rectilíneo, hasta que se acopla al arroyo Zanjón, su desembocadura.

Figura 25. Morfología de valle y cauce.
Fuente: Google Earth.

Flora, fauna y calidad del agua

El ámbito de estudio cuenta con características ecosistémicas diversas, dado los distintos grados de transformación que registra el curso desde la naciente hasta la desembocadura.

La caracterización de la diversidad biológica que se expone a continuación incluye el relevamiento de las especies vegetales y animales detectadas en el cauce principal, íntimamente relacionadas con la calidad del agua en los diferentes tramos. Dicha caracterización sintetiza estudios previos realizados por organismos provinciales y nacionales, y se basa centralmente en el estudio "Calidad ambiental de las cuencas de los arroyos del Gato y Pereyra" Informe final proyecto PNUD-FREPLATA (CIMA-UNLP, 2012). También se incluyen observaciones efectuadas durante el relevamiento general realizado en el período 2014-2016. Vale aclarar que estos estudios son previos a las obras de infraestructura posteriores al año 2013, por lo que los datos seguramente han variado en los tramos intervenidos.

Sintéticamente, pueden identificarse cinco *grandes áreas* en base a su nivel de biodiversidad:

1. La naciente del arroyo del Gato, un área poco transformada, donde se registran actividades hortícolas y ganaderas. El lecho del arroyo forma un humedal en este punto, en el que no hay evidencia de contaminación. En cuanto a la vegetación, se identifican especies acuáticas y palustres en sectores bajos y ribereños, mientras que en las zonas aledañas de mayor altura predominan las gramíneas, de origen exótico. En cuanto a la fauna acuática, se identifican peces de agua dulce de pequeño tamaño, insectos e invertebrados. En ámbitos aledaños se visualizan garzas, chimangos, halcones caracoleros y teros reales.

2. Entre la calle 167 y la av. 143, se registra un nivel de transformación del cauce medio. Se intensifica la actividad agrícola y aumenta la influencia de la actividad antrópica, atravesando el área urbanizada que corresponde a las localidades de Melchor Romero y San Carlos. En este tramo aumenta el porcentaje de especies vegetales leñosas, principalmente exóticas, invasivas, que forman bosques sobre las márgenes del arroyo, se destaca un pequeño bosque entre las calles 155 y 146 (Figura 26).

Figura 26: Bosque a la altura de calle 147.
Fuente: Google Earth.

Hacia la avenida 143 y hasta aproximadamente las vías del F. C., el curso se encuentra canalizado y revestido en hormigón. El grado de alteración del cauce puede considerarse como alto. Se registran usos residenciales, comerciales e industriales muy cercanos al cauce. Antes del hormigonado actual, existían especies palustres y especies vegetales leñosas y arbustivas, que se agrupaban junto a algunas cañas en las márgenes, así como abundantes crustáceos, y entre la avifauna observada están el tero común, el hornero, el chingolo y la garza (Figura 27).

Figura 27: Garza en av. 19.
Fuente: fotografía de la autora.

En el tramo inferior del cauce, entre las vías ferroviarias y la desembocadura del arroyo, se verifica la influencia de la selva marginal en la vegetación con especies arbóreas, como el ceibo, el tala y el sauce. El agua es verdosa y hay presencia de materia orgánica. Al acercarse al sitio del relleno sanitario del CEAMSE, se manifiesta un evidente cambio de las características organolépticas del agua, especialmente en lo referido a olores (CIMA-UNLP, 2012). Existen cavas a cielo abierto que forman lagunas.

Por último, *a la altura de su desembocadura en el arroyo Zanjón,* próximo al puente costanero de Ensenada, no se percibieron olores ni residuos dentro del agua. La fisonomía ribereña es similar al punto anterior, pero se intensifican las comunidades pertenecientes a la selva marginal, tanto en cantidad como en diversidad de especies. Entre la vegetación identificada, se destaca el ligustro, eucalipto, álamo (especies exóticas), cina-cina, ceibos y talas. En el agua predominan los camalotes. Existen peces de agua dulce, gasterópodos e insectos. Entre las aves se destacan las garzas.

Características de las márgenes

El ancho de la banda forestada es variable a lo largo del cauce principal del arroyo. Hay zonas donde la distancia entre las márgenes y las edificaciones es menor a cinco metros, mientras que en otras áreas –sobre todo aquellas ocupadas por actividades agrícolas– los márgenes se encuentran completamente libres.

Dinámica hidráulica e inundaciones

En la cuenca del arroyo del Gato, la existencia de zonas muy urbanizadas sobre la planicie de inundación es el factor que ocasiona inundaciones recurrentes de gran impacto. Ante tormentas y lluvias intensas, como las del 27 de enero de 2002, las del 28 de febrero de 2008 y en mayor medida las precipitaciones extremas del 2 y 3 de abril de 2013 (392 mm en 24 horas y 300 mm en un lapso de 4 horas), colapsó la capacidad de escurrimiento del sistema pluvial o de drenaje, y las aguas reocuparon las huellas de sus antiguos cauces, extendiéndose hacia sus propias planicies de inundación. En esta última oportunidad, se excedieron las capacidades de las cuencas más urbanizadas de la ciudad de La Plata, registrándose los daños más importantes –tanto humanos como materiales– en los arroyos Maldonado y del Gato (Figura 28).

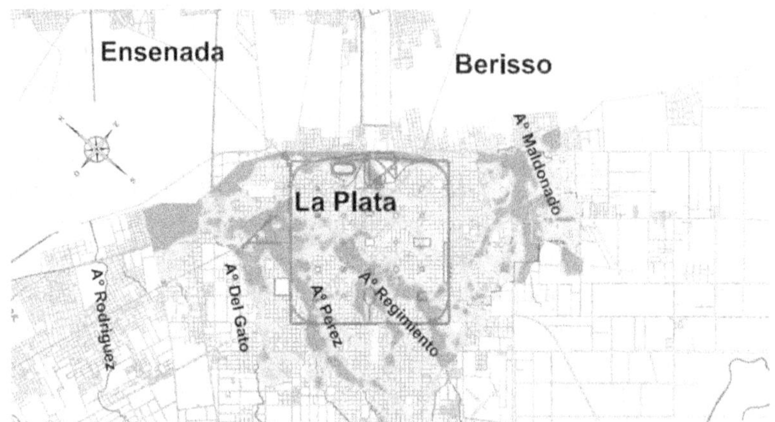

Figura 28: Áreas inundadas. 3 de abril de 2013.
Fuente: Facultad de Ingeniería, 2013.

En la última inundación de gran magnitud, ocurrida en abril del 2013, de las 9800 ha que ocupa la cuenca del arroyo del Gato en el partido de La Plata, 2100 hectáreas urbanas –21% de la totalidad de la cuenca– resultaron anegadas, produciéndose los mayores desbordes en las subcuencas de los arroyos Pérez y Regimiento, que son las áreas con mayor porcentaje de ocupación. En relación a la subcuenca del arroyo del Gato, las zonas anegadas coinciden con la superficie ocupada de las unidades geomorfológicas con riesgo de inundación de máximo a medio: antiguo estuario interior, franja costera, planicie de inundación y algunos sectores del área con pendiente.

El nivel promedio de inundación osciló entre los 25 y los 75 cm, alcanzando picos máximos de 1,75 metros en sectores de la planicie de inundación.

Síntesis de la dimensión físico-natural

En base al estudio del medio natural, pueden identificarse los siguientes rasgos y procesos estructurantes:

- *El agua como factor determinante:* al tratarse de una llanura con influencia litoral, el factor central en la configuración del área es el agua, tanto en el caso de la llanura costera, formada en base a los procesos erosivos del Río de la Plata, como en la llanura alta, donde se expresa el recorrido que debió realizar el arroyo del Gato y sus afluentes para llegar hacia la desembocadura.

- *Curso a cielo abierto:* más allá de la modificación del cauce y las áreas inundables de la cuenca, el curso principal del arroyo aún se encuentra a cielo abierto en un 98% de su recorrido, y un 30% conserva una morfología de cauce poco alterada, donde se desarrolla la mayor diversidad de flora y fauna. Se destacan como *valores naturales* del paisaje el área de la naciente, los bosques de ribera y, sobre la llanura costera, los bañados y la zona de la desembocadura, que forma parte del monte ribereño.
- *Espacios verdes:* los valores naturales identificados se desarrollan en ámbitos donde el ancho de las márgenes supera los 100 metros, lo que ofrece buenas perspectivas para su conservación, así como en las zonas más urbanizadas se conservan márgenes libres superiores a 20 metros de ancho.
- *Preeminencia del medio natural:* en el sector donde el cauce del arroyo del Gato está entubado y en el área donde este curso se encuentra con los arroyos Pérez y Regimiento, la geomorfología se expresa en las áreas inundadas, dado que los mayores anegamientos en la inundación de abril de 2013 se registraron en estos puntos, en los que el agua reocupó las áreas inundables de la cuenca.

5.3.3. Dimensión histórico-territorial

5.3.3.1. Proceso de configuración territorial

El estudio de la configuración del territorio en la subcuenca del arroyo del Gato intenta determinar cómo históricamente el proceso de poblamiento se ha relacionado con los rasgos naturales de la cuenca. En este sentido, el análisis se organiza en cinco etapas en base a hitos o hechos históricos que han impulsado el desarrollo territorial del área, en el marco común de los procesos históricos que conformaron la urbanización del AMBA: el *puerto de la Ensenada y el Fuerte Barragán* (1520-1871), *el pueblo de Tolosa* (1871-1882), *la fundación y construcción de una nueva capital* (1882-1940), *la formación de las periferias* (1940-1980) y *la expansión territorial* (1980-actualidad).

1. El puerto de la Ensenada y el Fuerte Barragán (1520-1871)

El proceso de ocupación territorial del Gran La Plata se inicia con el descubrimiento de la Ensenada de Barragán, por parte de Hernando de Magallanes, el 7 de febrero de 1520, en su exploración de la costa del Río de la Plata. El nombre alude a la caleta natural "redescubierta" en el primer tercio del siglo XVIII (Asnaghi, 1995, p. 96). Ubicada en el litoral sur del Río de la Plata, va desde Punta Lara hasta Punta Santiago. Allí desembocaba el río Santiago, pero sedimentos aluvionales cerraron su estuario.

El área estaba ocupada por un escaso grupo de población indígena, la del cacique Tubichaminí. Las primeras ocupaciones criollas se remontan al siglo XVII, bajo la propiedad de Antonio Gutiérrez Barragán, quien utilizó la Ensenada como puerto de esclavos. Sin embargo, la población no indígena o criolla se estableció hacia 1736, dependiente de las actividades que desarrollaban en el puerto, que por cuestiones de resguardo militar y comercial llevaron a la construcción de una plaza militar conocida hoy como "Fuerte Barragán".

Su configuración física era ideal para el emplazamiento de instalaciones defensivas y portuarias, por lo cual, en 1736, se construye una batería, que dadas las constantes crecidas del Río de la Plata debió ser reconstruida en varias oportunidades.

En 1801, se abre el arribo de buques de comercio a dicho puerto y se dispone la fundación del pueblo de Ensenada. Al fundarse el poblado, se construye la muralla definitiva del Fuerte Barragán, desde donde el 24 de junio de 1806 se rechaza el desembarco de las tropas británicas en la 1ª invasión inglesa. Un año después –en la segunda invasión–, logran ingresar al estar el fuerte desguarnecido.

Desde la habilitación del puerto, Ensenada empezó a desarrollarse como pueblo. Se realiza el trazado oficial, contemplándose casas capitulares, plazas, iglesias y otros edificios públicos. Un hito fundamental en la conformación del área ha sido la instalación de saladeros, el primero de los cuales se establece en 1798 en cercanías del arroyo Zanjón, al que le suceden otros favorecidos por la habilitación del puerto de la Ensenada con rebajas en los derechos de extracción de los cueros vacunos. El surgimiento de la estancia pampeana en territorio indio, junto a los saladeros, contribuye a formar el primer modelo productivo exportador argentino de tasajo y carne salada. Se afianza la actividad comercial, industrial y portuaria, lo que hizo que se incremente la población hasta 1000 habitantes, a partir de nuevos saladeros, mataderos y otras pequeñas industrias –como la fabricación de velas y pan–, además del tráfico de esclavos.

Con respecto a las tierras interiores, Juan de Garay, en 1580, al realizar la segunda fundación de Buenos Aires, organiza las parcelas y las distribuye en lotes y estancias en la parte media de la cuenca, que más tarde ocupó la ciudad de La Plata, comprendidos dentro del "pago de la Magdalena", que incluía, entre otros, los actuales partidos de Magdalena, La Plata, Berisso y Ensenada. El Valle de Santiago o la isla del Gato figuran entre los nombres usados por Garay para sectorizar el área de la subcuenca actual del arroyo del Gato.

Los ríos y arroyos fueron los ejes centrales de catastro en la campaña bonaerense. Las primeras subdivisiones que se produjeron en el siglo XVI eran las fajas de estancias con frente sobre la barranca alta del Río de la Plata, denominadas en el catastro virreinal como "suertes principales". Durante el siglo XVII se subdividieron las "suertes de cabezadas" y "tras-cabezadas", que eran los territorios más alejados del río y por lo tanto de menor valor, debido a la dificultad para disponer de agua –situación que cambió durante el siglo XIX debido a la incorporación del molino de viento–. Del mismo modo, la faja de bañado que se encontraba entre las suertes principales y la costa del río fue subdividida en el siglo XVII como "suertes de bañado". Los bañados eran lugares propicios para la cría de ganado, ya que el relieve deprimido y la carencia de arbolado permitían observar a los animales desde las áreas más altas.

De hecho, en la suerte del Gato, sobre la barranca, se localizaba un gran establecimiento dedicado a la cría de ganado. A comienzos del siglo XVIII, además de la cría de equinos, mulares, ovinos y vacunos, se daba la explotación de yacimientos de conchillas en el talud de la barranca, que se procesaban en hornos para la producción de cal (De Paula, 1987). Los terrenos cedidos para la localización de los hornos ocupaban una franja en el borde entre la barranca y los bañados, que iba desde el arroyo del Gato hasta el actual Paseo del Bosque.

El camino que comunicaba La Plata con Ensenada a través de los bañados era el camino Blanco, proyectado en 1815, que actualmente es el camino Rivadavia. Este comunicaba con el "camino Real", camino más antiguo de la ciudad de La Plata, que comunicaba Buenos Aires con Magdalena. Su dirección era paralela al actual camino Centenario y cruzaba el arroyo del Gato sobre la prolongación ideal de la calle 8, donde se abría el camino Blanco (De Paula, *op. cit.*).

2. El pueblo de Tolosa (1871-1882)

Para fines del siglo xix, Ensenada era un importante polo industrial. Los saladeros de Buenos Aires, que debieron abandonar la ciudad debido a la epidemia de fiebre amarilla, se radicaron en esta localidad. El ferrocarril entre Buenos Aires y el puerto no tardó en llegar. En 1863, se aprueba la traza entre la Boca y la Ensenada, inaugurándose en 1872 el recorrido que llegaba hasta el frente del puerto.

En este proceso, se funda en 1871 el pueblo de Tolosa, en un punto estratégico respecto de las comunicaciones regionales: la intersección de los caminos Real y Blanco, antes mencionados, en tierras pertenecientes a la estancia de Iraola, que se extendían hasta el actual Paseo del Bosque.

El pueblo de Tolosa "abarcaba sesenta y cuatro manzanas, ocho de frente y ocho de fondo, y estaba delimitado por las actuales calles 528, 117, 4, y –aproximadamente– la actual 36 de La Plata" (De Paula, 1987, p. 44).

El loteo comenzó a ocuparse rápidamente, debido a la localización de la estación del ferrocarril, y a su posición cercana tanto a Buenos Aires como a Ensenada. Otra cuestión para destacar era su ubicación en tierras altas, sobre las lomas de Ensenada. Según De Terán, "la razón de esta fundación fue obviamente especulativa, previendo con la finalización del ramal férreo a la Ensenada radicaciones industriales, (…) y conociendo las dificultades que se presentaban para la expansión del pueblo de la Ensenada, rodeada como se hallaba por grandes bañados" (De Terán, 1983, p. 32). Pero también respondía al higienismo incipiente de la época.

Para 1882, Tolosa era un núcleo poblacional establecido, con casi medio centenar de viviendas, contaba con un banco (Banco Provincia, 1 y 528), una escuela (2 e/ 35 y 36), un hotel (Hotel Bruny, 1 esq. 528) y se habían iniciado las gestiones para la construcción de una iglesia, pedido que finalmente se concretó en 1903 con la construcción de la Parroquia Nuestra Señora del Carmen de Tolosa (115 e / 530 y 531) (Figura 29).

Figura 29: Parroquia Nuestra Señora del Carmen.
Fuente: fotografía de la autora.

La prosperidad de Tolosa determinó al propietario lindero a prolongar el amanzanamiento sobre sus tierras (De Paula, 1987), pero la expansión del pequeño núcleo tolosano fue abruptamente interrumpida con la fundación de la ciudad de La Plata en 1882. El perímetro del pueblo estaba comprendido dentro de la traza de la nueva capital provincial, por lo que debió realizarse un trabajo minucioso de compensación de parcelas y demolición de edificaciones durante muchos años, debido a las diferencias que existían en el trazado, buscando las conexiones con La Plata.

3. La fundación y construcción de una nueva capital (1882-1940)

La necesidad de fundar una nueva capital para la Provincia de Buenos Aires, dado que la Ciudad de Buenos Aires se había convertido en la capital nacional, llevó al gobernador provincial Dardo Rocha a realizar estudios para determinar el emplazamiento adecuado, que derivaron en la decisión de erigir la nueva capital en el partido de Ensenada, sitio que reunía todas las condiciones –higiénicas, de accesibilidad, hidrográficas y administrativas– y, además, tenía el único puerto natural existente sobre el Río de la Plata. La porción de territorio donde se construiría la ciudad se conocía como las "lomas de Ensenada", y "culminaba en un albardón, vocablo que en su acepción rioplatense define una elevación alomada que surge bruscamente en un terreno más bajo" (De Terán y Morosi, 1983, p. 26). Sobre dicho albardón, se ubicaba el pueblo de Ensenada, cercano al puerto natural, que fue reemplazado por el puerto de La Plata, inaugurado en 1890, con una ingeniería holandesa impuesta sobre el territorio, divorciada del puerto natural.

Los hechos geográficos que estructuraban el territorio elegido eran la Pampa Ondulada, el sistema de arroyos que la surcaban –entubados por completo en el perímetro del casco urbano– y el Río de la Plata, que le dio el nombre a la ciudad, y el espacio entre la pampa y el río, ocupado por los bañados.

Al momento de la fundación de la ciudad, las unidades fitogeográficas originarias habían sido muy modificadas debido a avances tecnológicos, como el alambrado, el molino de viento y la expansión de los saladeros y la red ferroviaria. Sobre todo el sector de las lomas de Ensenada, que estaba ocupado por cultivos –principalmente el maíz– y establecimientos ganaderos. Se conservaban algunos ceibos a la vera de los arroyos y se destacaba el monte de eucaliptus del Bosque de Iraola –actual Paseo del Bosque–, donde existían algunos ranchos, corrales y un horno de cal (De Paula, 1987). Más allá de algún caserío aislado, los asentamientos más importantes eran el reciente poblado de Tolosa y el antiguo pueblo de la Ensenada.

La construcción de una ciudad *ex novo* demandó una cantidad extraordinaria de mano de obra y materiales de construcción. Los hornos de ladrillo y cal fueron las primeras industrias de la localidad de La Plata, y establecidas previamente a la fundación en el valle del arroyo del Gato. A los ya existentes bancos de conchilla y hornos de cal, se agregaron las canteras para extracción de tierra que se horneaba para la producción industrial de ladrillos "de máquina". "Los Hornos de Cerrano" fue el primer establecimiento de este tipo instalado en la ciudad, y ocupaba cincuenta y dos hectáreas sobre la cuenca media del arroyo del Gato. Tal era la importancia de esta industria que el nuevo acceso a la ciudad que reemplazó al deteriorado camino Real o "camino del Gato" –actual avenida 1– fue trazado en la prolongación de la avenida 13, y se denominó vulgarmente como "camino a los Hornos de Cerrano".

Para 1885, la población censada en "los hornos del norte" ascendía a 493 habitantes, que en su mayoría estaban ocupados en los establecimientos fabriles; había cuarenta y dos edificios, veintinueve eran viviendas y trece eran fábricas (De Paula, 1987), además, ya funcionaba la hasta hoy existente escuela N.° 25. El área se consolidó como un núcleo productor de ladrillos y cal, generando el primer barrio periférico de la ciudad de La Plata.

El impulso industrial que tenía la zona propició la instalación de nuevas fábricas de ladrillo, y surgían también iniciativas para la instalación de otro tipo de industrias, como caleras o la construcción de un molino hidráulico en el arroyo del Gato para fabricar harina que finalmente no prosperó (Figura 30).

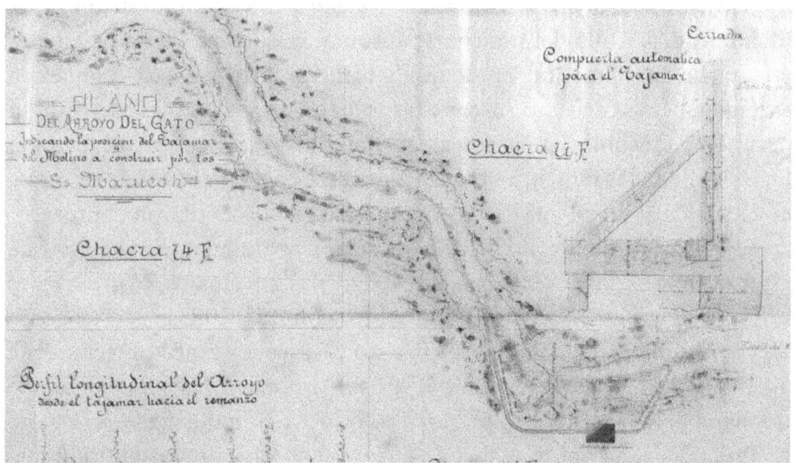

Figura 30: Proyecto de molino en el arroyo del Gato.
Fuente: Archivo Histórico Provincial "Ricardo Levene".

En 1886, se inaugura la Estación Ringuelet como estación intermedia de los tramos que unían La Plata con Buenos Aires, y también con Brandsen –ex estación Ferrari, F. C. Gral. Roca–. La apertura de la estación se considera como la fecha fundacional de la localidad. Ringuelet incrementó su crecimiento gracias a la mejora de sus comunicaciones terrestres. En 1888, se practicaron los primeros loteos alrededor de la estación.

Siguiendo el patrón de crecimiento del AMBA, caracterizado por una pronta organización metropolitana por la ubicación de crecimientos sobre los nuevos ejes del ferrocarril, otras localidades ubicadas dentro de la subcuenca del arroyo del Gato deben su nacimiento a las estaciones ferroviarias, tal es el caso de José Hernández (1886) y Melchor Romero (1884). Esta última se relacionó con la localización del Hospital de Melchor Romero –actual hospital "Alejandro Korn"–, que abrió sus puertas en 1884 y fue parte de las obras proyectadas en la fundación de la ciudad de La Plata. En la zona existían algunas quintas y chacras, y la localidad fue desarrollando ese perfil por varias décadas.

4. La formación de las periferias (1940-1980)

A partir de la década del 40, debido a la masiva oleada migratoria que se daba desde el interior del país hacia zonas con mayor desarrollo industrial, como parte de la política de sustitución de importaciones y el inicio del desarrollo del transporte automotor, el crecimiento de La Plata –que venía siendo moderado desde principios del siglo xx– empieza a extenderse fuera del casco urbano, especialmente en algunas partes de su perímetro, en coincidencia con el crecimiento periférico extensivo por la instalación de las industrias que se dio en el general del AMBA, en el que el uso del automóvil y la extensión de la red vial acentuaron el proceso.

El patrón de desarrollo urbano empieza a abandonar los pueblos que estaban conectados por el ferrocarril, y sigue la dirección de los principales caminos de acceso a la ciudad (De Terán y Morosi, 1983).

El crecimiento demográfico de Berisso y Ensenada estuvo directamente vinculado a los frigoríficos Swift (1907) y Armour (1915), que junto a la destilería YPF, instalada en 1925, eran las principales industrias de la región.

En la periferia noroeste de La Plata, se instalaron importantes industrias a mediados de siglo, como AGA en avenida 7 y 515 –producción de gases industriales–, que fue reestructurada en la década del 70; la papelera San Jorge (1950), ubicada sobre el camino Centenario y 514; la actual MAFISSA, en 44 y 184, que inicia su actividad en la década del setenta. Dentro de la subcuenca en Ensenada, se instala la Propulsora Siderúrgica (1963) hoy SIDERAR, cuyo puerto –actualmente operativo– se ubica sobre la desembocadura del arroyo del Gato, en el río Santiago.

La subdivisión del suelo rural en pequeñas parcelas permitió el acceso masivo a la propiedad individual en el área. En las zonas bajas, como consecuencia de las actividades sin control, comienzan a darse algunos usos marginales, como basurales y vertederos industriales.

En este período, el crecimiento demográfico es acompañado por políticas estatales de vivienda, al compás del proceso de industrialización mediante el desarrollo de pequeños barrios con viviendas unifamiliares.

El crecimiento demográfico, el uso del automóvil y la política intervencionista del Estado reclaman la creación de espacios para ejercer el uso del tiempo libre en la sociedad moderna.

Punta Lara, que ya era una playa reconocida desde principios del siglo xx, comienza a desarrollarse como balneario. "Desde principios de la década del treinta, con la llegada de líneas de transporte regular de pasajeros y la posterior construcción de un camino pavimentado desde La Plata, Punta Lara transitó cierto esplendor progresivamente opacado por las consecuencias de la actividad de la Destilería La Plata de YPF, fundamentalmente el derrame de petróleo crudo. No obstante, su ocupación fue sostenida tanto por la instalación de carácter estable de sindicatos como la más precaria y provisoria de recreos particulares" (Otavianelli, 1998, p. 11).

El diseño de la diagonal 74 se corresponde con el de un camino parque, con anchos laterales arbolados preparados para acampar, que hagan aprovechamiento de los arroyos existentes. El recorrido del camino en sí mismo constituye un paseo en el que el automóvil es el principal protagonista (Figura 31).

Figura 31: Camino a Punta Lara en la actualidad.
Fuente: fotografía de la autora.

La segunda etapa del modelo sustitutivo de importaciones, dedicada a la industria pesada, entre mediados de los cincuenta y fines de los setenta, se caracteriza por la disminución del crecimiento demográfico y el fin de las políticas sociales igualitarias. El crecimiento residencial comienza a extenderse en condiciones precarias, sin infraestructuras básicas y sobre áreas inundables; los sectores más pobres se asientan en terrenos anegadizos.

En el área se intensifica el proceso de ocupación de la planicie de inundación del arroyo y otras áreas anegables como el sector lindante con los bañados, donde se localiza el Mercado Regional La Plata –520 y 116– inaugurado en 1972.

En la década del 70, se construyen grandes conjuntos habitacionales en el cuadrante próximo al área de estudio anteriormente descripto. De hecho, muchas de las personas que vivían sobre las márgenes del arroyo fueron trasladadas allí.

5. La expansión territorial (1980-actualidad)

Desde fines los setenta, junto con el modelo económico aperturista importador, la retracción de la actividad industrial se hace evidente en la región. Tal como ha sucedido en el general del AMBA, el incremento de la desocupación y la precarización de los salarios producen un incremento sustancial de la pobreza urbana, aumentando los asentamientos informales en áreas anegables.

En el área de la subcuenca aumentan las ocupaciones sobre la planicie de inundación en toda su extensión, y comienzan a ocuparse tierras vacantes bajo riesgo de inundación. Este sector va a sufrir importantes transformaciones en las décadas del ochenta y noventa, por el cierre o traslado de importantes industrias. Muchos de los predios vacantes en áreas próximas al cauce del arroyo, dotados de muy buena accesibilidad regional, van a ser ocupados por grandes superficies comerciales entre fines de los noventa y principios del dos mil.

La contaminación de las aguas del arroyo –que ya era importante debido a las radicaciones industriales de los años setenta– aumenta debido a las nuevas instalaciones comerciales, la falta de control del Estado y los asentamientos poblacionales sin servicios de infraestructura.

Sumado a esta situación, en el área de bañados de Ensenada, se localiza en 1978 el relleno del CEAMSE, destinatario de los desechos de los partidos de La Plata, Berisso y Ensenada, aprovechando al principio el desagüe que proveía la proximidad del canal del Gato. Aledaña a esta planta, se encuentra la última radicación industrial del área: la Usina Termoeléctrica Ensenada de Barragán, ubicada sobre la diagonal 74 –ruta provincial 11– y el canal del Gato, cuyo funcionamiento combina *fuel-oil* y/o gas.

En este período, la subcuenca y el canal es atravesado por la autopista Buenos Aires-La Plata y emergen nuevos asentamientos precarios entre la autopista –cuyo acceso a La Plata es inaugurado en 2002– y las vías del ferrocarril Roca, junto con planes estatales de vivienda como los barrios El Mercadito I y II del Plan Federal. Esta zona estaba escasamente ocupada hasta mediados de los noventa.

El sector agrícola que se localizaba en la localidad de Romero se va desplazando hacia Abasto y Olmos debido a la presión urbana. Los cultivos que aún subsisten fueron variando de la modalidad extensiva a la intensiva, y de las plantaciones a cielo abierto a los invernaderos. Se consolida la ocupación urbana del sector de San Carlos y el área aledaña al Estadio Único, también construido en este período.

Síntesis del proceso de configuración territorial

En base al análisis del proceso de ocupación del área de estudio, se identifican como patrones comunes:

- *Primeros asentamientos*: desde sus inicios el proceso de ocupación territorial del área de estudio se organizó en base a fajas paralelas al Río de la Plata, que fueron acompañadas por las distintas posibilidades que otorgaban las infraestructuras de conectividad y la topografía del área. Mientras las primeras actividades urbanas se emplazaron sobre el cordón litoral, por razones comerciales y defensivas, las estancias se emplazaban sobre la llanura alta, a lo largo de los caminos más importantes, utilizando el borde de la barranca y los bañados para actividades extractivas y ganaderas. El arroyo, en el primer período (1520-1871), solo significó una referencia territorial, una estancia y un puente que llevaban su nombre.
- *El ferrocarril y la organización del territorio*: en el período siguiente (1871-1882), se continúa con la misma lógica de ocupación territorial. El pueblo de Ensenada (fundado en 1801) se expande sobre el cordón litoral y la traza del ferrocarril que venía desde Buenos

Aires sigue el sentido del actual camino costanero. Simultáneamente, en un punto estratégico entre Buenos Aires y Ensenada, sobre la cota más alta entre el camino Real y el camino Blanco, se funda el pueblo de Tolosa.

- *Primeras periferias, industria y curso de agua:* la fundación de la ciudad de La Plata en 1882, aunque va a interrumpir el crecimiento de Tolosa, va a significar el nacimiento de nuevas localidades en torno a estaciones ferroviarias, como Melchor Romero, José Hernández y Ringuelet, pero sobre todo va a significar el desarrollo industrial de esta última en base a los hornos de ladrillo, sentando el primer precedente de localización industrial próximo al curso del arroyo del Gato y definiendo tempranamente el perfil industrial de la zona. El arroyo comienza a cobrar funcionalidad debido a las industrias que se ubican alrededor del curso.

- *Ocupación intensiva de áreas inundables:* el período 1940-1980 va a ser el de mayor radicación industrial próxima al curso principal. La industrialización se ve acompañada por un crecimiento urbano por fuera del casco fundacional de La Plata, que consolida las localidades preexistentes y da lugar a nuevas localizaciones en las periferias, como por ejemplo San Carlos. En este proceso, la urbanización se extiende sobre la planicie de inundación del arroyo y son ocupadas áreas inundables como los bañados y la antigua franja costera. La ocupación de estas últimas se intensifica durante el período actual, con la instalación del CEAMSE y la central termoeléctrica en el área de bañados y el crecimiento de los asentamientos precarios sobre las márgenes del arroyo. El crecimiento urbano a su vez va desplazando la producción agrícola y aumenta la producción bajo cubierta, modificando las condiciones de escurrimiento de la cuenca y también el paisaje.

La siguiente figura sintetiza las cinco etapas del proceso de configuración territorial (Figura 32):

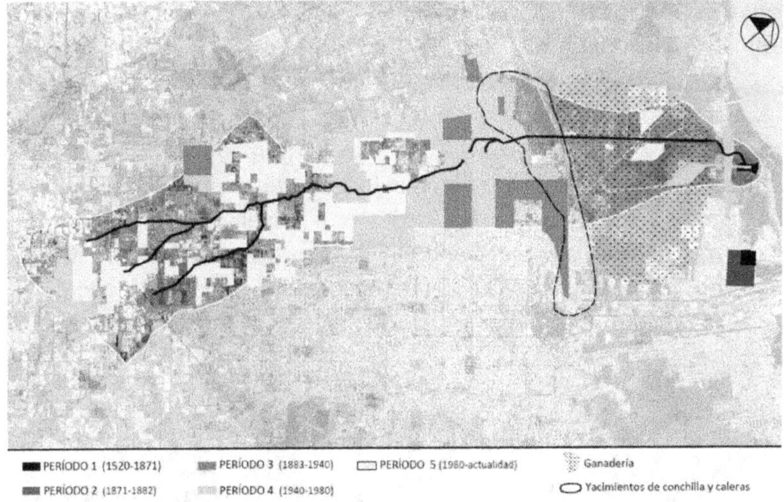

Figura 32: Proceso de configuración territorial
Fuente: elaboración propia sobre base de Google Earth.

5.3.3.2. Configuración territorial actual

La diversidad de actividades y configuraciones territoriales que se dan en la subcuenca del arroyo del Gato, como recorte geográfico del Área Metropolitana de Buenos Aires, exigen que su análisis se realice desde una mirada amplia del territorio, entendiéndolo como sistema complejo,[15] es decir, como un territorio que está conformado por diferentes patrones o sistemas territoriales interdependientes. Desde este punto de vista, se han diferenciado las configuraciones urbanas del área de estudio según su grado de consolidación y los patrones de ocupación que predominan, y que como consecuencia resultan en diferentes paisajes: *áreas periurbanas, áreas urbanas en proceso de ocupación, áreas urbanas en proceso de consolidación y áreas urbanas consolidadas.*

Áreas periurbanas: se trata de núcleos urbanos de origen rural, formados en base a chacras y quintas, que se fueron desarrollando alrededor de las estaciones ferroviarias. Aunque su actividad económica principal es agropecuaria, son áreas muy transformadas por el impacto de la

---

[15] Según Schuschny (1998), un sistema complejo se define como un sistema formado por un gran número de elementos simples, que, además de interactuar entre sí, son capaces de intercambiar información entre ellos y el entorno, y son, a su vez, capaces de adaptar su estructura interna a tales interacciones.

urbanización, pudiéndose definir hoy como áreas de interfase entre el ámbito urbano y el rural.

En el sector, esta área se sitúa entre las localidades de Lisandro Olmos y Melchor Romero, entre los límites sur, este y oeste de la subcuenca del arroyo y la calle 167 (Figura 33). La actividad predominante es la horticultura, tanto a cielo abierto como bajo cubierta, aunque también existe uso agropecuario extensivo, industrias –en Olmos– y equipamientos deportivos y recreativos. Los niveles de riesgo hídrico altos y muy altos se concentran en una pequeña porción del área, a lo largo de la avenida 44.

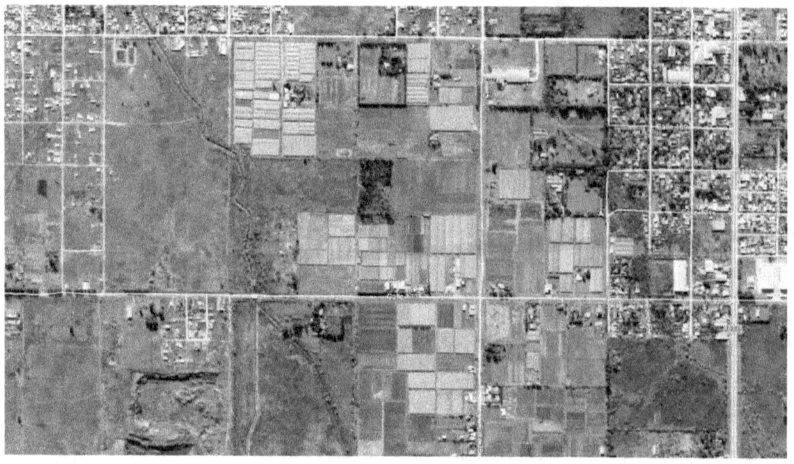

Figura 33. Áreas periurbanas.
Fuente: Google Earth.

Áreas urbanas en proceso de ocupación: se caracterizan como ámbitos territoriales determinados por la discontinuidad de la trama urbana. En algunos casos, simplemente son áreas residenciales en formación, en otros, constituyen territorios soporte de las nuevas redes metropolitanas como autopistas o grandes superficies comerciales.

En la subcuenca se detectan cinco sectores diferenciados bajo este patrón: uno situado en la localidad de M. Romero, que se caracteriza por la existencia de grandes terrenos baldíos, viviendas tipo casa quinta, asentamientos precarios –sobre todo en la planicie de inundación–, grandes predios vacantes, actividades hortícolas a cielo abierto y una cantera a cielo abierto. Los niveles de riesgo hídrico más elevados ocupan más del 40% del área.

El segundo sector es un área de grandes superficies comerciales comprendida entre el camino Centenario, el curso del arroyo (aprox. av. 520), la av. 31 y la línea divisoria de la subcuenca (Figura 34). Se caracteriza como un área con predominio de espacios libres, algunos coincidentes con antiguas canteras de extracción de tierra. Las áreas residenciales son dispersas y con características muy diferenciadas, que van de viviendas tipo casa quinta hasta asentamientos precarios. Los niveles de riesgo muy alto y alto son prácticamente nulos.

Figura 34. Áreas urbanas en proceso de ocupación.
Fuente: Google Earth.

Otro sector está comprendido entre las vías del ferrocarril Roca, el límite con el partido de Ensenada y el límite este de la subcuenca. Se caracteriza por ser un área residencial, predominantemente unifamiliar, con viviendas tipo "chalet", junto a algunos predios parquizados con usos deportivos y recreativos. Casi la totalidad del área está sometida a niveles de riesgo altos y muy altos.

Un cuarto sector, que podríamos denominar "El Mercadito", queda comprendido dentro del perímetro que definen la autopista La Plata-Buenos Aires, la av. Domingo Mercante (prolongación de la diagonal 74 de La Plata o camino a Punta Lara), la avenida 120 y el canal del

Gato. El uso predominante es el residencial unifamiliar. La densidad es media. Dentro del área funciona el Mercado Regional de La Plata (av. 520 y 116), en cuyas inmediaciones se registra un área desarrollada en línea recta sobre la autopista Buenos Aires-La Plata, con viviendas de interés social.

El área es anegable debido a su emplazamiento sobre la antigua franja costera, cuyas alturas van entre los 5 y 2 m s. n. m. Los niveles de riesgo son máximos en casi la totalidad del área.

El último sector se sitúa sobre la localidad de Punta Lara, es una zona ubicada en la desembocadura del arroyo, que se distingue por la predominancia de los espacios abiertos y la existencia de importantes masas forestales que hacen notoria la presencia del ambiente litoral.

La vía circulatoria más importante es el camino Costanero Alte. Brown, que une la zona central de Ensenada con Punta Lara, sobre ella se ubican el puerto de SIDERAR, la planta potabilizadora de agua y el Fuerte Barragán. Allí los niveles de riesgo son máximos en la mayor parte del área.

Áreas urbanas en consolidación: se caracterizan como áreas heterogéneas, ya sea por su consolidación reciente o por su proceso de construcción fragmentario. En el sector se detectan dos áreas diferenciadas con estas características.

Una primera área, que podríamos denominar "Estadio Único", queda comprendida en las inmediaciones de este equipamiento regional. Se caracteriza como un área predominantemente residencial, de densidad media, que se destaca por la cantidad de barrios de planificación estatal y conjuntos de vivienda social, totalizando un 50% de la superficie edificada. Los niveles de riesgo altos y muy altos ocupan el 60% del área.

El segundo sector se caracteriza como un área de consolidación reciente próxima al cuadrante oeste del casco de La Plata. Sus límites fueron establecidos entre la calle 149, la av. 31 y los límites este y oeste de la subcuenca. Es un área donde predomina el uso residencial unifamiliar, y existen algunos asentamientos precarios y conjuntos de vivienda social. Las márgenes del arroyo tienen una ocupación casi total desde la calle 27 hasta la av. 143. Los niveles de riesgo son altos y muy altos en un 60% del área.

Áreas urbanas consolidadas: son localidades con origen independiente a la ciudad de La Plata, que, aunque en la actualidad dependan administrativa y funcionalmente de la ciudad, poseen valores históricos y culturales propios.

En la subcuenca pueden detectarse dos zonas diferenciadas. La primera es el centro de la localidad de Tolosa, comprendido entre las avenidas 120, 13, 32 y 520. Se trata de un área residencial de densidad media alta. Un uso específico destacado es la estación de tren y los talleres ferroviarios de Tolosa. También el centro comercial de la calle 2 (Figura 35), la iglesia y la plaza, fraccionada en dos partes por las vías ferroviarias.

Figura 35: Centro comercial Tolosa.
Fuente: fotografía de la autora.

Dentro del área, se dan dos sectores diferenciados: el núcleo fundacional de Tolosa, que se ubica sobre la cota de 10 m s. n. m. (entre la av. 1 y la calle 4, aproximadamente), y un sector de consolidación más reciente, asentado sobre una cota de 5 m s. n. m., que va desde la calle 4 hacia la avenida 13, y se corresponde con el área con pendiente de los arroyos Pérez y Regimiento, cuya confluencia tiene lugar en el cruce de las calles 8 y 523, desembocando en el arroyo del Gato a la altura de la calle 11.

El entubamiento de los arroyos hace que no exista riesgo de inundación por desborde, sin embargo, se identifica como el principal conflicto del área el riesgo de inundación por saturación del sistema de desagües, tal como ocurrió en abril de 2013. En este sentido, los niveles de riesgo hídrico son máximos en un 30% del área.

Un segundo sector, que se corresponde con la localidad de Ringuelet, queda comprendido entre las vías del ferrocarril Roca, el camino Centenario y la avenida 520. Se caracteriza como un área predominante residencial unifamiliar de densidad media baja. Sobre el camino Centenario, se detecta un número importante de galpones y comercios de uso ocasional, y se destacan dos industrias: la papelera San Jorge (camino Centenario y 514) y Linde Gas (avenida 7 y 515). Los niveles de riesgo hídrico altos y muy altos ocupan un 70% del área.

Por último, está la zona de bañados, que, debido a la fragilidad y anegabilidad de sus tierras, tiene una ocupación muy escasa.

Se verifica la existencia de algunas industrias como SIDERAR y la Central Termoeléctrica Ensenada de Barragán con acceso desde la diagonal 74, así como el CEAMSE.

Estos grandes equipamientos conviven con usos recreativos como el aeroclub y lagunas sobre la autopista, donde se realizan deportes acuáticos. Predominan las áreas verdes sin uso aparente. Su valor es estrictamente ecológico.

Síntesis de la configuración territorial actual

Los cinco patrones en los que se ha clasificado la configuración territorial actual expresan el resultado de la relación que el proceso de metropolización ha establecido con el medio físico natural en distintas partes de la cuenca hidrográfica, permitiendo conocer las dinámicas actuales que atraviesa el paisaje fluvial.

- *Áreas periurbanas*: pueden resumirse como zonas hortícolas que inicialmente se desarrollaron alrededor de las estaciones ferroviarias y que hoy congregan usos residenciales de baja densidad, equipamientos deportivos, usos específicos e industrias. La actividad primaria se encuentra presionada por el proceso de expansión urbana, y las áreas aledañas al cauce principal se dividen entre predios vacantes y actividades hortícolas.
- *Áreas urbanas en proceso de ocupación*: su característica común es la discontinuidad de la trama urbana. A pesar de que cada área tenga una actividad urbana predominante –grandes superficies comer-

ciales, viviendas de interés social, vivienda unifamiliar–, en todas es común la existencia de grandes espacios vacantes –públicos y privados– próximos al curso de agua.

* *Áreas urbanas en proceso de consolidación*: aunque en menor cantidad, estas áreas también cuentan con espacios libres cercanos al curso. Se diferencian de las anteriores por ser áreas urbanas más antiguas, pero que debido a su consolidación actual no poseen una identidad urbana definida, como sí tienen las áreas urbanas consolidadas.

* *Áreas urbanas consolidadas*: en el caso de Ringuelet, las áreas inundables están completamente ocupadas, aunque el curso permanece a cielo abierto. En cambio, el centro de Tolosa se implanta en parte sobre los antiguos cursos de los arroyos Pérez y Regimiento, que hoy están completamente entubados.

* *Zona de bañados:* esta área cuenta con grandes espacios vacantes, que deben conservarse debido al valor ambiental del ecosistema de humedal, pero que, sin embargo, conviven con usos muy degradantes del suelo, el agua y el aire, como el industrial y sobre todo el denominado relleno sanitario.

5.3.4. Dimensión simbólico-cultural

En el primer capítulo de este libro, se refirió a los aspectos simbólicos y culturales de los paisajes fluviales, abordando los valores que las sociedades atribuyen al paisaje fluvial: los símbolos que se construyen en torno a la imagen del curso, los paisajes reconocidos, el disfrute de las riberas y las manifestaciones artísticas inspiradas en elementos del paisaje. En este sentido, como parte del proceso de valoración del paisaje del caso, los aspectos simbólicos y culturales han sido abordados a partir de la indagación del reconocimiento de su patrimonio natural y cultural, focalizando en la producción artística. También fueron considerados los aspectos escénicos y estéticos del paisaje fluvial, que pueden apreciarse desde las principales cuencas visuales, con el fin de identificar los elementos que definen las condiciones de visibilidad, los ámbitos escénicos y los aspectos relativos a la estética del paisaje.

Patrimonio natural

En relación al patrimonio natural, se registran declaraciones de interés municipal y provincial. A nivel provincial, mediante la Ley N. ° 12756/01 (*op. cit.*) se reconoce como Paisaje Protegido para el Desarrollo Ecoturístico al Monte Ribereño Isla Paulino e Isla Santiago en los partidos de Ensenada y Berisso. El área de la desembocadura del arroyo del Gato, sobre el arroyo Zanjón, se corresponde con el inicio del monte ribereño.

A nivel municipal, la ordenanza de usos del suelo de Ensenada,[16] a pesar de no fijar áreas a proteger y/o conservar, categoriza a la faja paralela a la diagonal 74 como "zona de recreación y lagunas"; sin embargo, no tiene ninguna consideración particular por los bañados, estableciendo a esta zona como rural mayoritariamente y en parte como "eje de transición servicio e industria".

En el caso del Municipio de La Plata, el código de ordenamiento urbano 10703/10 (*op. cit.*) nombra las áreas anegables del arroyo dentro de la categoría "área de arroyos y bañados" (E/PA), disponiendo la prohibición del volcado de efluentes industriales sin tratamiento previo, la limitación del parcelamiento y el volumen edificado y la prohibición de construir estructuras que impidan el libre escurrimiento; sin embargo, no alude a la libre conservación de las márgenes.

Patrimonio cultural

Se registran en el área reconocimientos patrimoniales a nivel nacional, provincial y municipal. El Fuerte Barragán fue declarado como Monumento Histórico Nacional (Dec. N. ° 120.41) y también como Monumento Histórico Provincial (Ley N. ° 11242/92). A nivel municipal, está incluido en una ordenanza de preservación del patrimonio, aunque no existe un plan de protección especial del mismo ni del entorno.

También en Ensenada, cercano a la subcuenca, el Palacio Piria (Figura 36) fue incorporado al patrimonio cultural de la Provincia de Buenos Aires y declarado como Monumento Histórico (Ley N. ° 12955). El barrio Villa Rubén Sito (Figura 37), donde el arroyo desemboca, no cuenta con reconocimiento oficial, sin embargo, sus casas de madera sobre palafitos construidas en la década del cincuenta merecen ser reconocidas.

El código de ordenamiento urbano de La Plata designa a la zona centro de Tolosa –situada en inmediaciones de la estación ferroviaria homónima–

16 Ordenanza N. ° 3942, anexos y modificatorias. Año 2011.

como zona de preservación patrimonial (EPP 2), al igual que el barrio de "Mil Casas" (1886), primer barrio obrero de Sudamérica, ubicado entre las calles 3, 522, 4 y 524, reconocido también por ordenanza N. ° 8920/98 como "Patrimonio Arquitectónico Urbanístico de la Ciudad".

Otro edificio de importante valor patrimonial es el Palacio Servente (Figura 36) (calle 12 y 523), inaugurado como hogar de niños en 1934, diseñado por el arquitecto Reynaldo Olivieri. Fue incorporado en 2012 al patrimonio cultural de la Provincia de Buenos Aires como "bien histórico arquitectónico".

La estructura del horno tipo "Hoffmann"[17] de la exfábrica Ctibor –localizada donde hoy se emplaza el hipermercado Wallmart y el actual Museo del Ladrillo–, localizado en la calle 514 entre los caminos Gral. Belgrano y Centenario, son las únicas estructuras que quedan del pasado de Ringuelet como polo industrial ladrillero, y fueron declarados Patrimonio de Interés Municipal en el año 2007. Asimismo, hay una antigua fábrica de cal abandonada en las calles 511 y av. 25.

Sobre el cauce sobresalen dos infraestructuras: un muro de ladrillo en el área de la desembocadura (Figura 37) y el puente ferroviario de la calle 132 bis, por donde pasaba el ferrocarril.

Figura 36: Palacio Piria y Palacio Servente.
Fuente: fotografías de la autora.

---

[17] Tipo de horno para la cocción de ladrillos.

Figura 37: Villa Rubén Sito y muro en desembocadura del arroyo.
Fuente: fotografías de la autora.

Producción artística

Dentro de la producción artística, se identificaron pinturas, fotografías y murales del área de estudio con imágenes que muestran tanto paisajes naturales como culturales, aunque pocas aluden directamente al arroyo.

El paisaje costero de Ensenada es uno de los más recurrentes en la pintura y en la fotografía del área. Los escenarios más elegidos son el río Santiago, el Palacio Piria, el Fuerte Barragán y Villa Rubén Sito. Obras de artistas de la región como José Luis Mc Loughlin, Emir Migues y Estela Izuel reflejan el paisaje costero.

El paisaje de bañados puede visualizarse en la serie de fotos "Punta Lara" del fotógrafo Ataulfo Pérez Aznar, quien refleja el uso de la diagonal 74 como un lugar elegido por los habitantes del Gran La Plata para los paseos de fin de semana.

En Tolosa, la estación de tren y los antiguos talleres ferroviarios son el escenario indiscutido de la pintura y la fotografía de la localidad.

Las referencias al arroyo del Gato aparecen en la producción artística que generó la inundación de abril de 2013. Las viviendas derribadas en las márgenes, la angustia de las familias que perdieron todo, la búsqueda de los bomberos y buzos se refleja en la fotografía como la crónica más rápida del desastre.

Las inundaciones poblaron los barrios de la región de murales conmemorativos. De producción colectiva o realizados por "grafiteros" o muralistas conocidos de la ciudad, como Luxor, ACRA y Jonatan Cognetti. Mantienen vivo el recuerdo de la inundación y no solo rememoran los momentos más críticos: los pedidos desesperados de auxilio, la pérdida de vidas humanas, las viviendas llevadas por la corriente, sino que denuncian la especulación inmobiliaria como desencadenante del desastre y rescatan la solidaridad de los vecinos (Figura 38).

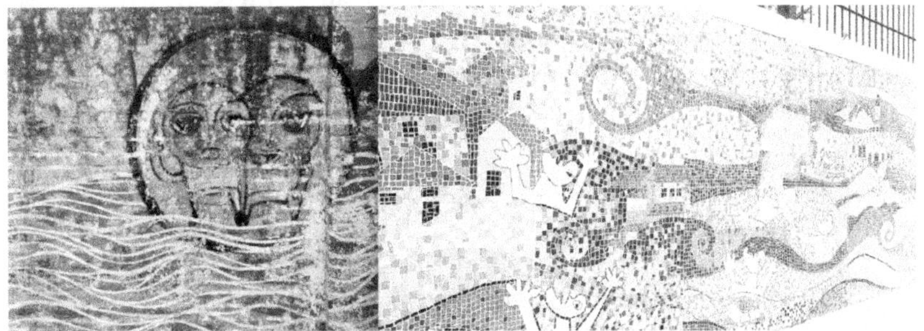

Figura 38: Murales postinundación 2013.
Fuente: fotografías de la autora.

Aspectos escénicos y estéticos

La caracterización de la estructura escénica del paisaje tiene como finalidad identificar los elementos que definen las condiciones de visibilidad de un ámbito territorial, delimitando el tipo de visión del cauce, el ámbito escénico por el que el arroyo transcurre –líneas y superficies que conforman los fondos y horizontes del paisaje–, y la amplitud y profundidad de las vistas.

También fueron considerados aspectos relativos a la estética del paisaje fluvial. En este sentido, es importante el análisis de las características formales con mayor peso en la configuración escénica de los tramos considerados, como los colores, las texturas, los componentes paisajísticos; elementos que hacen que un paisaje sea más armónico, singular o vulnerable, por ejemplo.

Los aspectos escénicos y estéticos del paisaje fluvial del arroyo del Gato, a lo largo de tramos representativos de las principales cuencas visuales, pueden resumirse en seis tramos con diferentes características:

- *Entre la naciente del arroyo y la calle 167,* el arroyo discurre por un entorno rural, el curso y las márgenes se encuentran bien conservados, con presencia de vegetación de ribera y especies arbóreas. Los puntos de observación son la RP N. ° 36 y la calle 173. En ambos casos, se dan visuales panorámicas del arroyo, debido a la inexistencia de edificaciones.

- *Ya en la calle 167 y hasta la av. 143*, el arroyo, aunque no está revestido de hormigón, se ve perfilado y sin presencia de vegetación de ribera. Las visuales son abiertas, ya que aún las edificaciones se encuentran aisladas, aunque se detectan algunas construcciones precarias sobre las márgenes. Hacia el sur de la av. 143, la vegetación de ribera es abundante, y la visión que continúa abierta se cierra con un fondo escénico dado por la curvatura del curso y un monte de eucaliptus.

- *Hacia el norte de la av. 143 y hasta la av. 13*, el arroyo revestido en hormigón discurre por un ámbito donde coexisten grandes espacios verdes y algunas áreas ocupadas por viviendas, comercios y galpones, razón por la cual hay visuales panorámicas, abiertas y cerradas. Hasta el año 2015, el arroyo no estaba revestido, por lo que sus características y escénicas han variado completamente en poco tiempo. Había juncos, totoras, cañas y arbustos en la ribera, y en sectores grandes masas forestales. Hoy la vegetación de ribera se ha perdido completamente debido a la obra realizada. Aún puede destacarse como punto de valor escénico y estético el antiguo puente ferroviario que todavía se ve desde la av. 31 hacia el sur.

- *El tramo que va desde la av. 13 hasta el blvr. 1* puede describirse como el más urbanizado de la subcuenca. La visión es abierta en todo el recorrido y se vuelve panorámica hacia las vías del F. C.

- *Desde el blvr. 1 y hasta la desembocadura del arroyo Zanjón en el río Santiago*, el arroyo canalizado corre por un área que se caracteriza por su abundante vegetación, que señala la influencia de la selva marginal. En el área de bañados predomina un estrato bajo dominado por pajonales y pastizales. A medida que el arroyo se acerca hacia la desembocadura, las especies vegetales aumentan en variedad y en cantidad, y se incrementa considerablemente su altura. La visión del arroyo pasa de ser completamente abierta en el cruce con la autopista, donde el cauce está canalizado, hasta cerrarse prácticamente en el arroyo Zanjón, cuyo recorrido es ondulado y la vegetación comienza a ocupar el área del cauce. Es necesario señalar que el paisaje de este tramo también se vio afectado por obras de adecuación del curso, por lo que su ensanchamiento significó transformaciones en el paisaje. Centralmente las márgenes han perdido la vegetación propia de ribera, así como han disminuido los pajonales y las masas forestales.

- *En el área de la desembocadura* (Figura 39), el paisaje es propio del ecosistema de monte ribereño, con abundante y variada vegetación que enmarca el recorrido del arroyo. Hay diversidad de colores y texturas, que se reflejan en el agua que permanece quieta. Las visuales se van cerrando parcialmente por la ondulación del cauce y el aumento de la vegetación en algunos sectores.

Figura 39: Área de la desembocadura.
Fuente: fotografía de la autora.

Síntesis de la dimensión simbólico-cultural

La indagación de lo simbólico y cultural en el área de estudio sintetiza los principales aspectos sobre la construcción de significados alrededor del paisaje fluvial en el arroyo del Gato.

- *Paisaje y curso de agua:* hay escasas expresiones construidas alrededor del paisaje fluvial. De hecho, las únicas representaciones directamente vinculadas al arroyo son los murales y fotografías surgidos a partir de la inundación de abril de 2013.
- *Patrimonio natural y cultural:* existen reconocimientos legales y manifestaciones culturales en relación al patrimonio del área, que

pueden organizarse en tres temas principales: el paisaje litoral, el patrimonio edilicio en Tolosa y el incipiente reconocimiento de las antiguas instalaciones de la fábrica Ctibor en Gonnet.

- *Aspectos escénicos y estéticos:* el análisis de los aspectos escénicos y estéticos del paisaje fluvial demuestra que hay paisajes atractivos vinculados al curso de agua, con valores naturales y culturales, que no cuentan con ningún tipo de reconocimiento ni proyecto. Entre ellos, están el paisaje que se visualiza desde la ruta N. ° 36 –área de naciente del arroyo–, el que se ve desde la calle 173 –por su escasa modificación–, el puente ferroviario que se divisa desde la av. 31 y la desembocadura del arroyo, con el marco escénico del paisaje ribereño.

- *Paisaje y accesibilidad:* aunque con menor valor estético que los anteriores, el paisaje fluvial que se visualiza desde el camino Centenario, la avenida 7 y la prolongación de la diagonal 74 en Punta Lara conserva valores propios del paisaje fluvial, que podrían potenciarse a partir de las buenas condiciones de accesibilidad que proveen dichas vías de conectividad regional.

5.3.5. *Las unidades de paisaje y los paisajes de atención especial*

El estudio técnico y científico de los aspectos que describen al paisaje del área de estudio permitió la identificación de unidades de paisaje fluvial.

Las primeras unidades identificadas son preliminares, dado que el proceso no solo va a estar informado por el conocimiento técnico-científico, sino que cuenta con una instancia participativa, fundamental para relevar el conocimiento y la percepción de los ciudadanos que viven el paisaje como parte de su entorno cotidiano.

De esta instancia surgen las unidades de paisaje fluvial socialmente consensuadas, las que sintetizan no solo los hechos territoriales más relevantes, las principales características del medio natural y los aspectos simbólicos y culturales, sino que identifican la percepción y el sentimiento de pertenencia de los habitantes del lugar.

5.3.5.1. Unidades de paisaje preliminares

Antes de iniciar el relato de esta primera instancia de síntesis en la caracterización del paisaje fluvial, vale recordar que una unidad de paisaje es una porción de territorio caracterizada por una combinación específica de componentes ambientales, culturales, perceptivos y simbólicos, que configuran un "carácter" particular.

Por ello, para determinar cuáles son las áreas dentro del ámbito de aplicación con un carácter homogéneo, se caracterizaron por separado las tres dimensiones que configuran al paisaje fluvial, y en base a la interrelación de dichas dimensiones, se detectaron las primeras unidades de paisaje y paisajes de atención especial –áreas que requieren criterios específicos de intervención–.

El carácter de cada unidad en algunos casos proviene de particularidades del territorio a nivel de cuenca y en otros se vincula al curso. *Esto significa que en algunas oportunidades es el territorio el que otorga el carácter al paisaje fluvial y en otras es el curso de agua el que lo hace.*

Un ejemplo del primer caso se da en los territorios muy condicionados por factores físico-naturales, como la franja litoral del Río de la Plata, los bañados y el borde de la antigua barranca, donde la ocupación urbana se vio históricamente restringida y, por lo tanto, el paisaje natural sigue teniendo una impronta significativa.

También se verifica en los casos donde el carácter deriva del uso y aprovechamiento del suelo, como lo es en las áreas con un marcado perfil agrícola, o en las áreas urbanas consolidadas como el centro de Tolosa y Ringuelet, donde el carácter del paisaje fluvial deriva de la historia urbana que se expresa en el patrimonio cultural.

La dificultad de determinar el carácter del paisaje sobreviene en las áreas urbanas en consolidación o en construcción, donde la discontinuidad de la trama urbana hace que no tengan una identidad definida ni un patrimonio cultural destacable, pero tampoco se conservan valores del medio natural, dado que son territorios intensamente transformados.

Y aquí es central el rol del curso de agua, porque es el que otorga el carácter al territorio en el que se inserta, aportando valores estéticos, culturales y ambientales a las periferias metropolitanas.

En base a la determinación del carácter del paisaje fluvial, se han podido identificar en sentido naciente-desembocadura ocho unidades de paisaje y cinco unidades de paisaje de atención especial que se detallan a continuación.

Unidades de paisaje (Figura 40):

1. *Paisaje fluvial agrícola:* se caracteriza por ser un ámbito predominantemente rural, donde el paisaje fluvial tienen un escaso grado de transformación, y en el que se detectan valores naturales relativos a la naciente del arroyo, algunos bosques sobre el curso y también valores culturales propios del paisaje rural, como los cultivos a cielo abierto.

2. *Paisaje fluvial de meandros y puentes:* el arroyo conserva en gran parte su morfología original –aunque está revestido en hormigón–, y transcurre por un ámbito urbano discontinuo en el que existen varios puentes peatonales. Se destaca el puente ferroviario de la ex línea provincial, de gran valor escénico.

3. *Paisaje fluvial de espacios verdes y caminos:* la morfología del cauce está completamente transformada, y el arroyo transcurre en parte canalizado y revestido. El carácter del paisaje fluvial proviene en este caso de los amplios espacios vacantes y de las vías regionales que atraviesan en sentido transversal al curso, ejes históricos en la configuración territorial del área.

4. *Paisaje fluvial de Ringuelet:* se caracteriza como un área residencial unifamiliar consolidada, en el que la mayor parte de la planicie de inundación está ocupada por asentamientos precarios. Es el primer núcleo poblacional del área configurado a orillas del arroyo.

5. *Paisaje fluvial de Tolosa:* esta unidad se caracteriza como el área urbana más consolidada del ámbito de aplicación. Posee un vasto patrimonio cultural y, aunque el curso del arroyo del Gato no la atraviesa, se implanta sobre los cauces entubados de los arroyos Pérez y Regimiento.

6. *Paisaje fluvial de la antigua barranca:* se determina como un paisaje fluvial donde conviven características urbanas con vegetación propia de humedal, debido a su condición de transición entre la llanura alta y la llanura costera. Como borde de la barranca, esta zona ofició históricamente como frontera entre los bañados y la terraza alta.

7. *Paisaje fluvial de bañados:* se localiza entre la autopista Bs. As.-La Plata, el límite con el cordón litoral (unidad geomorfológica) y los límites este y oeste de la subcuenca. El paisaje fluvial se desarrolla en un área de bañados de vital importancia ambiental, pero sustancialmente modificada por las industrias que allí se asientan.

8. *Paisaje fluvial costero:* esta unidad corresponde al área donde el canal del Gato desemboca en el arroyo Zanjón, y este en el río Santiago. Se trata de un ambiente litoral donde es notoria la influencia de la selva marginal. Los primeros asentamientos poblacionales del área se dieron en esta unidad.

Los paisajes de atención especial seleccionados son el área de la naciente por su valor ecológico; el área de confluencia entre el curso principal y un curso secundario, en 159 y 528, por su valor forestal y paisajístico, los bosques de ribera entre las calles 155 y 146, el centro histórico de Tolosa, como patrimonio cultural, y la zona de la desembocadura que forma parte del monte ribereño.

Del proceso de identificación y caracterización del paisaje fluvial, en base al análisis de cada una de sus dimensiones, se ha obtenido una primera delimitación de unidades de paisaje. Sin embargo, es la percepción social del paisaje la que permitirá identificar los valores subjetivos –estéticos, simbólicos, culturales– en base a los que se ajustarán las unidades de paisaje y los paisajes de atención especial.

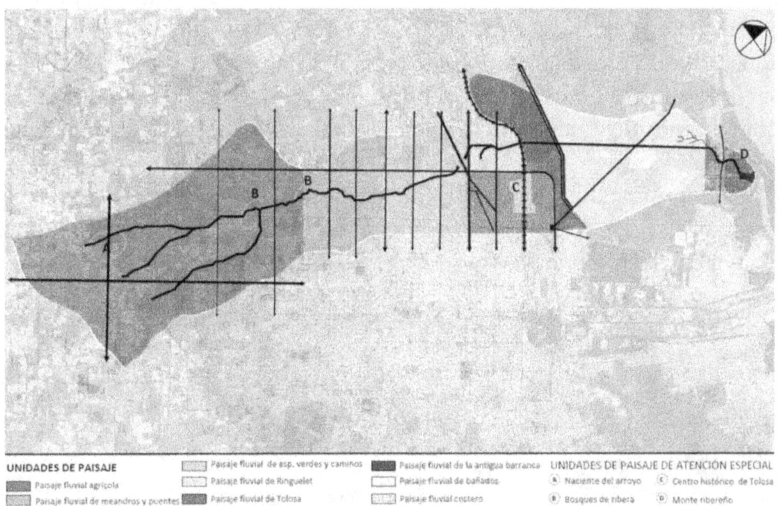

Figura 40: Unidades de paisaje preliminares.
Fuente: elaboración propia sobre base de Google Earth.

5.3.5.2. La percepción social del paisaje

A fin de conocer la percepción social del arroyo del Gato como paisaje fluvial, se realizaron distintas modalidades de consulta pública para relevar la opinión de los actores con conocimiento sobre el área de estudio: expertos sobre el paisaje –en base a la cual se desarrollaron los aspectos ecológicos, hídricos, geomorfológicos e hidráulicos–, delegados municipales, vecinos del área y alumnos de una escuela local durante el período 2014- 2015. Asimismo, durante el año 2016, fueron actualizadas las entrevistas en los sitios donde las obras hidráulicas modificaron las características del paisaje, en las localidades de San Carlos y Tolosa.

Las entrevistas a los actores locales fueron realizadas en zonas específicas del área de estudio, eligiendo las áreas más pobladas y en relación directa con el arroyo, de manera que el curso de agua sea parte del paisaje cotidiano. Las entrevistas a los delegados municipales fueron realizadas en las localidades de pertenencia de estos sitios: Tolosa, Ringuelet y San Carlos. La modalidad elegida para las entrevistas fue la de *entrevista semiestructurada* –alternando preguntas estructuradas y espontáneas con acompañamiento de información cartográfica–, mientras que la modalidad de *entrevista no estructurada* fue la escogida en el caso de los vecinos.

Habiendo detectado, durante las entrevistas en Ringuelet, que el arroyo constituye un elemento simbólico central en la identidad de la localidad, se profundizó en la consulta pública, con un trabajo práctico realizado por alumnos del nivel primario de la escuela N. ° 25 (camino Centenario e/ 511 y 512).

A continuación, se exponen los sitios donde fueron realizadas las entrevistas (Figura 41), y los resultados obtenidos para cada tramo del arroyo en cada una de las instancias.

Figura 41: Sectores de realización de entrevistas.
Fuente: elaboración propia sobre base de Google Earth.

Sector 1 - localidad San Carlos (Figura 42)

La localidad de San Carlos se divide en cuatro barrios: El Triunfo, La Cumbre, La Granja y Las Quintas, y todos están atravesados por el curso del arroyo del Gato, que se prolonga por 12 cuadras a cielo abierto. Por lo tanto, el arroyo forma parte de la vida cotidiana de la localidad; sin embargo, ¿es valorado como paisaje fluvial?...

Las inundaciones, la contaminación, el deseo de entubar el arroyo, la pavimentación de las calles aledañas, la esperanza depositada en las obras hidráulicas y el recuerdo de un pasado idílico donde el arroyo era un curso limpio están presentes en la mayoría de los relatos.

Durante las entrevistas realizadas en el año 2014, una vecina que vive hace veinte años en 526, entre 135 y 136, espontáneamente refiere a las inundaciones, y no solo a la del 2 y 3 de abril de 2013, en la que se inundó y perdió todo, sino a las inundaciones como una constante en el barrio. Cada febrero los vecinos se preparan para una posible inundación, y cada vez que llueve controlan el nivel del agua del arroyo, alertándose si llega a la mitad.

Sin embargo, el tema de mayor preocupación para los vecinos de esta zona no eran las inundaciones, sino la contaminación del curso. La misma vecina comenta que el arroyo "siempre fue un basurero", debido a que la gente tira basura. No hace distinción entre los que viven sobre la calle o sobre las márgenes, aunque hay recolección de residuos, todos tiran la basura al arroyo. Por eso, para ella, la única solución posible al problema de la contaminación y las inundaciones es el entubamiento... aunque ya no puedan controlar el nivel del agua del arroyo.

Otras dos vecinas de la cuadra, durante el mismo año, también apoyan la idea del entubamiento como única solución para evitar los residuos domiciliarios. Una de ellas vive hace 23 años allí. Cuenta que cuando vino a vivir al barrio había muy pocas casas, "era todo campo". El arroyo tenía mayor caudal, no era tan oscuro y había tortugas, aves y peces. Ahora está muy abandonado: "hay gente que no se preocupa, tira toda la basura", sobre todo los habitantes del asentamiento, que están hace ocho o diez años. Con respecto a las inundaciones, a ellos "no les pasa nada, porque están arriba y allá no se inunda, nos inundamos nosotros".

La otra vecina vive en 526, entre 135 y 136, desde que nació, hace más de 60 años. Dice haber esperado toda su vida por el entubamiento del arroyo, aunque recuerda que en un momento fue muy limpio y que pescaban en él. En su niñez, todo era campo, había vacas, ovejas y las casillas no estaban. Pasaba el tren que iba a Gambier, del que todavía se conserva el puente. Pero con el tiempo la zona se fue transformando: "Se fue llenando –no de basura– de gente sucia, que tira toda la mugre por la ventana. No quiero ni salir yo (…) Ese es el paisaje que yo veo desde mi casa".

Desde la gestión gubernamental del delegado de San Carlos, entrevistado también en 2014, se destaca la importancia de la obra de canalización del arroyo que se realizará hasta la avenida 143, y suministra algunos detalles sobre cómo quedará cuando esté finalizada: un muro de 1 metro funcionará como baranda y protección frente a los desbordes, habrá veredas laterales, la avenida 526 (aledaña al arroyo) será pavimentada, así como algunas calles perpendiculares al arroyo, como la 140 y la 141. También están previstas dos plazas con juegos infantiles: una en 135 y 526 y la otra en 140 y 526, elegidas en base al "presupuesto participativo".

El delegado, que nació y vivió toda su vida en el barrio, recuerda que el arroyo era un lugar de juego en su infancia, donde de niño pescaba. Y aunque hoy no se usa como tal, no existe un grado de contaminación tan importante como el que hay en Tolosa y Ringuelet, y tampoco zonas inseguras o de difícil acceso al cauce.

Sin embargo, el no ve al arroyo como un paisaje agradable, y piensa que la gente de la localidad tampoco lo ve así. Ni siquiera lo será cuando las obras vinculadas a la canalización estén culminadas, ya que son obras orientadas a la reducción del riesgo de inundación, pero no incluyen necesariamente una mejora en la calidad del paisaje.

Durante el año 2016, fueron entrevistados vecinos de la misma cuadra, para relevar la percepción del curso luego de realizada la obra de canalización y revestimiento. Los tres vecinos consultados acordaron en que la obra mejoró la situación del barrio en términos de estética urbana –concretamente refieren a que se ve más prolijo–, y que con la pared que funciona como baranda están más tranquilos.

Al ser consultados sobre el problema de los residuos sólidos en el cauce, no tienen un registro tan claro como en 2014, donde el tema surgía espontáneamente. Esto podría deberse a que el curso ya no se ve desde lejos –es necesario ponerse frente a la baranda para verlo–, por lo tanto, tampoco se ve si corren residuos por él.

Asimismo, destacan que por ahora no han sufrido inundaciones, y que se sienten más tranquilos sabiendo que existe una obra de infraestructura destinada a evitarlas.

Cuando son consultados respecto de los cambios que generó la obra de infraestructura en el entorno, comentan que más allá de las riberas y márgenes no hubo ninguna intervención hasta el momento. La calle paralela al curso está visiblemente en malas condiciones, y no hay ningún tipo de propuesta de espacio público.

Figura 42: Arroyo del Gato en 137 y 526 en el año 2014 y 2016, respectivamente. Fuente: fotografía de la autora.

Sector 2 - localidad de Ringuelet

El arroyo del Gato también forma parte central de la vida cotidiana de los vecinos de Ringuelet, de hecho, se ubica geográficamente en el centro de la localidad, limitada por el camino Centenario, las vías del F. C. Roca, la autopista Buenos Aires-La Plata y la av. 520. La mayor parte del curso se encuentra dentro de los barrios "Casco" y "Hugo Stunt", entre las avenidas 13 y 1. Mientas que entre 1 y la autopista están la villa "Ciudad Oculta", un asentamiento de 35 viviendas y el barrio "El Mercadito", entre las calles 9 y 11 tiene lugar el barrio "La Isla", un asentamiento precario ubicado en el área de confluencia de dos brazos del arroyo, en el que la mayoría de sus pobladores, según el delegado, son de nacionalidad paraguaya y peruana.

Las entrevistas a los vecinos fueron realizadas durante el año 2014 sobre la calle 514 entre 1 y 4, algunas sobre el cauce y otras cruzando la calle. Todos ellos viven hace más de veinte años en el área y la mayoría hace más de cuarenta.

Por tratarse de vecinos con muchos años de residencia en el sitio, en todos los relatos emerge el recuerdo del arroyo cristalino, los procesos que derivaron en su estado actual, así como la problemática de las inundaciones y la contaminación del curso. Sin embargo, el entubamiento del arroyo –tema recurrente en San Carlos– no aparece en el testimonio de los vecinos de Ringuelet. El arroyo es recordado como un curso limpio, donde había tortugas, aves y peces hace cuarenta años. La gente se bañaba y pescaba en él, el agua era cristalina. Quizá ese recuerdo positivo hace que los vecinos no deseen su entubamiento. Además, al estar ubicados en el tramo final del cauce, tienen un mayor conocimiento hidráulico y saben que esta zona funciona como un "tapón" para las inundaciones en La Plata.

La primera vecina entrevistada vive hace más de cuarenta años en 514, entre 2 y 3, compró allí un terreno con la promesa de que el arroyo sería entubado y, así, junto a su marido, construyeron una casa de chapa y cartón. Recuerda que el arroyo tenía poca agua, que era limpio y que no había olores desagradables. La gente pescaba cuando crecía y "se sacaban buenos pescados". Diez años después, la situación cambió completamente. Una fábrica situada en la zona ensanchó el cauce, "lo mandó a agrandar para poder tirar sus cosas ahí… Venía toda la cosa que salía de ahí, pasaba toda la grasa, todo". La ocupación de las márgenes se incrementaba cada vez más, "se iba una gente y venía otra", el proceso era continuo. En un primer momento, fueron reubicados en "monoblocks" de la zona, y muchos años más tarde en el barrio "El Mercadito". La vecina no piensa en el entubamiento, tiene muy buenos recuerdos del arroyo. Además, concluye que, "si llegan a hacer el entubamiento, La Plata se inunda… Gracias a este arroyo que no está entubado, se salva La Plata".

Otros dos vecinos entrevistados viven en la misma cuadra. La inundación para ellos tampoco es su principal tema de preocupación, como sí lo es la contaminación del arroyo. Coinciden con sus vecinos en que el agua del arroyo era cristalina hace 40 años, que había muchas tortugas de agua y que pescaban para comer. Sin embargo, ahora el arroyo está tan contaminado que "hay días en que el olor es insoportable".

Confirman la existencia de un conflicto entre los vecinos que viven de "este lado" de la 514 y los que viven sobre las márgenes, algo que se venía vislumbrando en entrevistas anteriores. Comentan que los vecinos que viven "en el arroyo" les quitan la luz y el agua que ellos pagan, y, aunque hay recolección de residuos, "prefieren" tirar la basura al agua.

Otra vecina refiere al mismo problema con los vecinos del "asentamiento". Ella vino a vivir hace cuarenta años a 514, entre 3 y 3 bis (Figura 43), sobre el cauce, proveniente del norte del país. Recuerda que en esa época había pocas casas sobre el cauce, y que "la gente de las orillas era gente de bien, gente trabajadora, gente humilde"; había quintas, gallineros y corrales. Hoy la situación es muy diferente: el arroyo está contaminado, se tira basura y hay gente que "no es de bien". Atribuye a la instalación de fábricas desde fines de los setenta el estado actual del curso: "Todos empezaron a tirar todo, todo, todo al arroyo. Ahí fue cuando empezó la contaminación. Te estoy hablando del año 76, 78, calculale. Y, después, la gente que volvió a habitar el lugar ya al arroyo lo usó de basurero". A su padre el gobierno le ofreció un departamento en "La Favela"[18] para abandonar las márgenes, sin embargo, pudo adquirir un terreno más alejado y se quedaron a vivir en el barrio.

Otro vecino, en 1 y 514, recuerda que en su infancia cazaba cuises, liebres y perdices detrás de la vía, pero, desde que está el asentamiento, desaparecieron todos los animales. Según él, la contaminación del arroyo es causada por los desechos cloacales del asentamiento sobre las márgenes, y las industrias que "no hacen los tratamientos que tienen que hacer y vierten directamente al arroyo", además, "la planta acá del otro lado –planta de tratamiento cloacal–, que es una imagen nada más porque nunca funcionó, ahora está rota la bomba, y si ves allá hay como un zanjeo abierto, que vierte por desborde al arroyo sin ningún tipo de tratamiento".

En el "asentamiento" de la calle 514, un vecino cuenta ilusionado que vinieron a censarlo para darle una casa –al lado de la planta cloacal–. Su casa de madera elevada sobre pilotes, en la esquina de 514 y 4, se destaca entre las demás, bajitas y de chapa. Dice que fue una de las primeras, después de que la gente que vivía antes se fuera a vivir a "La Favela". El asentamiento de atrás de las vías es más reciente, tendrá unos 15 años, nos comenta.

El delegado local precisa detalles de la reubicación de las familias damnificadas por la inundación, las medidas del ensanchamiento y el uso futuro de la ribera. Dice que cuando se reubiquen las familias se va a

---

[18] Complejo habitacional de la zona.

hacer un gran espacio verde, tratando de evitar que no se vuelva a formar un asentamiento.

Al ser consultado sobre el arroyo como paisaje, comenta que no es visto de ninguna manera como un lugar agradable, porque además no hay ningún sitio libre: "La gente está acostumbrada al arroyo porque vivió toda la vida, pero no lo ven como positivo ni como negativo". A pesar de esto, comenta que en los vecinos está el recuerdo del arroyo como un lugar agradable, en el que la gente pescaba y se bañaba, antes de los años 80.

Figura 43: Arroyo del Gato desde calle 3 y 514.
Fuente: fotografía de la autora.

Sector 3 – Tolosa (Figura 44)

En el núcleo histórico de Tolosa, no hay presencia del curso de agua, ya que los arroyos Pérez y Regimiento discurren por allí entubados; sin embargo, el sur de la localidad es atravesado por el curso principal del arroyo del Gato a cielo abierto. Las zonas aledañas al arroyo poseen escasa ocupación residencial, predominan los clubes deportivos y los comercios de gran escala.

Los barrios próximos al arroyo son "La Favela" y "Justicia Social" (entre las avenidas 13 y 19), y un barrio donde hay una importante comunidad boliviana (entre las avenidas 19 y 25).

Los vecinos entrevistados viven sobre la calle 27, entre el cauce del arroyo y la calle 525. En el momento en que fueron realizadas las entrevistas, el Ministerio de Infraestructura Provincial estaba ejecutando la obra de canalización del arroyo en este tramo, por lo que es un tema que se repite entre los entrevistados durante el año 2014.

La primera vecina entrevistada vive hace 25 años en la misma casa, a unos 25 metros del cauce. Cuando se mudó, en el barrio había pocas casas y el arroyo era más angosto, no estaba tan contaminado: los chicos hacían balsas de telgopor y jugaban en él. Hoy vive mucha más gente y hay un asentamiento sobre las márgenes en el que los habitantes tiran la basura al agua. Comenta que el entubamiento del arroyo sería una buena alternativa, sin embargo, le gusta el arroyo como paisaje: "Quisiera que el borde esté arbolado y que hicieran una plaza para que se mantenga más limpio". Respecto de la obra de canalización, piensa que al tener paredes y fondo de hormigón la basura va a correr más rápido por el cauce, y la imagen del arroyo va a ser un poco "más prolija".

Un vecino, a mitad de cuadra, retoma el tema de la inseguridad en el barrio, dice que hoy hay mucha delincuencia, que antes era una zona tranquila. Él vive desde que nació (hace 65 años) allí, y relata que en su niñez el barrio era "todo campo", con ganado y quintas. El agua del arroyo era limpia: "nos bañábamos y pescábamos ahí", y la zona era tranquila. Pero hace treinta años, el barrio se empezó a poblar y el arroyo a contaminarse. El vecino relaciona a las fábricas de Romero y Olmos con la contaminación actual, y a los vecinos de "ahí atrás" (asentamiento sobre las márgenes) que tiran basura al arroyo. Prefiere que el arroyo quede abierto, porque si lo entuban "tiene que reventar el agua por algún lado".

El delegado de Tolosa afirma que en la localidad la ribera del arroyo no se usa como espacio público, debido a que la mayor parte de las áreas vacantes están dentro de predios privados (clubes San Luis y Los Tilos). Asimismo, comenta que el área vacante que dejará la relocalización de las familias que viven sobre las márgenes en Ringuelet será ocupada por un gran espacio público donde predominará el hormigón, con equipamientos urbanos fijos, para evitar la relocalización de familias sobre las márgenes, proceso que según él se produce continuamente.

El delegado menciona como un sitio agradable el área de los clubes
de rugby sobre la avda. 19, y el espacio libre frente al hipermercado Nini
sobre la avenida 25, el cual considera como el sitio con mayor potencial
del área para construir un espacio público, y que debiera conservarse sin
edificaciones. Dado que el arroyo solo atraviesa un pequeño sector de
Tolosa a cielo abierto, no es considerado como un paisaje representativo
de la localidad, como si lo es –afirma– el "casco" de Tolosa, debido a su
valor histórico.

Durante las entrevistas realizadas en el año 2016, con la obra de canalización finalizada, los vecinos que son consultados en la misma cuadra
destacan el cambio positivo en la imagen del arroyo con el revestimiento
y las barandas de hormigón, a pesar de que resaltan el hecho de que la
obra no está finalizada.

Cuando son consultados sobre si disminuyó el riesgo de inundación,
responden que aunque aún no ha habido precipitaciones de gran magnitud, el agua corre mejor con la obra realizada.

Con respecto al tema de los residuos, al igual que en el caso de los
vecinos de San Carlos, comentan que ya no ven al arroyo, por lo tanto,
el tema de la basura en el curso dejó de formar parte de la problemática
cotidiana.

Figura 44: Arroyo del Gato en 25 y 524 en el año 2014 y 2016, respectivamente.
Fuente: fotografías de la autora.

Los niños de Ringuelet dibujan al arroyo del Gato

Como parte del proceso de consulta llevado a cabo para conocer la percepción que los habitantes del área tienen sobre el arroyo del Gato, se estimó necesario no solo consultar a los distintos actores sociales del lugar, sino a los diferentes grupos etarios.

Los niños aportan una mirada desprejuiciada del paisaje. Su imaginación permite explorar nuevas alternativas para el uso del arroyo como espacio público, ya que son ellos quienes espontáneamente usan las márgenes como espacio de juego.

Ringuelet fue el lugar elegido para realizar el trabajo, dado que durante las entrevistas demostró ser la localidad donde el arroyo contiene un mayor valor simbólico.

El arroyo emerge en el imaginario de sus habitantes como uno de los principales símbolos, de hecho, es el elemento central del escudo local (Figura 45), y a su lado pueden verse las vías del ferrocarril y las chimeneas de la antigua fábrica de ladrillos. Dos puentes sobre el arroyo unen las vías del tren con las viviendas de varios pisos, que se separan del cauce.

Figura 45: Escudo de Ringuelet.
Fuente: fotografía de la autora.

Este escudo fue realizado por alumnos de la escuela primaria N. ° 25 "Coronel Manuel Dorrego", ubicada en camino Centenario e/ 511 y 512, en el marco de un concurso que abrió la delegación comunal en 2006, para elegir la insignia local.

En el proyecto ganador, el arroyo es azul y los árboles sobre las márgenes se reflejan en él. Mientras que las fotografías nos muestran un paisaje fluvial degradado, basurales sobre las márgenes del arroyo y viviendas precarias de un piso que parecen caer de la barranca, el escudo evoca un cauce de aguas cristalinas, un arroyo libre de edificaciones, con márgenes forestadas, y a lo lejos viviendas de varios pisos que miran hacia las humeantes chimeneas de las fábricas.

Sabiendo que los alumnos de esta escuela tenían una estrecha vinculación con el arroyo del Gato, se decidió trabajar allí, siendo además la primera escuela de Ringuelet y una de las primeras del partido de La Plata.

Se les solicitó a los alumnos de 2°, 4° y 6° año del nivel primario que realicen un dibujo de cómo ven al arroyo hoy y cómo les gustaría que fuese a futuro, indicando dónde viven, previa exposición de las características de la cuenca.

En primer lugar, se confrontan los resultados de los dibujos realizados por alumnos que viven próximos al curso fluvial con los que viven más alejados.

Los niños que viven próximos al cauce (Figura 46) realizan representaciones más detalladas del arroyo: caracterizan los tipos de residuos en el agua y dibujan viviendas de diferentes tipos y colores que se alejan del cauce, a pesar de que la mayor parte de los alumnos vive sobre las márgenes. La forestación es escasa, y aunque dibujan el arroyo contaminado, siempre incluyen animales acuáticos como peces o tortugas de agua. Respecto del color del agua, no hay unanimidad, algunos la dibujan azul, otros marrón y otros verde. En cambio, los niños cuya vivienda está alejada del arroyo (Figura 47) dibujan el agua en color marrón, aunque sin detalle de los residuos que flotan. Las viviendas se representan como idénticas y rodeadas de forestación. En los dibujos aparecen frases como "la gente no lo cuida" o "¡cómo contaminan el arroyo!".

A continuación, se comparan algunos de los dibujos realizados sobre la situación actual del arroyo y cómo les gustaría a los alumnos que fuese a futuro.

Figura 46: Alumno n. ° 1. 4° b. Calle 515 e/ 10 y 11. Localización próxima al cauce.
Fuente: fotografía de la autora.

Figura 47: Alumno n. ° 2. 6° b. Calle 509 e/ 10 y 12. Localización alejada al cauce.
Fuente: fotografía de la autora

En segundo lugar, de la comparación de los dibujos de la actualidad y del futuro deseado (Figura 48), surge a primera vista el cambio en el color del agua: de marrón a celeste. Además, en la situación futura se suman árboles, flores, juegos, peces y hasta el sol iluminando el paisaje.

Figura 48: Alumno n. ° 3. 4° b. Calle 515 e/ 10 y 11.
Fuente: fotografías de la autora.

Como conclusión general del trabajo, es posible afirmar:

- Los alumnos que viven próximos al arroyo ven a la contaminación como parte del paisaje cotidiano, es una realidad que conocen. Sin embargo, aunque sus casas estén sobre el borde del arroyo, las dibujan alejadas, como una forma de separarse de esa realidad.
- Los alumnos alejados del arroyo no se sienten parte de la realidad que significa la contaminación del cauce, atribuyendo la degradación al mal comportamiento de los vecinos. El arroyo es una franja marrón, con casas pegadas, idénticas y rodeadas de árboles.
- Todos imaginan un futuro mejor para el arroyo. Cuando dibujan cómo les gustaría que fuese, dibujan flores, árboles y peces, pero sin aislarlos del contexto territorial.

Síntesis de la percepción social del paisaje

Para sintetizar los resultados de la consulta pública acerca de la percepción del paisaje fluvial, se exponen los aportes más relevantes de cada uno de los actores consultados, a fin de ponderar el rol de esta etapa en la caracterización y evaluación paisajística.

Las entrevistas a los delegados comunales han aportado información acerca de las problemáticas más importantes de cada localidad, situando las inundaciones como el tema más relevante en relación al arroyo.

Por otro lado, los delegados han ofrecido una descripción detallada sobre los usos del suelo que se dan en las márgenes, los nombres de los barrios y las zonas próximas al curso, y sobre todo han hecho énfasis en las obras que se están ejecutando en el cauce para reducir el riesgo de inundaciones, dejando en claro que, aunque se prevé relocalizar a las familias que hoy ocupan las márgenes, no hay proyectos de espacios públicos planificados.

De la consulta a los vecinos y a los alumnos de la escuela N.° 25, lo más importante ha sido la identificación de temas relativos al paisaje fluvial, que difícilmente podrían reconocerse a partir de información secundaria, y que son inherentes a la percepción del arroyo como paisaje cotidiano. Por ejemplo, los vecinos, aunque también se refirieron a la problemática de las inundaciones, situaron como principal conflicto la contaminación del arroyo, contrastando la imagen actual con el recuerdo de un curso limpio en el pasado.

Asimismo, las entrevistas realizadas posteriormente a la obra de canalización del curso principal dejaron como principal saldo la disminución del registro del arroyo como paisaje cotidiano, al estar delimitado ahora por un muro bajo de hormigón. Asimismo, los vecinos están menos preocupados por las inundaciones y la contaminación, y acuerdan en que la imagen actual es mejor que la pre obra, aunque comentan que la intervención solo se limitó al curso, sin propuesta para las riberas.

Los niños, en su relato y en sus dibujos, manifestaron la existencia de peces, lagartos y tortugas en el arroyo, ausentes en el diagnóstico de la dimensión físico-natural para el tramo consultado.

En síntesis, aunque la participación pública es útil para la delimitación de las unidades de paisaje finales –o socialmente consensuadas–, su aporte más importante es dentro de la evaluación del paisaje: la identificación de los principales conflictos, tendencias y potencialidades, las oportunidades de mejora y las demandas sociales en torno al paisaje fluvial.

5.3.5.3. Unidades de paisaje socialmente reconocidas

El proceso de participación pública aportó información para ajustar y evaluar las unidades de paisaje preliminares. En base a las entrevistas realizadas en Ringuelet, se descubrió la importancia de la ex fábrica de ladrillo Ctibor para la localidad, por lo que se incluyó el área que ocupaban las antiguas instalaciones dentro de la unidad denominada *"Paisaje fluvial de Ringuelet"*.

La figura 49 plasma las unidades de paisaje socialmente reconocidas, caracterizadas a continuación.

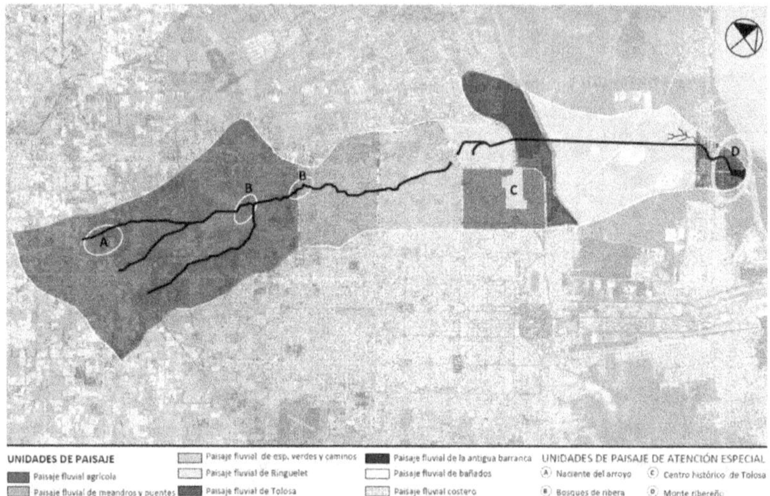

Figura 49: Unidades de paisaje socialmente reconocidas.
Fuente: elaboración propia sobre base de Google Earth.

1. Paisaje fluvial agrícola

Respecto a los aspectos físico-naturales, esta unidad se ubica sobre las cotas más altas del área de estudio, entre los 15 y 25 m s. n. m. Es la zona menos modificada de la cuenca, donde se conserva la mayor cantidad y calidad de flora y fauna. Dentro del área, está la naciente del arroyo, donde el curso forma un humedal. El valor ambiental de este último sector justifica considerarlo como paisaje de atención especial.

Esta área de La Plata comenzó a ocuparse desde el s. XIX, con un marcado perfil agrícola, como parte integrante del cinturón frutihortícola de la ciudad. Alrededor de las estaciones ferroviarias, se fueron formando los primeros poblados. Hoy la actividad más importante del área es la horticultura, tanto a cielo abierto como bajo cubierta. El aumento de los invernaderos degrada el paisaje agrícola tradicional y aumenta la velocidad de escurrimiento del agua. Las viviendas, en su mayoría, se ubican sobre grandes predios parquizados. También dentro del área hay clubes deportivos y recreativos.

Los valores paisajísticos más importantes de esta unidad son: el paisaje rural (los cultivos a cielo abierto, los molinos, las viviendas rurales, etc.), la planicie de inundación del arroyo que en su mayoría está libre de ocupación, los humedales y los bosques que se forman alrededor del cauce (Figura 50).

Figura 50: Naciente.
Fuente: fotografía de la autora.

2. Paisaje fluvial de meandros y puentes

Esta unidad se ubica sobre la llanura alta, entre las cotas 10 a 20 m s. n. m., sobre suelos con buena aptitud agrícola. Predominan las especies vegetales leñosas y herbáceas, y hay algunas zonas con cañaverales próximos al cauce, que se destaca por su curso meandroso. La planicie de inundación se mantiene libre en su mayoría. El área comenzó a subdividirse recién durante el s. XVII, con la aparición del molino de viento, ya que eran territorios lejanos al río sin posibilidad de riego. Originalmente, era un área de quintas y chacras, pero se fue subdividiendo en parcelas, debido al desborde del casco de La Plata.

La configuración territorial actual puede resumirse en tres franjas, con diferente grado de ocupación residencial. Sobre el vértice oeste del casco, la localidad de San Carlos tiene el mayor nivel de consolidación, mientras que en Hernández la urbanización se dispersa. Entre ambas hay una franja con asentamientos precarios y viviendas sociales, coincidente con la planicie de inundación.

Respecto de lo simbólico y cultural, aunque esta unidad no cuenta con un patrimonio con reconocimiento oficial, cabe destacar aspectos escénicos y estéticos, como el área libre y forestada en torno al cauce, entre las calles 147 y 139 y 135 y 31, donde además se emplaza un antiguo puente ferroviario.

3. Paisaje fluvial de espacios verdes y caminos

Esta unidad se localiza dentro de la cuenca media del arroyo, sobre una pendiente pronunciada que va desde los 20 hasta los 5 m s. n. m., llegando al distribuidor P. Benoit. (En coincidencia con la planicie de inundación). El cauce es rectilíneo y presenta un alto grado de modificación.

Si bien desde el siglo xix el área de Gonnet era una zona de canteras para la fabricación de ladrillos y cal, la urbanización se inicia en la década del 40, con viviendas tipo casa quinta. La franja de Tolosa, desde mediados del s. xx, comienza a ocuparse con viviendas de producción estatal, mientras que el área intermedia fue la última en ocuparse con comercios de gran escala, vinculados a las vías de conectividad regional.

Hoy el área puede dividirse en tres sectores distintos: la zona de Gonnet, que se caracteriza por poseer grandes espacios verdes y canteras inactivas, junto a zonas residenciales aisladas de diferente tipo (casas quintas, asentamientos precarios, etc.); la zona del "Estadio Único", en Tolosa, donde predominan las residencias de planificación estatal (aquí se ubica el conocido barrio "La favela" –19 y 530–); y en medio de ambas está la planicie de inundación del arroyo ocupada por comercios de gran escala y clubes deportivos.

Aunque esta unidad no cuenta con valores paisajísticos reconocidos, hay algunas oportunidades a considerar, como los grandes espacios vacantes sobre la planicie de inundación y las canteras de Gonnet, donde la vegetación se desarrolla espontáneamente.

4. El paisaje fluvial de Ringuelet

Desde lo físico-natural, esta unidad se desarrolla sobre la cuenca baja del arroyo, entre el antiguo estuario interior y la planicie de inundación, con cotas menores a 5 m s. n. m., lo que la convierte en una zona naturalmente anegable. En cuanto a la vegetación, hay especies, palustres, herbáceas y leñosas. La acumulación de residuos es evidente en todo el cauce.

Junto a la fundación de La Plata, la zona se convierte en un núcleo productor de ladrillos y cal, dando lugar a los "hornos del norte", que junto con la estación ferroviaria (1886) dan origen al núcleo primigenio de Ringuelet. En los años posteriores, la localidad va a seguir cultivando el perfil industrial y también comercial.

Actualmente, esta unidad se encuentra atravesada por vías de conectividad regional importantes, como las vías del ferrocarril, los caminos Centenario y Belgrano, las avenidas 7 y 520. Es un área donde predomina el uso residencial unifamiliar. La mayor parte de la planicie de inundación está ocupada por asentamientos precarios.

Desde lo simbólico y cultural, las instalaciones remanentes de la ex fábrica Ctibor (Figura 51) constituyen un patrimonio cultural importante, ya que son los hechos que dan origen a la localidad. No se consideran valores naturales debido al estado de degradación del área.

Figura 51: Ex fábrica de ladrillos.
Fuente: fotografía de la autora.

5. Paisaje fluvial de Tolosa

En cuanto a la dimensión físico-natural, el casco histórico de Tolosa se posiciona sobre la cota más alta del sector, a 10 m s. n. m. El resto del área se asienta sobre la cota de 5 m s. n. m., en coincidencia con las planicies de inundación de los arroyos Pérez y Regimiento –afluentes del arroyo del Gato–, completamente entubados.

La zona que ocupa el casco de Tolosa constituía las suertes principales de estancia subdivididas por Garay en 1580. La posición estratégica de la zona, para las comunicaciones de Buenos Aires con Ensenada, significó su temprano desarrollo urbano con la fundación del pueblo homónimo en 1871, previo a la ciudad de La Plata. Para 1910, el área estaba totalmente ocupada.

Actualmente, en el área céntrica de Tolosa predomina el uso residencial unifamiliar de densidad media. Es el sector urbano más consolidado del área de estudio, ya que posee todos los servicios de infraestructura y las necesidades básicas insatisfechas van de bajas a nulas. Los elementos más importantes de su configuración urbana son el núcleo fundacional, comprendido entre la av. 32 y las calles 522, 4 y 116, aprox. –que aún conservan un importante patrimonio construido–, y la estación y talleres ferroviarios sobre la av. 1. Además, hay alineamientos comerciales sobre la calle 2 y la av. 7.

Tolosa cuenta con un patrimonio cultural muy reconocido. La zona centro de Tolosa cuenta con protección municipal. Además, el paisaje ferroviario es uno de los más representados en la pintura y fotografía local. Es destacable la cantidad de murales que surgieron después de la última inundación.

6. Paisaje fluvial de la antigua barranca

Desde su dimensión físico-natural, esta unidad se destaca, ya que se emplaza entre la antigua franja costera (escalón) y los bañados; y, por lo tanto, es un área anegable donde el arroyo discurre canalizado y entre terraplenes laterales. Las márgenes están mayormente libres y forestadas, y la vegetación conserva características del ecosistema de humedal pese al importante nivel de antropización.

Como borde de la barranca, esta zona funcionó como frontera entre la actividad ganadera de los bañados y los cascos de estancia. Su conformación urbana es reciente, y se vincula a la instalación del mercado regional y a las importantes vías de conectividad que lo rodean (autopista, av. 520, av. 32, etc.).

Hoy el perímetro del área está formado por vías de conectividad regional, como la autopista Bs. As.-La Plata, las vías del ferrocarril Roca y otras antes mencionadas. Los usos del suelo son diversos. Se destacan el mercado, talleres y comercios de gran escala, planes sociales de vivienda y asentamientos precarios, inclusive sobre el cauce.

Con respecto a lo simbólico y cultural, las características del paisaje de bañado permanecen en las áreas menos modificadas por la urbanización. Sobre el cauce –visiblemente contaminado– hay zonas de especies palustres y herbáceas. Además, hay alineamientos forestales sobre ambas márgenes.

7. Paisaje fluvial de bañados

Esta unidad se ubica sobre un área de humedales de importante riqueza ambiental. Los cursos fluviales, debido a la escasa pendiente, se vuelven divagantes, por lo que el arroyo del Gato se encuentra canalizado. En cuanto a la flora y la fauna, además de las especies propias del bañado, se verifica la influencia de la selva marginal con la presencia de ceibos, talas y sauces.

Respecto al proceso de configuración territorial, las "suertes de bañado", desde el s. XVII, funcionaron como establecimientos ganaderos. A mediados del s. XX, se construye el camino a Punta Lara como avenida-parque y se inicia el uso recreativo. Más tarde, se instalan SIDERAR, el CEAMSE y la Central Termoeléctrica Ensenada de Barragán.

Actualmente, en el área de bañados predominan los espacios vacantes, sin embargo, hay usos del suelo de grandes dimensiones, como el CEAMSE, la Central Termoeléctrica Ensenada de Barragán y la antigua Propulsora Siderúrgica (hoy SIDERAR), todos ubicados sobre la diagonal 74.

En cuanto a la dimensión simbólica y cultural, la ordenanza de usos del suelo de Ensenada fija a la zona de Bañados y a la diag. 74 como zona de recreación. El uso de la diagonal como paseo de fin de semana es tradicional en la región. Alrededor del arroyo puede verse la vegetación típica de los bañados compuesta por pajonales, pastizales y juncales.

8. Paisaje fluvial costero

Esta unidad se asienta sobre las cotas más bajas del área de estudio. Es el área donde el canal del Gato desemboca en el arroyo Zanjón, y este último en el río Santiago. La flora y la fauna es la más abundante del área, con especies típicas de la selva marginal y otras invasivas, como por ejemplo el ligustro y el camalote.

El descubrimiento de la Ensenada de Barragán en 1520 es el hecho que da origen al poblado homónimo en torno al puerto natural. Con el tiempo, Ensenada va a profundizar su perfil industrial, primero con la industria saladeril, actualmente con la industria petroquímica.

Hoy esta unidad se caracteriza por la dominancia de los espacios abiertos, con masas forestales importantes. Hay núcleos residenciales aislados de baja densidad y características precarias. Los usos estructurantes son el puerto de SIDERAR y la planta potabilizadora de agua, que se ubican sobre el camino Costanero Alte. Brown.

Respecto a lo simbólico y cultural, el patrimonio del área vinculado a su situación costera cuenta con ordenanzas de reconocimiento a nivel nacional, provincial y municipal. Además, es uno de los paisajes más representados dentro de las manifestaciones artísticas del Gran La Plata.

5.4. Estrategia de intervención del paisaje en la cuenca del arroyo del Gato

Este apartado tiene como objetivo desarrollar una propuesta de intervención del paisaje en la subcuenca del arroyo del Gato, basada en los resultados del proceso de valoración.

En primer lugar, se sintetizan los aportes del proceso de valoración a fin de responder a los interrogantes centrales que guiarán la propuesta de intervención: ¿cuáles son las problemáticas territoriales por resolver? ¿Cuáles son las potencialidades que ofrece el paisaje fluvial? En este sentido, la etapa de evaluación del paisaje está centrada en emitir juicios de valor sobre el paisaje fluvial y surge de la comparación de estas características con las que serían deseables para este paisaje. Por otro lado, la etapa de proyección tiene como finalidad prever la trayectoria que seguirá el paisaje fluvial, sin planificación alguna.

Evaluar el paisaje permite establecer los objetivos de calidad que guían los lineamientos generales para el paisaje de la subcuenca, así como los lineamientos por cada unidad de paisaje. Este es el marco que sustenta la estrategia proyectual, en la que se intenta responder desde las herramientas que ofrece la línea prospectiva del paisaje a problemáticas del área en base a la valoración realizada.

Desde las herramientas que ofrece la figura "parque patrimonial", se organiza físicamente la estrategia estructurada a lo largo del curso. Asimismo, se aplican estrategias propias de los paisajes de agua en diferentes escalas, desde el planteo de nuevos espacios públicos asociados al curso hasta estrategias de menor escala, como reservorios y lagunas de fitodepuración. Para estas estrategias específicas, han sido consultados especialistas en el tema: Ing. José Luis Carner (temas hidráulicos, reservorios) y el Dr. Alejandro Mariñelarena (fitodepuración).

En las conclusiones se analizan posibles caminos para la implementación de la propuesta, en base al marco de ordenamiento territorial vigente.

5.4.1. Síntesis del proceso de valoración hacia la estrategia de intervención

5.4.1.2. Evaluación y proyección del paisaje fluvial

En la etapa de evaluación del paisaje, se detectan conflictos y potencialidades. Los conflictos son situaciones que impactan negativamente en la calidad del paisaje fluvial y que tienen origen en la presión antrópica sobre el medio natural. Las potencialidades son factores que pueden incidir positivamente en el desarrollo del paisaje, y se vinculan con los valores identificados en la etapa de identificación y caracterización.

Los conflictos comunes a toda el área se relacionan con la afectación de la calidad y el carácter del paisaje fluvial: actividades urbanas contaminantes –talleres, industrias, cavas en zona urbana, basurales–, ocupación de las áreas inundables –sobre todo márgenes y planicies de inundación– y ocupación de las áreas vacantes que podrían ser parte de una red de espacios verdes integrados por el arroyo.

Las potencialidades más importantes están ligadas a los valores naturales, culturales y simbólicos del paisaje fluvial, entre los que se identifican: valores escénicos y estéticos, valores naturales –cauce no modificado, áreas forestadas y vacantes–, patrimonio cultural asociado a la arquitectura ferroviaria y al paisaje litoral, y condiciones de accesibilidad al paisaje fluvial.

En cuanto a las tendencias, el tema dominante en toda el área es el crecimiento urbano por extensión, que se verifica en la existencia de nuevos loteos en la mayor parte de las unidades de paisaje y en la constante ocupación de las márgenes del arroyo.

5.4.2. Propuesta de intervención del paisaje fluvial en el arroyo del Gato

5.4.2.1. Fundamentos y estructura

La propuesta de intervención se organiza en objetivos de calidad paisajística, lineamientos de intervención y estrategia proyectual:

- En el caso de estudio, los desafíos posibles que predominan son las acciones de *ordenación del paisaje* (con un carácter marcadamente prospectivo y con la finalidad de mejorar, crear o restaurar paisaje) y algunas acciones de protección. Al existir pocos paisajes con dinámicas positivas a guiar, existen pocas acciones de gestión del paisaje.
- Estas acciones se concretan en los *objetivos de calidad paisajística* comunes a toda la subcuenca, y *lineamientos* que contienen criterios y acciones divididos en ejes: *curso de agua y recursos hídricos, estructura de movimientos y usos del suelo.* Posteriormente, se trazan criterios y acciones p*ara cada unidad de paisaje.*
- En base a los objetivos planteados, se estipuló que la opción más adecuada en cuanto a modalidad de intervención sería el desarrollo de una estrategia para la totalidad de la cuenca, teniendo en cuenta el carácter marcadamente prospectivo de las decisiones a tomar. Dicha estrategia se organiza en base a algunos principios e ideas del "parque patrimonial" y se plantea a nivel de cuenca, enfocándose luego en los proyectos puntuales.
- En las conclusiones se analizan las posibilidades de implementación de la propuesta en base al marco de ordenamiento territorial que existe.

5.4.2.2. Despliegue de la propuesta

Objetivos

Como objetivos de calidad paisajística comunes a toda la subcuenca, se proponen:

1. Proteger los valores naturales y culturales del paisaje fluvial mediante criterios y medidas de preservación, restauración o gestión según sea el caso; viables desde el punto de vista ecológico y patrimonial.
2. Asociar el tratamiento del paisaje fluvial a la gestión del riesgo hídrico, la educación ambiental, y la puesta en valor del patrimonio natural y cultural con desarrollo social.
3. Preservar los cursos de agua en el mayor estado natural posible, y en los casos donde el curso se encuentre modificado conservarlo a cielo abierto.
4. Desarrollar la capacidad de la subcuenca como parte de la red hidrográfica y elemento representativo del medio natural, para articular los valores naturales, culturales y simbólicos del paisaje.
5. Evitar la ocupación de márgenes, planicies de inundación y otras áreas inundables vacantes mediante la aplicación de medidas de restricción, en cuyo cumplimiento el tratamiento del paisaje como espacio abierto desempeña un papel relevante.
6. Generar proyectos de paisaje fluvial de calidad con continuidad a lo largo del curso, desde las áreas rurales, pasando por las urbanas y hasta su desembocadura en el borde ribereño, mediante la mejora en la calidad del agua y la asignación de actividades compatibles.
7. Gestionar, ordenar y proyectar el paisaje fluvial de acuerdo al carácter, valores y la diversidad de cada unidad de paisaje, articulando estos recursos en el marco de la unidad natural que representa la cuenca.

Lineamientos

a. Curso de agua y recursos hídricos

- Relocalización de población en las márgenes del arroyo y también de actividades que obstaculicen el normal escurrimiento.
- Maximización de los espacios abiertos en las márgenes de arroyos, conservando o restaurando su superficie natural, aprovechando la capacidad de infiltración, así como su función ecológica.
- Reemplazo de la mayor superficie impermeable posible en cauce o ribera por cubierta vegetal o permeable.

- Forestación de las planicies de inundación, lagunas y reservorios con especies útiles para la restauración ecológica, por su capacidad de filtro y depuración.
- Diseño de lagunas de fitoremediación en las depresiones existentes o reservorios proyectados.
- Diseño de una red de reservorios de regulación de crecidas asociada a actividades recreativas, educativas y/o deportivas, integradas a la red de drenaje pluvial.
- Creación de centros de educación ambiental, integrados a los espacios públicos fluviales, en los que se eduque acerca de las características del paisaje fluvial en la región, la prevención de inundaciones, la dinámica ambiental, la gestión de residuos, etc.
- Readecuación de la red hidrográfica para lograr una distribución más equitativa de caudales de crecida mediante estrategias paisajísticas, tales como lagunas, reservorios, aterrazamientos, entre otras.
- Propuesta de paseos lineales con características diferenciadas a lo largo del arroyo, que respeten las características del paisaje y se adecuen a las necesidades del entorno.
- Conservación del estado natural del curso de agua, incentivado la generación de procesos naturales mediante tareas de renaturalización de riberas.
- Impulso de recorridos guiados por la cuenca que expliquen tanto los componentes naturales como culturales, enfatizando en la dinámica hidráulica tanto donde el arroyo está a cielo abierto como donde se encuentra entubado.
- Recuperación de la calidad ambiental de los humedales como espacios de valor ecológico.
- Diseño de una trama de espacios verdes a nivel de cuenca hidrográfica, que, asociados al curso de agua y a los espacios públicos fluviales, maximicen las superficies absorbentes.
- Reestructuración de trazados y subdivisiones situados sobre la planicie de inundación del arroyo, con el fin de prever el mayor espacio libre posible.

b. Estructura de movimientos
- Creación de accesos al curso de agua desde las principales calles y avenidas.

- Creación de circuitos peatonales y ciclovías a lo largo del curso de agua, en todo su recorrido, con puntos de acceso desde las principales vías.
- Jerarquización de las intersecciones entre avenidas y curso de agua, aprovechando la posibilidad de acceso físico y visual al paisaje fluvial, siendo un sitio privilegiado para la localización de equipamientos, puntos informativos u otras actividades asociadas al curso de agua.
- Diseño de vialidades (vehiculares, peatonales o ciclísticas) que eviten obstaculizar el escurrimiento de la cuenca.
- Vinculación entre orillas del arroyo mediante nuevos puentes y restauración de los existentes.
- Fomento a la modalidad de transporte peatonal o ciclístico en detrimento de la vehicular.

c. Usos del suelo y ocupación

- Efectivización del cumplimiento de las normativas de zonificación y volcado de efluentes industriales, evitando el volcado sin tratamiento al curso de agua.
- Relocalización de asentamientos precarios, ubicados en áreas de muy alto riesgo de inundación, en zonas de medio a bajo riesgo.
- Adecuación del Código de Ordenamiento Urbano y el Código de Edificación a la zonificación que establece el riesgo de inundación.
- Desarrollo de estrategias de remediación de suelos decapitados.
- Impulso de todo tipo de actividad no degradante que permita aumentar la infiltración del suelo, esencialmente las recreativas y educativas asociadas al paisaje fluvial.
- Incentivo al cultivo a cielo abierto, y en el caso de los cultivos bajo cubierta existentes promover su alternancia, desarrollando a su vez mecanismos para la reutilización de las áreas grises.
- Erradicación de basurales a cielo abierto, especialmente en zonas con alto riesgo de inundación.
- Prohibición de nuevos trazados y subdivisiones de características urbanas de medio, alto o muy alto riesgo hídrico.
- Optimización de la cubierta vegetal en espacios verdes públicos, aumentando la superficie absorbente.

- Desarrollo de un plan de forestación que acompañe el trazado vial y todo tipo de espacios públicos.
- Legislar la obligatoriedad de construcción palafítica de altura adecuada en zonas de muy alto o alto riesgo de inundación.
- Creación de diferentes estrategias para adecuar los asentamientos existentes en áreas inundables, pensando su integración a espacios públicos u otros usos aptos para situaciones de riesgo hídrico elevado.
- Planificación de usos recreativos, educativos y deportivos en cavas localizadas en zona urbana, mediante previo acondicionamiento (reducir pendiente de taludes y forestar adecuadamente, entre otras).

Lineamientos por unidad de paisaje

1. Paisaje fluvial agrícola
- Limitar la agricultura bajo cubierta.
- Incentivar la diversificación de cultivos.
- Preservar el patrimonio agrícola de la región, conservando el patrimonio cultural asociado a la producción (molinos, viviendas rurales, canales, etc.).
- Articular las áreas productivas y los valores del paisaje con espacios públicos ligados al curso de agua, promoviendo su disfrute social como estrategia de conservación.

2. Paisaje fluvial de meandros y puentes
- Proponer espacios verdes públicos ligados al curso, aprovechando la sinuosidad del curso, el valor escénico del puente ferroviario y la carencia de espacio verde público en el sector.
- Promover la creación de equipamientos sociales, culturales y educativos asociados al curso fluvial.
- Enfatizar el punto de la intersección del curso con la av. 143, donde se divide el tramo revestido en hormigón del natural.

3. Paisaje fluvial de espacios verdes y caminos

- Aprovechar la accesibilidad para generar puntos de acceso a recorridos, puntos de observación, localizar equipamientos, articulados al curso de agua.
- Establecer un plan a nivel regional para cavas localizadas en zonas urbanas, integrándolas dentro de la subcuenca al paisaje fluvial.

4. Paisaje fluvial de Ringuelet

- Gestionar el desarrollo de espacios públicos fluviales junto a la valorización del patrimonio histórico y cultural del sector, resaltando la importancia de la zona como una de las primeras concentraciones industriales de la región.
- Crear espacios verdes de uso público equipados con instalaciones culturales, educativas y sanitarias, que puedan dar respuesta a las demandas de la población local.

5. Paisaje fluvial de Tolosa

- Señalizar la planicie de inundación y el curso entubado del arroyo en aceras y en nomencladores, alertando a la población sobre el riesgo hídrico.
- Impulsar estrategias que mantengan vigente el recuerdo de la inundación, como por ejemplo conservar las marcas de la altura del agua en espacios públicos.
- Gestionar las iniciativas antes mencionadas junto a la revalorización del espacio público y el patrimonio cultural de la localidad.

6. Paisaje fluvial de la antigua barranca y de bañados

- Conservar el área libre de ocupación, preservando el ecosistema de humedal.
- Instrumentar medidas de preservación.
- Promover la utilización de las márgenes del arroyo como espacios públicos, vinculados a la av. Domingo Mercante (diag. 74), a las lagunas y los cursos menores, como parte de una estrategia de preservación ambiental implementada.
- Implementar una estrategia de reconversión del relleno sanitario CEAMSE.

- Regular correspondientemente las plantas de tratamiento de residuos, evitando la contaminación de aguas y suelo.

7. Paisaje fluvial costero

- Conservar los espacios libres existentes, jerarquizando el paisaje de la desembocadura por su valor ambiental y paisajístico.
- Proponer espacios verdes públicos ligados a las características del paisaje ribereño.

Estrategia proyectual

La estrategia proyectual para la subcuenca del arroyo del Gato (Figura 52) persigue como objetivo materializar las premisas que argumentan la propuesta, teniendo como ideas rectoras:

- Estructurar la estrategia a lo largo del curso de agua.
- Consolidar el carácter de la cuenca como elemento organizador de los recursos del paisaje.
- Destacar las características diferenciadas del paisaje a lo largo de la cuenca.
- Mantener la continuidad de la propuesta desde la naciente hasta la desembocadura.

En este sentido, la estrategia denominada "**Parque fluvial del arroyo del Gato**" se configura en base a tres grandes tipos de paisajes –cuyos límites laterales son los bordes de la subcuenca– y las zonas de transición entre ellos, además de los sectores donde comienza y finaliza el curso:

1. **Paisaje fluvial agrícola**: este sector de la estrategia se inicia en la naciente del arroyo, en inmediaciones de la RP N. ° 36 y culmina en la av. 143. Las unidades de paisaje que se localizan en él son: la totalidad de la unidad paisaje fluvial agrícola y una pequeña parte de la unidad paisaje fluvial de meandros y puentes. Cuenta con dos paisajes de atención especial: la naciente del arroyo y dos zonas con bosques de ribera.

Se priorizan las actividades recreativas y educativas de carácter ambiental, a partir de las buenas condiciones que presenta el curso de agua y el paisaje asociado a él. Por otro lado, se proponen actividades ligadas a revalorizar la horticultura a cielo abierto, desde el impulso productivo y desde el disfrute del paisaje agrícola.

La acción predominante es gestión del paisaje.

2. Paisaje fluvial urbano: el sector se ubica entre la av. 143 y el blvr. 1. Las unidades de paisaje que se localizan en él son: la mayor parte de la unidad paisaje fluvial de meandros y puentes, la unidad de espacios verdes y caminos, y las unidades de paisaje fluvial de Ringuelet y Tolosa. Cuenta con una unidad de paisaje de atención especial: el centro histórico de Tolosa.

Se proponen espacios públicos asociados al curso, que puedan cubrir el déficit de parques en esta zona, aprovechando valores escénicos y estéticos así como pasivos ambientales, como las cavas a cielo abierto. Estos parques, en su mayor parte paralelos al arroyo, haciendo totalmente recorrible el camino de sirga, se asocian a la revalorización del patrimonio cultural, esencialmente en Tolosa y Ringuelet. Asimismo, se toman medidas especiales en el caso de las zonas donde el curso está entubado, tendientes a recuperar su presencia.

La acción predominante es ordenación del paisaje.

3. Paisaje fluvial costero: este sector se localiza entre el blvr. 1 y la desembocadura del arroyo en el río Santiago. Comprende las unidades paisaje fluvial de la antigua barranca de bañados y paisaje fluvial costero, además de un paisaje de atención especial: el Monte Ribereño.

En este sector, se priorizan las actividades recreativas y educativas, ligadas a la valorización de la planicie costera y el Monte Ribereño.

La acción predominante es protección del paisaje.

Las **áreas de transición** son puntos donde las características del paisaje cambian abruptamente: la av. 143, donde el curso de agua pasa de un estado poco modificado a estar canalizado y revestido, y el blvr. 1, límite entre la cuenca media y baja. También las zonas de naciente y desembocadura se consideran puntos destacados para el proyecto.

Entonces, el ámbito de la propuesta está dado por la subcuenca, y los subámbitos son los tres tipos de paisaje fluvial. Asimismo, hay propuestas diferenciadas por unidades de paisaje.

Los hitos están representados por los principales elementos culturales y naturales del paisaje, así como los nodos son los puntos informativos, parques y equipamientos, entre otros.

En cuanto a las sendas, se prioriza la continuidad del camino de sirga en todo el recorrido del curso, pasando por caminos más amplios en la zona rural y costera, y sendas más estrechas en la zona urbana que se adapten a las edificaciones existentes, pero sin perder la servidumbre de paso.

A continuación, se detallan las características de cada tramo de la estrategia, junto a los referentes elegidos para su desarrollo.

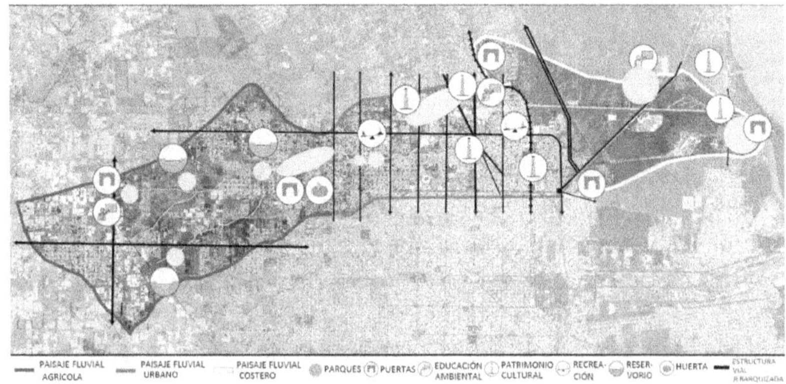

Figura 52: Estrategia proyectual.
Fuente: elaboración propia sobre base de Google Earth.

1. Paisaje fluvial agrícola
Características generales

La propuesta general para este sector es valorizar el paisaje agrícola, y como parte de esta estrategia recuperar su calidad y hacerlo accesible al público en general. Asimismo, al tratarse de la zona donde se conserva la mayor cantidad de valores naturales de la cuenca, los aspectos ecológicos en el desarrollo del proyecto son fundamentales.

La premisa es trabajar el área con pautas proyectuales propias del parque patrimonial, y específicamente de los parques agrícolas, en los que se asocia la conservación del paisaje y del ambiente, con el impulso de la actividad agrícola y la propuesta de actividades culturales y recreativas para los ciudadanos.

Con respecto al paisaje del agua, se trabaja con las tres estrategias detalladas en el tercer capítulo: renaturalización de riberas, reservorios de control de inundaciones y mecanismos de fitodepuración. Centralmente, al ser la zona menos ocupada de la cuenca y con las márgenes más libres, ofrece las mejores condiciones para desarrollar estas estrategias.

La renaturalización de riberas se propone en todo el recorrido, intentando ensanchar el cauce al máximo, recuperando la planicie de inundación original y forestando con vegetación propia de la ribera.

Los reservorios para el control de crecidas se localizan en puntos donde exista espacio disponible, se pueda almacenar un caudal de agua relevante y se ofrezcan posibilidades de integración paisajística. En este sentido, en el sector se localizan tres reservorios asociados a diferentes actividades sociales.

En relación con los mecanismos de fitodepuración, se trabaja con depresiones existentes de poca profundidad (50 o 60 cm), adaptadas con vegetación adecuada (junco, totora, lirio, espadaña, entre otras), asociadas al curso de agua y situadas en espacios públicos.

Iniciando el recorrido en sentido naciente-desembocadura, sobre la ruta provincial N.° 36 (Figura 53), se propone alrededor del humedal natural que existe un acceso principal al itinerario rural que se prolonga hasta la av. 143. En este punto, se plantea un centro de capacitación en horticultura –que es la actividad que predomina en la zona y en el Gran La Plata–, que capacite a los productores locales sobre agricultura orgánica, cooperativismo, valor agregado al producto, entre otros temas que podrían mejorar la calidad de la producción local. La ubicación de este centro de capacitación es estratégica respecto a una de las áreas más relevantes de la agricultura regional y nacional, como es la zona de producción florícola situada entre Colonia Urquiza, City Bell y Villa Elisa, El Peligro y Florencio Varela. Además, en la ruta N.° 36 y calle 485, se ubica la escuela agraria N.° 1, que podría articularse al parque.

Se propone que el centro de capacitación funcione además como punto educativo con actividades abiertas a la comunidad en general, siendo un centro de difusión en torno a temas de agua –por ejemplo, riego y tratamiento de aguas para uso domiciliario–, energía –capacitación y experimentación en energías limpias– y hábitat, como centro de difusión de la flora y fauna de las zonas rurales de la región, la importancia de las áreas de recarga de los cursos de agua y de conservar en el estado más natural posible los cursos de agua, propiciando procesos ecológicos beneficiosos.

Además, en este punto se sitúa una oficina informativa, un centro de experimentación en horticultura orgánica y una feria para la venta de productos locales.

Desde este punto de acceso, parten caminos peatonales y ciclísticos, que recorren el curso desde la naciente hasta la desembocadura, vinculando los principales puntos de la cuenca.

En relación a la **agricultura y ganadería**, se plantean actividades didácticas vinculadas a esos usos productivos, previendo paradas educativas en el recorrido en sectores ganaderos y en distintos tipos de cultivos con información al visitante.

En los tres reservorios para el control de crecidas se dan distintas actividades:

1. Parque público y huerta comunitaria: localizado sobre av. 44 y 177, es un parque equipado con actividades recreativas, pero también con sistemas experimentales de fitodepuración, centro de capacitación en horticultura y huerta comunitaria.

2. Laguna y parque recreativo (Figura 54): situado en 173 y 32, es un parque con actividades acuáticas, aprovechando la excavación de una cantera existente, a la que se vincula un reservorio que funciona con volumen de agua permanente. Asimismo, dentro del predio (sobre calle 179) hay una depresión que podría acondicionarse para fitodepuración.

3. Parque público y centro de experimentación vegetal de arroyos y humedales: localizado en 157 y 528, el predio también posee huertas comunitarias, asociadas a la intensificación de la densidad residencial. Asimismo, el centro de experimentación, tiene como objetivo ensayar distintos tipos de vegetación para la renaturalización de riberas y lagunas de fitodepuración en recursos hídricos de la región.

Hay dos humedales más, aledaños al curso, con posibilidad de ser acondicionados con vegetación adecuada para mejorar su capacidad de depuración en las calles 177 y 36, y 171 y 33.

En relación **con el paisaje natural y a la educación ambiental**, se prevé avistaje de fauna, miradores y puntos de interpretación de la naturaleza.

Sobre **la av. 143**, donde el cauce comienza a estar canalizado y revestido, se plantea otra puerta de acceso al recorrido agrícola, que funciona como nexo entre este sector y el tramo urbano. Se propone un parque lineal inundable (Figura 55) que se extiende entre las avenidas 155 y 143, aprovechando el último tramo del arroyo sin revestimiento de hormigón (el cual se inicia en 143) (Figura 56), y también protegiendo y resaltando el valor paisajístico de los bosques de ribera que allí se sitúan.

Se trata de un parque equipado con instalaciones deportivas y recreativas abiertas al barrio –y también huertas comunitarias, incorporadas a la actividad hortícola que hoy está presente en el sector–, pero también con puntos informativos que guíen al visitante a lo largo del recorrido agrícola.

Figura 53: Localización puerta RP N. ° 36. **Figura 54:** Localización parque 173 y 32.
Fuente: fotografía de la autora. Fuente: Google Earth.

Figura 55: Localización parque lineal av. 155-143. **Figura 56:** Av. 143 y arroyo.
Fuente: Google Earth.
Fuente: fotografía de la autora.

Referencias proyectuales

Para abordar el diseño de este sector de la subcuenca, los parques agrícolas representan una referencia fundamental. Uno de los paisajes más afectados debido a las dinámicas de crecimiento metropolitano, en el contexto del AMBA así como en otros grandes conglomerados, es el agrario, que debido a la expansión urbana pierde rentabilidad como actividad si se lo compara con el provecho que puede obtenerse de ese suelo calificándolo como urbano.

En Europa, donde la extensión territorial es menor y por lo tanto el suelo agrícola más apreciado, también la actividad se ha ido deteriorando, debido a cambios en las tecnologías de producción –que significaron la pérdida de la agricultura tradicional y, por lo tanto, del patrimonio–, y, asimismo, la ocupación de zonas productivas por parte de actividades externas al uso agrícola. En este marco, han surgido los parques agrícolas, que desde la revalorización del paisaje intentan recuperar la actividad productiva y vincularla funcional y paisajísticamente a las áreas urbanas.

En general, se establecen estrategias destinadas a la conservación y cualificación de la actividad agrícola, la asociación de los valores paisajísticos a la protección ambiental, y la propuesta de actividades culturales y recreativas abiertas a la comunidad. Dos proyectos pioneros que han puesto en práctica estas ideas en Europa son el Parque Milano Sud y el Parque Agrícola de Palermo.

El Parque Milano Sud se ubica en la región de Lombardía, al norte de Italia. Posee un área de casi 50.000 ha e incluye a la mitad de los municipios de toda la provincia. Fue pensado como cinturón verde metropolitano para la región de Milán y, según Sabaté y Schuster (2001), se apoya en los siguientes objetivos y líneas de acción.

1. **Conservación, cualificación y potenciación de la actividad agrícola:** a través de la protección de sistemas de riego, caminos rurales, suelo agrícola, incentivo al desarrollo de cierto tipo de cultivos, entre otras acciones.

2. **Protección y recualificación del paisaje y del ambiente:** a partir de la conservación del patrimonio cultural y arquitectónico y de los ámbitos agrícolas de interés paisajístico, se propone incentivar económicamente a los agricultores interesados en acciones de promoción ambiental y paisajística. Además, se actúa en la conservación de los ecosistemas naturales, el tratamiento del agua y la estructuración de la red hidrológica.

3. **Función recreativa y cultural orientada a los ciudadanos:** esta línea se desarrolla a través de acciones de información y acceso y utilización del parque, promoviendo los equipamientos que puedan ofrecer información e interpretación de las actividades productivas que se desarrollan. Con respecto a la movilidad, la red interna se estructura a partir de caminos para bicicletas y caballos.

La estructura del parque consiste en definir sitios para las funciones ambientales, lúdicas y productivas, situando las dos primeras en lugares en las que no interfieran con la actividad agrícola intensa.

En Italia también, el Parque Agrícola de Palermo se sitúa al sudeste de la ciudad homónima, y ocupa parte de una zona agrícola muy importante denominada como la "Cuenca de Oro", sometida a una gran presión urbana ejercida por la ciudad de Palermo y otras ciudades cercanas. La propuesta se fundamenta en la idea de que al formar parte de las áreas libres alrededor de Palermo, el desarrollo de actividades educativas y lúdicas podría impulsar mejoras en la actividad productiva. En este sentido, el parque plantea tres acciones centrales (Sabaté y Schuster, 2001):

1. **Revitalización de la actividad agraria**: a partir de la elaboración de un plan sectorial agrícola, centrado en mejorar la calidad de la producción, estableciendo marcos para la denominación de origen, así como la restructuración física del espacio agrícola en términos de accesibilidad y regularización de la propiedad del suelo.

2. **Lo agrícola y su función social**: propuesta de nuevos equipamientos, actividades y recorridos recreativos.

3. **Restauración ambiental**: se promueven técnicas productivas respetuosas con el ambiente, se fomenta la recuperación de las zonas degradadas y se protegen las áreas de valor paisajístico especial.

La estructura del parque puede resumirse en áreas, sendas y nodos. Al igual que en el parque de Milán, las áreas se determinan según su aptitud agrícola, pero también según su topografía, definiendo en base a estas condicionantes el tipo de acción a realizar: protección ambiental, mantenimiento o revitalización de la actividad agrícola.

Las sendas o caminos se categorizan según sean caminos de interés histórico-arquitectónico, de interés paisajístico-ambiental o senderos de montaña. Asimismo, los nodos constituyen puntos de acceso con servicios de distinto tipo, así como sitios en los que se dan distintas actividades sociales como puntos de descanso y miradores.

En España, también se han desarrollado los parques agrícolas. Específicamente en Cataluña, sobre el valle del último tramo del río Llobregat, existe un territorio de alta productividad agrícola, que durante las últimas décadas fue perdiendo productividad como consecuencia del deterioro de la calidad del agua, la instalación de grandes infraestructuras metropolitanas y la instalación de actividades ajenas al uso agrario. En este marco, comienza a plantearse la necesidad de preservar este tramo del río como patrimonio, teniendo en cuenta que es el último espacio agrario de extensión y calidad dentro de la región.

En este sentido, se ha planteado el proyecto del parque agrícola (Figura 57), que comienza a concretarse en 1998, cuyas líneas de acción son principalmente, según Sabaté (en Busquets y Cortina, 2009), la identificación de áreas homogéneas y el diseño de normativas específicas para distintos tipos de paisaje, la organización de los caminos, según sean de tierra –caminos de uso general, agrícolas o lúdicos– o de agua –redes de riego y drenaje, lagunas de laminación de crecidas, renaturalización de riberas, instalación de estaciones depuradoras–, el control de las actividades que comprometan el desarrollo de la agricultura o la calidad medioambiental, y la propuesta de actividades lúdicas y culturales, vinculadas al uso agrícola.

Figura 57: Parque agrícola del Baix Llobregat.
Fuente: fotografías de la autora.

En Argentina, existen diferentes aproximaciones al tema, impulsadas por el Instituto Nacional de Tecnología Agropecuaria (INTA), entre las que se destacan una iniciativa incipiente en el Parque Pereyra Iraola en el AMBA y un Parque Hortícola en Paraná –Entre Ríos–, ambas dedicadas a la producción agroecológica, organizadas en cooperativas y con comercialización directa entre productor y consumidor.

2. Paisaje fluvial urbano
Características generales

El proyecto en este sector enfatiza la creación y jerarquización de espacio verde público asociado al curso de agua, a lo largo de toda la zona y a lo ancho de toda la subcuenca, ya que, aunque es el sector más densificado, carece de espacio verde planificado. Asimismo, la liberación de las márgenes, ya que muchas de las viviendas asentadas allí se han relocalizado, exige una propuesta que consolide la ribera como espacio de uso público.

Por otro lado, al poseer esta zona parte de los asentamientos poblacionales más antiguos de la región, existe un vasto patrimonio cultural a revitalizar. En este sentido, se realiza una propuesta de rehabilitación y refuncionalización de parte de la antigua fábrica de ladrillos ubicada sobre camino Centenario, entre 512 y 514, articulando la chimenea y el horno Hoffmann con el actual Museo del Ladrillo y las antiguas canteras localizadas entre el camino Gral. Belgrano y la av. 25, proponiendo un "Parque del Ladrillo" (Figura 59), en el que existan actividades educativas y culturales relativas a las industrias que proveyeron los materiales para la construcción de la ciudad de La Plata, contando, además, con un paseo peatonal alrededor de las canteras, abarcando el proceso de producción completo. Asimismo, se plantea la rehabilitación y el reconocimiento de las instalaciones más emblemáticas de la antigua calera, ubicada en 25 y 511, como parte de las primeras industrias que se dieron en la subcuenca.

Por otro lado, se propone la rehabilitación del patrimonio edilicio en Tolosa –centro de Tolosa, barrio Mil Casas, estación ferroviaria, Palacio Servente, etc.– junto al fomento y la distinción del muralismo en la localidad.

A lo largo del curso de agua, que discurre entre la avenida 143 y el boulevard 1, se propone un sistema de espacios verdes públicos situados en la intersección del arroyo con las principales avenidas. Todos estos espacios se vinculan por el camino peatonal/ciclístico que une todo el curso desde la naciente hasta la desembocadura, y poseen características diferenciadas.

Durante la totalidad del tramo urbano, el cauce se encuentra revestido en hormigón, por lo que no es posible renaturalizar riberas, como en el tramo agrícola. Desde lo paisajístico y ambiental, no es una situación deseable, ya que lo ideal sería recuperar la planicie de inundación originaria del arroyo, realizar las relocalizaciones correspondientes, recomponer la cubierta vegetal, entre otras tareas, propiciando los procesos ecológicos que se dan en las dimensiones transversal y vertical del cauce en condiciones naturales; y, simultáneamente, recuperar superficie absorbente y espacio para el control de crecidas. Sin embargo, existen razones hidráulicas que justifican la canalización y revestimiento del cauce, y hoy ya no es posible renaturalizar las riberas. En este sentido, pueden tomarse algunas medidas para amortiguar el impacto paisajístico de la obra, entre ellas: crear instalaciones provisorias –debidamente controladas– de bajada al curso –escaleras, pasarelas, instalaciones artísticas, equipamiento para *skate*–, aprovechar las islas de vegetación que se forman naturalmente bajo los puentes para experimentar con vegetación que filtre la contaminación del agua, o crear zonas de *grafitti* diferenciadas según temáticas ambientales, mejoramiento de barandas y parapetos, entre otras acciones posibles.

Todo esto es posible, desde ya, sobre la base de un saneamiento de la cuenca y un sistema de alerta frente a las crecidas, que pueda avisar a tiempo a la población para que se retire en caso de un evento.

Comenzando con la descripción del recorrido, hay una puerta principal en la av. 143, frente al parque inundable, donde el curso comienza a estar canalizado y revestido en hormigón. Por este recorrido parquizado y forestado, se llega a una plaza paralela al curso en la av. 137, y luego sobre la av. 31 se sitúa un parque público (Figura 58), configurado alrededor del antiguo puente ferroviario. Este parque cuenta con instalaciones deportivas y recreativas, islas de vegetación de ribera y la posibilidad de proponer instalaciones provisorias para poder bajar al lecho del curso en determinados momentos del año.

Continuando con el recorrido por las márgenes, en la intersección con el camino Centenario, se sitúa un parque lineal que se extiende hasta el final del recorrido urbano sobre el boulevard 1. Se estructura en base a dos áreas conectadas por el camino de sirga:

1. Parque ambiental arroyo del Gato: se sitúa cobre el camino Centenario, entre las calles 514, 515 y 9. Comprende el área de "la isla", y allí se sitúa un centro de educación ambiental y gestión de inundaciones abierto a la comunidad con actividades al aire libre (Figura 60).

2. Parque Ringuelet: se ubica sobre la av. 7, entre las calles 514, 3 y el curso del arroyo como límite. Se piensa como un parque con servicios barriales, contando con una biblioteca, un centro de formación profesional y un centro cultural, además de actividades recreativas y deportivas en el espacio abierto.

Las actividades que requieran espacios cerrados se localizarán en construcciones palafíticas, evitando alterar las condiciones de escurrimiento de la cuenca.

Por último, en la unidad de paisaje de Tolosa se plantean **intervenciones en el espacio público que hagan alusión a la inundabilidad** del sector, en este caso, se marca el recorrido del curso de agua entubado en las márgenes, y se planta vegetación de ribera en algunas zonas de la planicie de inundación. Asimismo, se plantea la realización de recorridos peatonales por el curso entubado, que culminen o inicien en el parque de la Isla, allí donde el curso de los arroyos Pérez y Regimiento empalman con el curso del arroyo del Gato, así como marcas geomorfológicas e inclusión en los nomencladores de la cuenca a la que pertenece cada zona, iniciativa que podría extenderse a toda la ciudad.

Figura 58: Localización parque av. 31. **Figura 59**: Localización Parque del Ladrillo. Fuente: fotografías de la autora.

Figura 60: Localización parque ambiental. Fuente: Google Earth.

Referencias proyectuales

Como referencias principales para el diseño de este tramo de la cuenca, se han tomado parques urbanos desarrollados a lo largo de cursos de agua, así como intervenciones que rescatan las características naturales del sistema hídrico en sitios donde el curso no está a cielo abierto.

El parque río Llobregat es un ámbito de 1.000 ha de superficie, ubicado en el Área Metropolitana de Barcelona. La intervención incluye 30 km de itinerarios a lo largo del río, atravesando distintas situaciones que comprenden el uso rural, industrial y residencial de las márgenes.

La intervención fue desarrollada en diferentes etapas en sentido naciente-desembocadura, articuladas por el camino de ribera como eje estructurante de la propuesta paisajística y ambiental, como así la plantación de una gran masa forestal a lo largo de los caminos, cuya densidad aumenta en caso de áreas industriales –como cortina forestal– o zonas de acceso al itinerario (Área Metropolitana de Barcelona, 2012).

A lo largo del recorrido, se desarrollan intervenciones de diferente tipo, entre ellas, estrategias de pequeña escala a nivel hidráulico y paisajístico, parques, puentes y pasarelas. Se destaca un modo de intervenir que sin grandes acciones es efectivo a la hora de recuperar el río como paseo, a partir de un recorrido continuo a lo largo de la ribera, algunas intervenciones puntuales de diseño urbano en sitios destacados, y una pensada articulación del recorrido lineal con las infraestructuras de conectividad regional y los núcleos urbanos.

Se destaca de cara a la intervención del arroyo del Gato la sencillez de la intervención, el uso de materiales corrientes como el hormigón armado en pasarelas y puentes –al igual que el estado actual del arroyo del Gato en este tramo–, pero intervenidos de una manera que agrega valor al paisaje; el uso de antiguas infraestructuras industriales como elementos de diseño urbano, la posibilidad de estructurar un recorrido de 30 km a lo largo del río en un entorno antropizado, y el uso de la forestación para dar homogeneidad al paseo, funcionando a su vez como barrera forestal.

Asimismo, también en la Región Metropolitana de Barcelona se encuentra el parque del río Besòs (Figura 61), que ocupa los últimos 17 km del río, un tramo profundamente transformado por la urbanización, siendo escenario de diversas actividades degradantes, como la extracción de áridos, el paso de infraestructuras, el vertido no regulado de efluentes, las huertas ilegales, entre otros. Debido a esta situación, el río previamente a su intervención, se encontraba muy deteriorado. Además, las frecuentes inundaciones motivaron su canalización, por lo cual el paisaje fluvial se desarrolla entre importantes muros de hormigón –situación análoga a la cuenca media del arroyo del Gato–.

Para la creación del parque, se han propuesto como líneas estratégicas (Sabaté y Schuster, 2001):

1. Uso social intensivo: creación de espacios públicos en las riberas y accesos desde el área urbana, en el marco de la regeneración paisajística del río, para que se convierta en un espacio público jerarquizado, dentro de una zona muy necesitada de áreas verdes.

2. Estructuración del funcionamiento hidráulico y del ciclo del agua: sistemas de depuración biológica y posterior utilización de estas aguas depuradas.

3. Regenerar el medio natural asociado al río: recuperación de bosques de ribera, canteras y suelos contaminados.

4. Integrar la red vial urbana a las márgenes del río, mejorar la conexión entre las dos costas y racionalizar las redes de servicios de paso.

5. El diseño del parque dispone además, de un sistema de diques inflables y un sistema de alerta en caso de crecidas.

Figura 61: Parque río Besòs.
Fuente: fotografías de la autora.

En cuanto a intervenciones urbanas destinadas a rescatar la red hidrográfica en sitios donde el río o arroyo ha sido entubado, la iniciativa Rios e Ruas (Figura 62) (http://www.mostrarioseruas.com.br/index.php) es un proyecto que nace en 2010 en la ciudad de San Pablo, Brasil, de la mano del arquitecto José Bueno y el educador Luiz de Campor Jr., y tiene como finalidad ofrecer reconocimiento a las principales cuencas hidrográficas de San Pablo, y la exploración de los ríos de la ciudad mediante expediciones y actividades deportivas, estén estos soterrados o no.

El deporte y el arte son dos de los pilares centrales en los que se apoya la iniciativa, ya que se organizan maratones recorriendo el curso entubado de los ríos, y se realizan distintos tipos de intervenciones artísticas en el espacio público, rescatando las características y dinámica de la red hidrográfica.

Figuras 62: Rios e Ruas.
Fuente: http://www.mostrarioseruas.com.br/iniciativa.php

Por último, en relación con las actividades temporarias a desarrollarse sobre el lecho del cauce, se destaca una iniciativa propuesta para el río Mapocho (Chile), denominada como "Proyecto La Carmela, Parque Itinerante en el río Mapocho", desarrollada por el equipo MUVA arquitectos, que se trata de instalaciones desmontables para realizar actividades deportivas y recreativas en el lecho del río en época de bajo caudal. El proyecto consiste en una serie de escaleras y otros elementos a lo largo de 4 km, que pudieran desmontarse rápidamente en el caso de una crecida.

3. Paisaje fluvial costero
Características generales

El proyecto que ocupa las unidades de paisaje fluvial de bañados y paisaje fluvial costero tiene como eje la preservación del ambiente de humedal y del Monte Ribereño. Con este fin, se trabaja con estrategias de recuperación ambiental, centralmente: renaturalización del cauce, fitodepuración y reconversión del relleno sanitario en un parque ambiental, con énfasis en la interpretación de la naturaleza, reciclaje y experimentación en energías renovables.

El recorrido peatonal-ciclístico está equipado con estaciones de interpretación de la naturaleza que se dividen según tres zonas: escalón, bañado y litoral. Este itinerario se estructura a lo largo del curso de agua, dando continuidad al camino de ribera que se inicia en la naciente del arroyo y culmina en su desembocadura, situándose las puertas de acceso principal a este tramo sobre el camino Centenario, la av. Domingo Mercante y el camino costanero Almirante Brown.

En el área de transición entre la cuenca media y la cuenca baja, se plantea enfatizar el cambio de condición del curso que deja de estar revestido en hormigón, como también el escalón que divide la terraza alta de la planicie costera. Al tratarse de una zona de difícil acceso, debido a la autopista Buenos Aires-La Plata y las vías del ferrocarril, se plantea mejorar la calidad visual del paisaje, favorecida por las vistas panorámicas del curso que permiten estas vías.

Aprovechando el ancho del cauce en esta zona y que no se encuentra impermeabilizado, se plantea cultivar vegetación sobre el lecho que pueda contribuir a la depuración de las aguas, junto a un sistema de diques bajos perforados que ralenticen levemente el escurrimiento, optimizando el proceso de purificación.

En el relleno del CEAMSE (Figura 63), se proyecta un parque ecológico, situado en el predio recuperado, en el que se enfatice la función ecológica de los humedales y la educación en torno al reciclaje. Se plantea aislar la basura, forestar y utilizar el gas metano proveniente de los residuos como fuente de energía, que podría canalizarse hasta la Central Térmica Ensenada de Barragán, situada frente al predio del CEAMSE, para el accionamiento de turbinas. Asimismo, a pesar de las dificultades técnicas que significa rehabilitar un relleno sanitario, el parque ofrece una oportunidad única para la educación ambiental, la generación de energías limpias, la concientización en torno al reciclaje y, paisajísticamente, la posibilidad de contar con un parque elevado en un paisaje llano, como espacio singular que brinde visuales únicas hacia el río y la ciudad.

En la desembocadura (figura 64), se prevé reforzar la necesidad de proteger el Monte Ribereño, articulando este paisaje al recorrido del arroyo y al patrimonio cultural de la costa ensenadense.

Figura 63: Localización del parque ecológico. **Figura 64:** Localización parque
Monte Costero.
Fuente: fotografías de la autora.

Referencias proyectuales

Como referentes para el proyecto de este tramo del paisaje fluvial, se
han tomado en cuenta los proyectos de restauración paisajística de vertederos de residuos. Algunos de los casos analizados son: parque natural
Thurrock Thameside (Inglaterra), parque Hiriya (Tel Aviv), Freshkills
(Nueva York) y Byxbee Park (California).

Algunas de las premisas para estos casos son la etapabilidad, teniendo
en cuenta que la clausura de los rellenos se va dando progresivamente,
la elección de forestación resistente y adaptada al medio, el aprovechamiento energético del biogás proveniente de los residuos, el desarrollo
de energías limpias, las acciones de educación ambiental, entre otras.
Paisajísticamente, son proyectos que trabajan con recursos escasos, materiales sencillos reutilizados o reciclados, poniendo en evidencia el origen
del parque como relleno sanitario.

Conclusiones

En el transcurso del libro se ha indagado en la mediación paisaje, ordenamiento territorial y cuencas metropolitanas con el objetivo de hallar herramientas de valoración e intervención de las cuencas del AMBA, tomando como caso de aplicación la cuenca del arroyo del Gato, en el Gran La Plata. En este sentido, la investigación ha estado orientada según los siguientes ejes temáticos: el abordaje territorial del paisaje y la noción de paisaje fluvial; las metodologías, instrumentos y técnicas para la valoración e intervención del paisaje; la construcción de una metodología de valoración aplicable al caso y el planteo de elementos para su intervención; y, por último, la aplicación práctica de estos temas al caso de estudio.

Una de las primeras cuestiones a retomar como inicio de las conclusiones es la articulación entre paisaje y ordenamiento territorial, y cómo la polisemia del concepto paisaje –una dificultad, si se trata de llegar a una definición acabada del mismo– se convierte en la principal ventaja a la hora de dar respuesta a tres temas relevantes de la agenda urbana del siglo XXI: lo ambiental, lo patrimonial y la participación social. Asimismo, la escala regional que exige el abordaje de las problemáticas territoriales metropolitanas, y que es propia de los procesos y dinámicas que configuran al paisaje, como realidad concreta y como entorno percibido, dos miradas que se integran cuando se trata de paisaje y territorio.

Esta doble mirada, junto al abordaje de la escala regional, está presente en los enfoques e instrumentos para el tratamiento y la gestión del paisaje que surgen recientemente en Europa. Partiendo de una definición que contiene lo natural, lo humano y la percepción de la sociedad, la normativa comienza a quebrar la escisión patrimonio cultural/paisaje natural, para dar lugar a nuevas categorías y figuras adecuadas a la realidad cambiante de los paisajes cotidianos. Valorar significa reconocer el carácter del paisaje, que no es otra cosa que cultura y naturaleza en un espacio y tiempo determinado, mientras que, desde la línea propositiva, se intenta resaltar este carácter en el marco dinámico de un entorno vivo.

Lo cultural, lo natural y lo regional son temas que adquieren una relevancia particular en el AMBA, tratándose de un territorio con una alta ocupación urbana sobre distintas cuencas hidrográficas de escasa pendiente, donde los cursos de agua se convierten en los hechos visibles más relevantes del medio natural, expresando gran parte de las interacciones que la sociedad establece con el medio.

Pero ¿cómo analizar los arroyos como paisaje? Aquí surge el primer obstáculo, pues no existe un término específico para referirse a ello, y quizá esto refleja en parte su escasa apreciación. Es necesario para su análisis tomar las dimensiones que se utilizan para ríos y referirse al paisaje fluvial para leer e interpretar los arroyos del AMBA.

Siguiendo estas dimensiones, desde lo físico-natural se destacan el ámbito de la terraza alta, donde nacen los cursos, y la terraza baja, donde, entre terrenos anegadizos y lagunas, son canalizados para desembocar en el Río de la Plata. Esta topografía es clave en la decisión de emplazamiento de las ciudades del AMBA; sin embargo, los arroyos interiores no se consideran de igual manera, y, desde la fundación de la ciudad de Buenos Aires, la cuadrícula no exhibe ningún tipo de adaptación a la topografía, evidenciando el temprano desvalor de los arroyos en el AMBA.

Tempranamente, los cursos o sus orillas fueron emplazamientos de toda actividad o persona expulsada de la ciudad: ocupados desde el siglo XVII por sectores marginales o de bajos recursos; emplazamiento de saladeros e industrias, con cada vez más escasas apariciones en la cartografía, hasta desaparecer totalmente cuando la tecnología empieza a permitir su transformación y la ciudad le gana al medio natural. Asimismo, desde lo simbólico-cultural, los valores centrales de ríos y arroyos interiores se asocian a la desembocadura en el Río de la Plata, no existiendo apreciación sustancial de valores culturales y naturales en las cuencas media y alta.

Prematuramente, parece imponerse la idea de que naturaleza y ciudad no son ideas compatibles, o, dicho de otra manera, donde hay ciudad no puede haber paisaje… Al menos un paisaje que no sea el urbano, aquel que hace el hombre creando jardines, plazas y parques, forjando su propia idea de naturaleza. Y esta idea, que parece sostenerse hasta hoy, se verifica en la gestión de cuencas hidrográficas en el AMBA, donde los enfoques urbano-territorial, ambiental y la gestión de las aguas actúan descoordinadamente.

En el Gran La Plata, la negación del paisaje fluvial como un valor también es evidente, y lo es en mayor medida en la cuenca del arroyo del Gato, tratándose de la cuenca más antropizada e importante de la región. Remontándose a la fundación de la ciudad, el diseño de la retícula tampoco tuvo en consideración los arroyos, asimismo, muchas veces ignorados en la cartografía. El único medio natural es el Río de la Plata y el monte costero, volviendo a la idea de que donde hay ciudad no hay paisaje natural.

En la cuenca del arroyo del Gato, las obras se piensan con criterio de infraestructura urbana para optimizar la velocidad de escurrimiento de las aguas, materializadas en hormigón y en clave urbana, como extensión del medio construido. El arroyo es parte de la ciudad, una infraestructura más, como una calle, un tendido eléctrico, un conducto; no hay medio natural posible.

Por lo tanto, el arroyo no ha sido estudiado como paisaje fluvial, un paisaje en cuyo origen y dinámica el cauce es el elemento central, dado que el territorio por el que discurre el hecho principal es la urbanización, que en su desarrollo fue borrando todo vestigio de cuenca y curso en términos de paisaje.

Los métodos de valoración que han sido estudiados ofrecen herramientas para comenzar a hablar del arroyo del Gato en términos de paisaje. El énfasis en la sensibilización social, la idea de que no existen paisajes mejores o peores, sino paisajes con un "carácter" diferenciado, y la necesidad de analizar en cada paisaje de modo cualitativo valores naturales, culturales, escénicos, estéticos y percepciones sociales, son temas que se ajustan a la cuenca del arroyo del Gato y a la generalidad de las cuencas del AMBA.

Asimismo, desde la intervención, la idea de parque patrimonial se piensa como una estrategia que pone énfasis en la cuenca como unidad organizativa de los recursos naturales y también culturales, entendiendo al paisaje como un todo. En relación con el curso de agua, se privilegian estrategias que lo posicionen como un fragmento de naturaleza dentro de la ciudad.

Comenzando por los resultados del proceso de valoración, si se superpone el proceso de ocupación del territorio al análisis de la dimensión físico-natural, se visualiza cómo la urbanización se fue desarrollando en sentido inverso al escurrimiento de la cuenca, es decir, desde las tierras bajas hacia las altas. Las vías de comunicación –en su mayoría transversales al curso principal– fueron acompañando primero la conexión entre pueblos, luego sus extensiones y crecimientos, y, más tarde, formarían parte de los sistemas de movilidad metropolitana. Al compás del desarrollo urbano, las áreas bajas se fueron ocupando, modificando al medio natural mediante rellenos, canalizaciones, etc. Aun así, la subcuenca del arroyo del Gato conserva valores naturales relevantes en el marco de un área metropolitana: el curso a cielo abierto casi en su totalidad, dos tercios no revestidos en hormigón, gran cantidad de áreas vacantes, bosques, bañados y el monte costero en la desembocadura. Sin embargo, la "artificialización" del medio natural (Brailovsky, *op. cit.*) ha provocado que las planicies de inundación de los cursos entubados de los arroyos Pérez y Regimiento sean las áreas con mayor altura de agua en calle durante la inundación de 2013.

El relieve, las actividades económicas junto con la accesibilidad que necesitaban y los sistemas de movimiento fueron determinando distintos focos de crecimiento con diferentes intensidades de ocupación: áreas periurbanas, áreas urbanas en proceso de ocupación, áreas urbanas en proceso de consolidación y áreas urbanas consolidadas. Esto tiene relación con los significados que se atribuyen al paisaje en cada parte de la cuenca, consolidándose el patrimonio cultural y la producción artística en las áreas urbanas consolidadas, aunque pocos de estos aspectos simbólicos y culturales están ligados al curso de agua, y se manifiestan únicamente en los murales y fotografías de inundaciones.

Más allá de que el estudio de los aspectos escénicos demuestre que existen paisajes de valor estético con singularidades propias del paisaje fluvial, al no tener ningún tipo de reconocimiento, no son ponderados por la sociedad; sin embargo, tienen influencia en la determinación del carácter del paisaje –paisaje fluvial de meandros y puentes, paisaje fluvial de espacios libres y caminos–, además de los valores del medio natural –paisaje fluvial de la antigua barranca, paisaje fluvial de bañados, paisaje fluvial costero– y de los patrones de ocupación actuales –paisaje fluvial agrícola–. El carácter del paisaje fluvial puede surgir entonces de valores asociados al curso o al ámbito por el que discurre, poniendo en relieve la relación inseparable entre curso y cuenca.

Previamente a la obra de ensanche y canalización, la consulta pública arrojó como principal resultado una mirada generalizada del arroyo como lugar degradado, con testimonios de los habitantes más antiguos, de un pasado de aguas cristalinas donde los niños jugaban y pescaban. Mientas los adultos no veían la posibilidad de que el arroyo fuese un paisaje agradable en el futuro, los niños lo imaginaban limpio y forestado. Posteriormente a la canalización, se perdió parte del registro del arroyo: la contaminación ya no es un tema de preocupación, porque ya no es visible, y hay tranquilidad con respecto a la posibilidad de inundación, debido a la realización de las obras de infraestructura.

Aunque el proceso de participación pública fue útil para ajustar el recorte de las unidades de paisaje, su principal aporte radica en el valor simbólico que tiene el arroyo para cada uno de los consultados, lo que sostiene la idea del curso como eje del paisaje fluvial, pudiendo, mediante una estrategia de intervención adecuada, articular recursos naturales y culturales a escala de cuenca.

La propuesta de intervención intenta dar respuesta a algunas de las problemáticas territoriales de la cuenca –como riesgo hídrico, contaminación de las aguas o carencia de espacio público–, a partir de la puesta en valor del paisaje. Para esto, se dispone de una serie de objetivos y lineamientos que tratan de abordar la totalidad de los temas asociados al paisaje y territorio, y se desarrolla una estrategia en la que se pone a prueba la incidencia que puede tener el paisaje fluvial en el ordenamiento territorial de la cuenca.

Desde ya que toda aproximación sectorial al ordenamiento del territorio –en este caso el tratamiento del paisaje– tiene limitaciones si no se integra al resto de los subsistemas que configuran la ciudad; sin embargo, se trata de exponer las ventajas que ofrece el paisaje para el tratamiento de temas ambientales, de espacio público, de gestión del patrimonio, de cultura y educación en el marco del ordenamiento territorial de una cuenca hidrográfica. En este sentido, los resultados del diagnóstico, en términos de valores del paisaje, delimitación de unidades y objetivos de calidad, pueden integrarse dentro de los planes de ordenamiento territorial –que hoy no existen en La Plata y Ensenada–, pasando por otras políticas sectoriales que pueden intentarse integrar –patrimonio histórico, protección de la naturaleza, política agraria, de espacio público–, así como dentro de la planificación hidráulica e hidrológica, en programas de relocalización de vivienda y, fundamentalmente, en el código de ordenamiento urbano de cada municipio, que debería surgir del plan y no viceversa.

Con respecto específicamente a la intervención, el instrumento óptimo para incluir los lineamientos y la estrategia dentro del ordenamiento territorial sería un plan que comprenda por lo menos a los municipios de La Plata y Ensenada, que enmarque el proyecto dentro de un instrumento de gestión interjurisdiccional, pudiendo tomar como unidad la cuenca hidrográfica. Asimismo, si se concretara el plan integral de gestión de la cuenca del arroyo del Gato, podría incluirse un eje de paisaje donde se desarrollara la tarea de valoración e intervención.

Hoy las posibilidades de implementación estarían dadas como proyecto territorial acordado por los municipios de La Plata y Ensenada. En relación con las zonas a proteger –naciente del arroyo, márgenes y bañados–, se deben incluir las restricciones de uso y ocupación en los códigos de ordenamiento urbano municipales que correspondan.

Se puede afirmar que las estrategias de valoración e intervención del paisaje fluvial en la cuenca del arroyo del Gato permiten considerar la dimensión ambiental, patrimonial y participativa dentro de los instrumentos de ordenamiento territorial, incidiendo en modalidades de intervención de carácter proyectual y/o normativo de escala regional o subregional, según cómo se considere. Valorar e intervenir el paisaje fluvial en el AMBA es un primer paso para la formulación de estrategias e instrumentos de ordenamiento territorial que integren paisaje, ambiente y ciudad, en las que la cuenca hidrográfica es la unidad adecuada de gestión.

En síntesis, la incorporación del paisaje al ordenamiento territorial de las cuencas hidrográficas es de utilidad para ordenar adecuadamente el espacio del agua: el cauce, las márgenes, la planicie de inundación, dando lugar al desarrollo de los procesos ecológicos que se dan naturalmente en una cuenca, y que son especialmente deseables en un entorno urbano de escasa calidad ambiental y paisajística. Pero, por otro lado, curso y cuenca en el AMBA funcionan como ejes de estructuración y organización del territorio metropolitano.

El trabajo desarrollado avanza en la integración del paisaje dentro del ordenamiento del territorio desde la valoración y la intervención, intentando apoyarse en un estudio lo más exhaustivo posible, pero no ignorando que este trabajo debería ser completamente interdisciplinar, lo cual excede el alcance de esta investigación. Asimismo, se trabaja en la subcuenca del arroyo del Gato, no tomando en consideración la cuenca completa, lo cual sería ideal desde el punto de vista hidráulico.

Más allá de sus limitaciones, este trabajo significa un punto de partida para la integración del paisaje en la gestión de cuencas hidrográficas en la región, dejando de lado progresivamente el supuesto de que solo las obras hidráulicas pueden incidir en la gestión de las aguas, recuperando la idea de que naturaleza y ciudad no deberían ser temas incompatibles, y, por último, que un mejor paisaje cotidiano hace a una mejor comprensión de la cuestión ambiental.

Al iniciar la investigación que dio lugar a este libro en el año 2011, pensar en los cursos de agua del AMBA significaba casi exclusivamente pensar en espacios residuales, símbolos de contaminación ambiental y precariedad. Dos años después –durante el año 2013–, una lluvia sin precedentes afectaba a la ciudad de La Plata, dejando casi un centenar de fallecidos.

Este lamentable hecho nos enfrentó como sociedad a una realidad que la historia urbana fue borrando a lo largo de su desarrollo: La Plata es una ciudad inundable. Y ya no se trata de pensar en su condición costera, sector que ocupan los municipios de Berisso y Ensenada, sino de entender que debajo de las calles corre una red de arroyos que fue cortada, desviada, enterrada, entubada, pero no ha sido desactivada, y así lo han demostrado las superficies anegadas en abril de 2013, que han calcado las formas de las planicies de inundación de los arroyos que discurren bajo las calles de la ciudad.

El proyecto fundacional, condensado en el diseño del trazado del casco como imagen de civilización, se suponía como un contrapunto acabado en oposición a la llanura, y también opuesto a la naturaleza. En los sucesivos procesos de expansión y suburbanización que atravesó la microrregión, esta grilla pronto se extendió pragmática y enérgicamente sobre lo agrícola, ocupando las planicies de inundación y desdibujando los cauces hasta casi borrarlos. Pero, invariablemente, la propia dinámica de la naturaleza ha hecho presente esa hidrografía oculta a través de las inundaciones urbanas.

Entender al paisaje como un atributo de todo territorio, que tiene la facultad de articular naturaleza y cultura, y como construcción cultural, basada en la acumulación de experiencias en el continuo ejercicio del habitar, permite visibilizar ese paisaje invisible de los arroyos urbanos. Es necesario diseñar acciones desde el paisaje que permitan redescubrir el recorrido de los arroyos ocultos, así como poner en valor los paisajes fluviales que aún discurren a cielo abierto, posibilitando la construcción de nuevas prácticas que construyan un nuevo pacto entre sociedad y naturaleza.

Hoy, a nivel mundial, las intervenciones sobre ríos y arroyos se enmarcan en las denominadas "Soluciones Basadas en la Naturaleza": acciones para proteger, gestionar y restaurar de forma sostenible los ecosistemas naturales o modificados, abordando los desafíos sociales adaptativamente, proporcionando simultáneamente bienestar humano y biodiversidad (IUCN).[1] En este marco, se sitúa el Diseño Urbano Sensible al Agua, enfoque originario de Australia para la gestión y distribución del agua en las ciudades desde una orientación sostenible, que comprende acciones de protección y mejora de ríos, arroyos y humedales urbanos, la reutilización de aguas y su tratamiento integrado al paisaje, la reducción de los caudales máximos y la escorrentía en zonas urbanas, y la integración del agua en el paisaje y en el espacio público (Perló Cohen, 2013).

Ríos y arroyos son liberados de entubamientos en intervenciones denominadas específicamente como *deculverting* o *daylighting*, los revestimientos de hormigón del cauce son retirados y las márgenes y planicies de inundación son renaturalizadas, recuperando servicios ecológicos útiles para las áreas urbanas. No solo se busca recuperar los cursos de agua como parte central del paisaje urbano, sino mitigar el riesgo de inundaciones y recuperar los hábitats fluviales.

Cuando es dificultoso llevar a cabo el "desentubamiento", existen intervenciones urbanas destinadas a recuperar la memoria de ríos o arroyos entubados. El arte crea conciencia sobre la importancia de los ríos libres, como es el caso de la obra *Santa Cruz River* de Alexandra Kehayoglou, tapiz que reconstruye el río Santa Cruz –Argentina– a modo de protesta por las dos represas hidroeléctricas propuestas en su recorrido; o gran parte de la obra de los arquitectos Mathur y Da Cunha, basada en la etimología de los ríos, las inundaciones, el ciclo hidrológico y los bordes costeros.

En la ciudad de México, distintos proyectos tienen como idea el rescate de los ríos urbanos, cuya gran mayoría han sido entubados. Uno de estos proyectos es el Ecoducto, un parque lineal de 1600 metros que se sitúa sobre lo que fue el curso natural del río La Piedad, hoy entubado y convertido en un viaducto. Un sistema de biodigestores y humedales

---

[1] International Union for Conservation of Nature.

depura las aguas subterráneas del río La Piedad y las convierte en agua para riego.

Es interesante cómo esta obra surgió del reclamo ciudadano, específicamente de un colectivo que desarrolló los llamados "picnics en el río", que consistieron en organizar reuniones y hacer un picnic por donde antes pasaba un río, a modo de demanda ciudadana para reclamar por cursos libres.

La epidemia de Covid-19 ha venido a cuestionar a la planificación urbana, y al diseño urbano en particular, como disciplina dedicada a la organización del espacio público urbano. La Covid-19 obliga a pensar estrategias que eviten las aglomeraciones humanas, y como consecuencia los grandes espacios de reunión y los traslados en transporte público. Surgen como estrategias posibles el fortalecimiento de los espacios públicos barriales, la creación de nuevas centralidades y los traslados en bicicleta. En relación con los cursos de agua, podría aprovecharse la linealidad y la capacidad de conexión de los arroyos como espacios de circulación peatonal y ciclística asociados a grandes avenidas y al ferrocarril, donde podría haber puntos de intercambio de transporte, así como fortalecer la creación de parques inundables barriales para impulsar nuevas centralidades.

Queda claro que hablar de intervenciones en ríos y arroyos urbanos es mucho más que referirse a obras de infraestructura cuya finalidad sea la rápida evacuación de las aguas urbanas, que los cursos de agua van mucho más allá de lo visible, que son parte primigenia de un conjunto de capas que dan forma a la ciudad, y, finalmente, que hablar de paisaje fluvial urbano en el AMBA es crear conciencia sobre riesgo de inundación, ecología urbana, espacio verde público y sobre el modo en que, como sociedad, construimos nuestra historia urbana con –o contra– el medio natural.

Bibliografía

Ábalos, I. (2009). *Naturaleza y artificio. El ideal pintoresco en la arquitectura y el paisajismo contemporáneos*. Barcelona: Gustavo Gili.

Acsebrud, E. (2013). Una aproximación a los procesos de expansión ocurridos en la Región Metropolitana de Buenos Aires. *Theomai*, (27-28), 128-139. Recuperado de https://www.redalyc.org/pdf/124/12429901009.pdf

Alvino, S. (2012). La gestión y el manejo de las cuencas hídricas en la Región Metropolitana de Buenos Aires. En M. Di Pacce y A. Barsky (Dir.), *Agua y territorio. Fragmentación y complejidad en la gestión del recurso hídrico en la Región Metropolitana de Buenos Aires* (pp. 101-122). Buenos Aires: Ciccus.

Área Metropolitana de Barcelona (2012). *Espais metropolitans 2008/20012. Projectes I obres área metropolitana de Barcelona*.

Asnaghi, C. (1995). *Ensenada, una lección de Historia*. Buenos Aires: El Autor.

Barsky, A. (2012). Buenos Aires y su organización espacial. Caracterización de las situaciones ambientales asociadas a la dinámica de las cuencas hidrográficas que atraviesan un territorio metropolitano. En M. Di Pace y A. Barsky (Dir.), *Agua y territorio. Fragmentación y complejidad en la gestión del recurso hídrico en la Región Metropolitana de Buenos Aires* (pp. 16-62). Buenos Aires: Ciccus

Batlle, E. (2011). *El jardín de la metrópoli: del paisaje romántico al espacio libre para una ciudad sostenible*. Barcelona: Gustavo Gili.

Bazán, J. M. *et al.* (2011). *Cuencas del arroyo el Pescado y del Gato en los partidos de La Plata, Berisso y Ensenada*. Trabajo presentado en la tercera reunión anual PROIMCA y primera reunión anual PRODECA, Universidad Tecnológica Nacional, Mendoza, Argentina. Recuperado de http://sedici.unlp.edu.ar/handle/10915/26619

Berrocal Menárguez, A. B. (2013). *La evolución del paisaje fluvial en la confluencia de los ríos Tajo y Jarama* (Tesis doctoral). E.T.S.I. Caminos, Canales y Puertos (UPM), Madrid, España. Recuperado de http://oa.upm.es/21613/

Besse, J. M. (2006). Las cinco puertas del paisaje: ensayo de una cartografía de las problemáticas paisajeras contemporáneas. En J. Maderuelo (Dir.), *Paisaje y Pensamiento* (pp. 145-172). Madrid: Abada.

Bolós Capdevila, M., Gómez Ortiz, A. (2009). La Ciencia del paisaje. En J. Busquets y A. Cortina (Eds.), *Gestión del paisaje. Manual de protección, gestión y ordenación del paisaje* (pp. 165-180). Barcelona: Ariel.

Brailovsky, A. E. (2010). *Buenos Aires, ciudad inundable. Por qué está condenada a un desastre permanente.* Buenos Aires: Ediciones Kaicron y Capital Intelectual.

Brewer Carías, A. R. (2006). *La ciudad ordenada.* Caracas: Critera Editorial.

Brinckerhoff Jackson, J. (2010). *Descubriendo el paisaje autóctono.* Madrid: Biblioteca Nueva.

Cabral, M. G., Giménez, J. E., Sánchez, C. A. y Crincoli, A. (2005). *Cartografía temática ambiental de la cuenca del arroyo del Gato, partidos de La Plata y Ensenada, Provincia de Buenos Aires.* CISAUA: Instituto de Geomorfología y Suelos.

Capuccio, S. y Mignaqui, I. (2014). *Paradigmas Urbanísticos y Gestión Ambiental Metropolitana. Aportes de la Planificación Ecológica y sus posibilidades de aplicación en la Región Metropolitana de Buenos Aires.* Trabajo presentado en 11° Simposio de la Asociación Internacional de Planificación Urbana y Ambiente (UPE 11), La Plata, Argentina.

Caride Bartrons, H. (2004). Ciudad, urbanismo y ecología urbana. En M. Di Pace y H., Caride (Eds.), *Ecología de la Ciudad* (pp. 67-109). Buenos Aires: Prometeo.

Centro de Investigación del Medio Ambiente CIMA-UNLP. (2012). Calidad ambiental de las cuencas de los arroyos del Gato y Pereyra. Recuperado de http://www.ambiente.gob.ar/

Colafranceschi, D. (2007). *Landscape + 100 palabras para habitarlo.* Barcelona: Gustavo Gili.

Corbin, A. (1988). *Le territoire du vide.* París: Aubier.

Corboz, A. (2004). El territorio como Palimpsesto. En A. M. Ramos (Coord.), *Lo Urbano en 20 autores contemporáneos* (pp. 25-34). Barcelona: UPC.

De Paula, A. (1987). *La ciudad de La Plata, sus tierras y su arquitectura.* Buenos Aires: Ed. Banco Provincia de Buenos Aires.

De Terán, F. y Morosi, J. (1983). *La Plata: ciudad nueva, ciudad antigua. Historia, forma y estructura de un espacio urbano singular.* Madrid: Editorial del Instituto de Estudios de Administración Local.

Defensor del Pueblo de la Nación. (2007). *Informe especial cuenca Reconquista: primera parte.* Recuperado de http://www.cuencareconquista.com.ar/documentos/informe_reconquista.pdf

Di Virgilio, M., Vio, M. (2009). La geografía del proceso de formación de la Región Metropolitana de Buenos Aires. Recuperado de https://www.lahn.utexas.org/Case%20Study%20Cities/Innerburb/BA/UrbanizacionAMBA.pdf

Dupuis-Tate, M. F. (1998). Le paysage fluvial des paysagistes d'aménagement / River landscapes of landscape planners. *Revue de géographie de Lyon*, 73(4), 285-292. Recuperado de http://www.persee.fr/

Etulain, J. C. y López, I. (1999). *El crecimiento de la metrópolis. La RMBA en el escenario de la reestructuración global.* Trabajo presentado en el V Seminario Internacional de la Red Iberoamericana de Investigadores (RII), sobre Globalización y Territorio, Universidad Autónoma del Estado de México, Toluca, México.

Fernández, L. (2012). Expansión urbana y sus impactos en los servicios ecológicos en la cuenca del río Luján. En P. Pintos, P., Narodowski (coords.), *La privatopía sacrílega. Efectos del urbanismo privado en humedales de la cuenca baja del río Luján* (pp. 67-84). Buenos Aires: Imago Mundi.

________. (2020). ¿Qué es el AMBA? (III y última) Región, regionalización y conurbación de Buenos Aires. *Café de las Ciudades* n° 191. Recuperado de https://cafedelasciudades.com.ar/sitio/contenidos/ver/366/que-es-el-amba-iii-y-ultima-region-regionalizacion-y-conurbacion-de-buenos-aires.html

Fokkens, B. (2011). *Prevención de inundaciones y restauración de ríos: espacio para el río.* SAUCE: boletín de la Estrategia Nacional de Restauración de Ríos. Recuperado de http://www.mapama.gob.es/

Frolova, M. (2007). El estudio de los paisajes del agua en una cuenca vertiente: propuesta metodológica. *Revista de estudios regionales*, (83), 21-47. Recuperado de http://www.revistaestudiosregionales.com/documentos/articulos/pdf1050.pdf

Galiana Martín, L. (1996). Actualidad del paisaje en Francia. De la protección a la gestión paisajística del espacio rural. *Revista Ería*, (39-40), 93-107. Recuperado de http://www.uniovedo.es/

Gaspari, F. J., Rodríguez Vagaría, G., Senisterra, G. E., Delgado, M. I. y Besteiro, S. (2013). *Elementos metodológicos para el manejo de cuencas hidrográficas.* La Plata: Universidad Nacional de La Plata. Recuperado de http://hdl.handle.net/10915/27877

Grupo Urbis (1961). *Plan regulador conjunto de los partidos de La Plata y Ensenada.* (Cap. IV, V, VI, VIII). La Plata: Municipalidad de La Plata.

Gutman, M. y Hardoy, J. E. (2007). *Buenos Aires 1536-2006. Historia urbana del área metropolitana.* Buenos Aires: Ediciones Infinito.

Herrero, A. C. y Fernández, L. (2008). *De los ríos no me río: diagnóstico y reflexiones sobre las cuencas metropolitanas.* Buenos Aires: Temas Grupo Editorial.

Hurtado, M. A. *et al.* (2006). *Análisis ambiental del partido de La Plata. Aportes al ordenamiento territorial.* Buenos Aires: Consejo Federal de Inversiones, Municipalidad de La Plata.

Huxley, A. (2014). *Un mundo feliz*. México: Ediciones del Sindicato del Infonavit. Recuperado de https://infonavit.janium.net/janium/Documentos/037392.pdf

Izembart, H. y Le Boudec, B. (2008). *Waterscapes. El tratamiento de aguas residuales mediante sistemas vegetales*. Barcelona: Gustavo Gili.

Kruse, E. (2015). *Hidrología de llanuras* Publicación de la Maestría en Manejo Integral de Cuencas Hidrográficas. Facultad de Ciencias Agrarias y Forestales, Universidad Nacional de La Plata, La Plata, Argentina.

Kruse, E., Laurencena, P., Deluchi, M., Varela, L. B., Rosales, E. y Albina, L. C. (2003). *Relación hidroquímica superficial–subterránea en cuencas de llanura. Noreste de la provincia de Buenos Aires*. Ponencia presentada en el III Congreso de Hidrogeología, I Seminario Hispano-Latinoamericano sobre Temas Actuales de la Hidrología Subterránea, Rosario, Argentina. Recuperado de http://sedici.unlp.edu.ar/handle/10915/26578

Licitra, J. (2011). *Los otros: una historia del conurbano bonaerense*. Buenos Aires: Debate.

Liernur, J. F y Aliata, F. (2004). *Diccionario de arquitectura en la Argentina*. Buenos Aires: Clarín.

Llamas, J. (1993). *Hidrología general: principios y aplicaciones*. Bilbao: Servicio Editorial de la Universidad del País Vasco.

Llop Torné, C. (2009). El proyecto de paisaje. En J. Busquets y A. Cortina (Eds.), *Gestión del paisaje. Manual de protección, gestión y ordenación del paisaje* (pp. 275-294). Barcelona: Ariel.

Lynch, K. (1970). *La imagen de la ciudad*. Buenos Aires: Ediciones Infinito.

Manzano Juárez, J. y Del Campo García, A. (2009). Restauración y depuración de cauces mediante humedales. *Revista Paisea,* (8), 103-106.

Martínez Gil, F. J. (1997). *La nueva cultura del agua en España*. Bilbao: Bakeaz.

Mata Olmo, R., Rodríguez Chumillas, I., Cabrerizo, C. y Fernández Muñoz, S. (2010). Gestión del paisaje y gobierno del territorio. Una mirada crítica desde la región urbana de Madrid. *Revista Cuadernos de Geografía,* (88), 117-140. Disponible en https://dialnet.unirioja.es/servlet/articulo?codigo=4061521

Mata, R. (2006). Un concepto de paisaje para la gestión sostenible del territorio. En R. Mata y A. Tarroja (Coords.), *El paisaje y la gestión del territorio. Criterios paisajísticos en la ordenación del territorio y el urbanismo* (pp. 17-40). Barcelona: Editorial de la Diputació Provincial de Barcelona.

Mc Harg, I. (2000). *Proyectar con la naturaleza*. Barcelona: Gustavo Gili.

Méndez, D. B. (1950). Viñetas platenses.

Milani, R. (2006). Estética del paisaje: formas, cánones, intencionalidad. En J. Maderuelo (Dir.), *Paisaje y Pensamiento* (pp. 55-82). Madrid: Abada.

Monclús, J. (2011). Paradigmas urbanísticos y proyectos integrados. Entre el urbanismo arquitectónico y el ecourbanismo paisajístico. En VV.AA., *Proyectos integrados de arquitectura, paisaje y urbanismo* (pp. 42-59). Curso de verano Universidad de Zaragoza, Jaca: Fernando el Católico. Recuperado de https://dialnet.unirioja.es/

Nabel, P. y Pereyra, F. (2000). *El paisaje natural bajo las calles de Buenos Aires.* Buenos Aires: Ministerio de educación, CONICET, Museo Argentino de Ciencias Naturales Bernardino Rivadavia e Instituto Nacional de Investigación de las Ciencias Naturales.

Nogué, J. (2006). La producción social y cultural del paisaje. En R. Mata y A. Tarroja (Coords.), *El paisaje y la gestión del territorio. Criterios paisajísticos en la ordenación del territorio y el urbanismo* (pp. 135-179). Barcelona: Editorial de la Diputació Provincial de Barcelona.

Nogué, J. (2007). Territorios sin discurso, paisajes sin imaginario. Retos y dilemas. *Revista Ería,* (73) 373–382. Recuperado de https://dialnet.unirioja.es/servlet/articulo?codigo=2585408

______. (2009). *Entre Paisajes.* Barcelona: Ambit.

Nogué, J. y Sala, P. (2006). *Prototipo de Catálogo de Paisaje. Bases conceptuales, metodológicas y procedimentales para la elaboración de los Catálogos de Paisaje de Cataluña.* Olot, Barcelona: Observatori del Paisatge. Recuperado de http://www.catpaisatge.net/fitxers/resumenprototipo.pdf

______. (2009). Los catálogos de paisaje. En J. Busquets y A. Cortina (Eds.), *Gestión del paisaje. Manual de protección, gestión y ordenación del paisaje* (pp. 397-426). Barcelona: Ariel.

Ottavianelli, A. (1998). Costa y utopía. Ideas y proyectos en la costa sur del Río de la Plata. Trabajo inédito, Premio anual de arquitectura, urbanismo, investigación y teoría, Buenos Aires.

Pérez Bustamante, L. y Parra Ponce, C. (2004). Paisajes Culturales: el Parque Patrimonial como instrumento de revalorización y revitalización del territorio. *Revista THEORÍA,* 13, 9-24.

Perló Cohen, M. (2013, agosto). *Nuevos enfoques para resolver los problemas del desarrollo hídrico sustentable: el diseño urbano sensible al agua.* Ponencia presentada en las Jornadas del agua, UNAM, Ciudad de México, México. Disponible en http://www.agua.unam.mx/jornadas2013/resultados_sesiones.html

Pino, J., Roda, F. y Guirado, M. (2006). La ecología del paisaje y la gestión de la matriz de espacios abiertos. En R. Mata y A. Tarroja (Coords.), *El paisaje y la gestión del territorio. Criterios paisajísticos en la ordenación del territorio y el urbanismo* (pp. 61-78). Barcelona: Editorial de la Diputació Provincial de Barcelona.

Portas, N. (2003) El surgimiento del proyecto urbano. *Perspectivas urbanas,* (3), 1-11.

Pugliese, L. y Sgroi, A. (2021) El papel de la administración en la aprobación de las urbanizaciones cerradas en humedales: una institucionalidad borrosa. Análisis del marco legal y normativo. En P. Pintos y P. Narodowski (Coords.), *La privatopía sacrílega. Efectos del urbanismo privado en humedales de la cuenca baja del río Luján* (pp. 123-164). Buenos Aires: Imago Mundi.

Restore (2013). *Rivers by Design.* Bristol: Environment Agency. Recuperado de http://www.ecrr.org/Portals/27/Publications/131223%20Rivers%20by%20 Design.pdf

Ribas Palom, A. (2006). *Los paisajes del agua como paisajes culturales. Conceptos, métodos y experiencias prácticas para su interpretación y valorización.* Versión adaptada de la ponencia presentada en el VII Coloquio Ibérico sobre Planificación y Gestión del Agua, Faro, Portugal. Recuperado de http://web2.udg. edu/aigua/material/apogeo.pdf

Ríos, D. y Pírez, P. (2008). Urbanizaciones cerradas en áreas inundables del municipio de Tigre: ¿producción de espacio urbano de alta calidad ambiental? *EURE,* 34(101), 99-119. Recuperado de http://www.scielo.cl/

Roger, A. (2007). *Breve tratado de paisaje.* Madrid: Biblioteca Nueva.

Rojas Eraso, A. M. (1997). El río y la ciudad. *Revista bitácora urbano-territorial,* 1(1), 41-44. Recuperado de http://www.revistas.unal.edu.co/index.php/bitacora/article/view/18853

Facultad de Ingeniería de la Universidad Nacional de La Plata (2007). Estudios Hidrológicos-Hidráulicos-Ambientales en la Cuenca del Arroyo del Gato. Recuperado de http://sedici.unlp.edu.ar/handle/10915/27074

Sabaté, J. (2004). El Patrimonio como recurso básico para un nuevo modelo de desarrollo. *Revista Urban,* (9), 8-29. Recuperado de https://dialnet.unirioja.es/

Sabaté, J. (2006). De la preservación del patrimonio a la ordenación del paisaje. En R. Mata y A. Tarroja (Coords.), *El paisaje y la gestión del territorio. Criterios paisajísticos en la ordenación del territorio y el urbanismo* (pp. 329-342). Barcelona: Editorial de la Diputació Provincial de Barcelona.

Sabaté, J. (2009). Proyecto de parque patrimonial fluvial del Ter. En J. Busquets y A. Cortina (Eds.), *Gestión del paisaje. Manual de protección, gestión y ordenación del paisaje* (pp. 625-641). Barcelona: Ariel.

______. (2010) Planes de las ciudades. De la cartografía urbana al proyecto territorial. Respuestas a Alicia Novick. *Café de las Ciudades,* 9(93). Recuperado de http://www.cafedelasciudades.com.ar/planes_93_1_p.htm

Sabaté, J. y Schuster, M. (2001). *Designing the Llobregat Corridor. Cultural Landscape and Regional Planning.* Barcelona: Universidad Politécnica de Catalunya y Massachusets Institute of Tecnologie.

Sala, P., Puigbert, L. y Bretcha, G. (2014). *La Planificació del paisatge en l'ambit local a Europa. Els casos d'Alemanya, Franca, els Paisos Baixos, el Regne Unit, Suisa i la regio de Valonia, a Bélgica*. Olot: Observatori del Paisatge de Catalunya/Gobierno de Andorra.

Scazzosi, L. (2006). "Valorar" los paisajes. En R. Mata y A. Tarroja (Coords.), *El paisaje y la gestión del territorio. Criterios paisajísticos en la ordenación del territorio y el urbanismo* (pp. 267-302). Barcelona: Editorial de la Diputació Provincial de Barcelona.

Schuschny, A. R. (1998). Estudio del Medio Ambiente desde las Ciencias de la Complejidad. En S. D. Matteucci y G. Buzai (Comp.), *Sistemas Ambientales Complejos: herramientas de análisis espacial*. Buenos Aires: Eudeba.

Silvestri, G. (2003). *El color del río. Historia cultural del paisaje del Riachuelo*. Buenos Aires: Prometeo.

Subsecretaría de Urbanismo y Vivienda - DPOUT (2007). *Lineamientos Estratégicos para la Región Metropolitana de Buenos Aires*. Buenos Aires: Ministerio de Obras Públicas de la Provincia de Buenos Aires.

The Countryside Agency and Scottish Natural Heritage (2002). *Landscape character assessment Guidance for England and Scotland*. Reino Unido: The Countryside Agency and Scottish Natural Heritage.

Toledo, A. (2006). *Hombre, agua y paisaje*. Secretaría de Medioambiente y Recursos Naturales (SEMARNAT), México: Instituto nacional de Ecología (INE).

Torres, H. A. *et al.* (2001). Cambios socioterritoriales en Buenos Aires durante la década de 1990. *Revista EURE, 26*(80), 33-57. Recuperado de https://scielo.conicyt.cl/scielo.php?script=sci_arttext&pid=S0250-71612001008000003

Tucci, C. E. M. (2007). *Gestión de Inundaciones Urbanas*. Organización Meteorológica Mundial.

Vide, J. P. (2009). *Ingeniería de Ríos*. Barcelona: UPC Edicions y Universidad Politécnica de Cataluña.

Von Bertalanffy, L. (1998). *Teoría General de los Sistemas*. Ciudad de México: Fondo de Cultura Económica.

Zoido Naranjo, F., Rodríguez Rodríguez, J., Ramírez Ramírez, A. y García Martín, M. (2011). *Los paisajes fluviales en la planificación y gestión del agua*. Sevilla: Confederación Hidrográfica del Guadalquivir y Centro de Estudios Paisaje y Territorio. Recuperado de https://www.juntadeandalucia.es

Zusman, P. (2008). Epílogo. Perspectivas críticas del paisaje en la cultura contemporánea. En J. Nogué (Ed.), *El paisaje en la cultura contemporánea* (pp. 275-296). Madrid: Biblioteca Nueva.

Páginas web consultadas

Byxbee Park (2020). *Hargreaves Associates*. Recuperado de http://www.hargreaves.com/work/byxbee-park/http.//www.hargreaves.com/

Carta europea de Ordenación del territorio (1983). *Consejo de Europa*. Recuperado de http://www.ehu.eus/Jmoreno/ArchivosPOT/CartaEuropeaOT.pdf

Catàleg de paisatge de Terres de Lleida. Memòria (2010). *Observatori del Paisatge*. Recuperado de: http://www.catpaisatge.net/

Catálogo de Paisaje del Camp de Tarragona (2010). *Observatorio del Paisaje de Cataluña*. Recuperado de http://www.catpaisatge.net/esp/catalegs_presentats_T.php

Censo Nacional de Población, hogares y vivienda (2010). *Instituto Nacional de estadística y Censos*. Recuperado de http://www.indec.gob.ar/

Concurso Latinoamericano de estudiantes de arquitectura Repensar La Plata, Ideas para la cuenca del arroyo del Gato (2013). *Facultad de Arquitectura y Urbanismo, Universidad de La Plata*. Recuperado de http://www.fau.unlp.edu.ar/shared_resource/pdf/html/bases-concurso-repensar.pdf

Convención Europea del Paisaje (2000). *Council of Europe*. Recuperado de http://www.coe.int/

Estudio sobre la inundación ocurrida los días 2 y 3 de abril de 2013 en las ciudades de La Plata, Berisso y Ensenada (2013). *Facultad de Ingeniería*. Recuperado de http://sedici.unlp.edu.ar/handle/10915/27334

Glosario Hidrológico internacional (2012). *World Meteorological Organization (WMO) y UNESCO*. Recuperado de http://unesdoc.unesco.org/ http://unesdoc.unesco.org /images/0022/002218/221862m.pdf

Informe de Bienes Patrimoniales Catalogados de la Cuenca Baja Matanza Riachuelo (2011). *ACUMAR (Autoridad de Cuenca Matanza Riachuelo)*. Recuperado de http://www.acumar.gob.ar/

Iniciativa Latinoamericana del Paisaje (2019). Recuperado de http://lali-iniciativa.com/que-es-lali/

La Carmela/Parque itinerante (2020). *MUVA Arquitectura y Paisaje*. Recuperado de://www.muva.cl/

Landscape Identification. A guide to good practice (2006). *ECOVAST*. Recuperado de http://www.ecovast.org/

Les Atlas de paysages Méthode pour l'identifcation, la caractérisation et la qualifcation des paysages (2015). *MEDE (Ministère de l'Écologie, du Développement durable et de l'Énergie)*. Recuperado de http://www.developpement-durable.gouv.fr/

Plan Integral de Saneamiento Ambiental (2009). *ACUMAR (Autoridad de Cuenca Matanza Riachuelo)*. Recuperado de http://www.acumar.gob.ar/

Programa de Gestión Urbano Ambiental Sostenible de la Cuenca del Río Reconquista (2014). *Ministerio de Infraestructura. Provincia de Buenos Aires.* Recuperado de www.comirec.gba.gov.ar

Proyecto Integrador del camino de Sirga (2013). *ACUMAR (Autoridad de Cuenca Matanza Riachuelo).* Recuperado de http://www.acumar.gob.ar/

Impreso por TREINTADIEZ S.A. en 2021
Pringles 521 (C1183 AEI)
Ciudad Autónoma de Buenos Aires
Teléfonos: 4864-3297 / 4862-6794
editorial@treintadiez.com